图解服务的细节
014

図解　セブン－イレブン流　サービス・イノベーションの条件

制造型零售业 7-ELEVEn 的服务升级

[日]碓井诚 著
周征文 译

人民东方出版传媒
People's Oriental Publishing & Media
東方出版社
The Oriental Press

图书在版编目（CIP）数据

制造型零售业：7-ELEVEn 的服务升级 /（日）碓井诚 著；周征文 译. —北京：东方出版社，2013.11
（服务的细节；14）
ISBN 978-7-5060-6995-3

Ⅰ.①制… Ⅱ.①碓… ②周… Ⅲ.①零售业—商业服务 Ⅳ.①F713.32

中国版本图书馆 CIP 数据核字（2013）第 265558 号

服务的细节 014：制造型零售业 7-ELEVEn 的服务升级
（FUWU DE XIJIE 014：ZHIZAOXING LINGSHOUYE 7-ELEVEn DE FUWU SHENGJI）

作　　者：[日] 碓井诚
译　　者：周征文
责任编辑：崔雁行　高琛倩　赵晓明
出　　版：东方出版社
发　　行：人民东方出版传媒有限公司
地　　址：北京市西城区北三环中路 6 号
邮　　编：100120
印　　刷：北京文昌阁彩色印刷有限责任公司
版　　次：2014 年 1 月第 1 版
印　　次：2021 年 2 月第 4 次印刷
开　　本：880 毫米×1230 毫米　1/32
印　　张：10.375
字　　数：199 千字
书　　号：ISBN 978-7-5060-6995-3
定　　价：38.00 元
发行电话：（010）85924663　85924644　85924641

目录

序言

本书是第一本以“服务·革新”为主题的书籍。关于“何为服务·革新”的讨论，目前并不充分，但人们对其重要性的认识正在迅速提高。

本书通过各种事例，对于“何为服务·革新”这个问题，通过其现状分析与大胆假设的方式，从消费居民日常生活出发的视角及新技术应用等研究方面进行整理，提炼出共通的成功要因，以共享为目的进行推进式研究。

近两三年间，服务产业生产能力的提高与服务·革新的重要性开始受到各界关注。

然而其深处，则是“质问何为服务本质”的时代潮流的大转换。之前那种从供给到需求单向流动、消费居民被动接受的经济服务及行政、社会服务，已经与消费居民的需求严重脱节，现在已经日益成为结构不良、效率低下的系统。

服务产业的规模，分别占据了 GDP（国内生产总值）与就业人数的 7 成，不仅在日本国内，以及在世界各国，我们都需要再次审视“何为服务，何为服务的方向”这个问题，并且需要从现在起重新构建新的产业与社会框架。

在本书中，列举了 7-ELEVEn 服务革新的思维方式及医疗、住宿服务等多方面的先进事例，并同时强调业务流程的革新与从消费居民日常生活出发的共创・共鸣的重要性。 并且进一步地，在推进这些要素的 IT（信息技术）应用领域，把推进 IT 经营的新方法归纳为“真 IT 经营”，希望这能为今后的服务探讨起到抛砖引玉的作用。

服务业如今已经扩展至生活的各个方面，在低出生率和老龄化日益严峻的背景下，生活的安心与安全、环境问题及医疗改革、贫富差距问题及生活保障、振兴地方及回收活动等等，消费居民的课题同时也已成为社会的课题。 因此，在思考服务时，消费居民自身如何在服务的组建及享受中获得与产业及社会的共创与共鸣；在充实多元化价值的同时，对于环境方面的需求及抑制过剩服务与服务的合理化等方面与自身如何关联，也是重要的课题。

而此课题如今需要研究服务业立足点的调整，也需要转变为以消费居民日常生活为出发点。 同时还要把“产业・行政・社会”框架的分类标准由服务提供者重新构建为服务接受者。

面对未来社会，我的想法首先是基于现在的时代认识，以3个课题为基本。第1个是价值观的多样化与经济·社会的多极化，全球化进程中的各种差距不断拉大，针对此制定新的规则与框架。第2个是针对环境及资源、能源、食物的全球规模的枯竭，如何设计出可持续发展社会。第3个是为了突破这个课题，如何谋求向以消费居民日常生活为出发点进行转换的课题。

而且，通过研究这些课题，把目标以及对次时代社会的展望放在“价值共创型社会”的位置上，以描绘消费居民与企业·行政·社会共生·共创的社会蓝图。从1991年房地产泡沫破灭前的卖方市场社会向之后直到今天的买方市场社会，通过从消费居民日常生活出发的共生·共创实现能够孕育出新价值的社会，这才可谓是服务·革新的目标。

那么，对于本书的内容，我想做个简单介绍。在第1章，我会对从卖方市场社会到买方市场社会的过程，与之对应的7-ELEVEn的革新进行说明。并且面对即将到来的价值共创型社会，以假设的方式对今后的服务·革新的思维方式进行阐述。

在第2章中，我会对7-ELEVEn事业战略的制定与相应的业务流程设计、IT技术应用系统进行具体说明。其中，我会通过同时并行地阐述业务流程改革与系统革新的方式，着重对服务·革新的首次推进，以及IT经营、技术经营、制造业、服务产业与顾客之间产生的新关系进行介绍。

在第 3 章，我会对在广泛多样的产业中产生的服务·革新的流程进行介绍，并且确认消费居民与产业及社会的新关系——共创与共鸣。并对支撑优质服务的基础设施完善的重要性，以及与之相伴的员工满意度这一重要要素进行深度理解性的说明。

在第 4 章，在对各种事例中得出的服务·革新的成功要因与为了实现其而以经营视角的 IT 应用的重要性与方法进行阐述的同时，以“真 IT 经营”的概念提出与时代对应的新 IT 应用的思维方式。并且展望今后的服务领域的扩展与各个角度的服务探讨的顺利推进，对服务构造与工作流程的形象，提出了初步的试验性提案。

并且，全书的各个章节之中穿插大量的图表，力图实现信息共享与深度理解。统计数据与 AEON、医疗服务以外的图表都是新制，或者是将之前的原创图表进行增补、修正而来。对于给予大力协助的各企业人士，我书中的阐述可能有许多理解不透彻或者表现不充分之处，关于这点，我以自身的统一视角进行归纳，从而力图让尽可能多的读者能理解，并且作为参考。这点希望各位能予以谅解与理解。

最后，本书能得以出版，是拜各位长年的指导与启发所赐。特别是我在 7-ELEVEn（日本）的 25 年，对我进行指导和培养的各位经营高层，与我一起推进业务改革与系统构建的搭档及合作伙伴企业的各位，以及给予我在各种领域的商业与学习机会的 Future Architect 的干部及各位顾客，我致以衷心的感谢。

并且，对于在百忙之中为我的采访与现场说明提供协助、提供珍贵的经验知识及数据的各位服务产业经营者，以及现场人员，我也致以由衷的感谢。

对于与我并肩以这种开放性思维研究服务·革新的研究者及媒体、行政的各位，我也致以谢意，并且在服务科学及技术经营、服务工学研究加速发展的大环境下，我殷切期望服务·革新能有巨大进展。

2009 年 7 月

雄井　诚

第 1 章
7-ELEVEn 的突破与服务革新

1 综合服务革新所孕育的的社会与产业的突破

新业态的确立与经营风格的建立

7-ELEVEn 一直致力于实行各种改革方案，并不断向消费者提供新产品新服务。其店铺运营方式波及至整个行业，使得行业内竞争者纷纷效仿，从而第一次催生并确立了日本便利店行业的模式。便利店行业占据着日本零售业销售总额的6%，并且在日本的零售业企业10强中，从事便利店行业的占了4家。这种与消费者日常生活息息相关的小型多网点连锁店铺的出现，也给全世界的新型零售业树立了典范。

而另一种革新则是企业为了推进这种业态的形成而应用

业务流程设计及 IT（信息技术），在新的经营手段中寻求差异化。以特许经营的方式增加加盟店，通过与制造商、供应商建立开放的合作伙伴关系，从而构建 SCM（供应链管理）（Supply Chain Management，以下简称 SCM）体系，以及在店铺与商品开发方面彻底地采取信息应用的方针，从而建立前所未有的经营风格。

本书把以相互合作·统一的方式开拓新时代的企业动向称为“突破”，把这种新挑战与革新视为应对顾客需求及时代变化而产生的孕育新价值、开拓产业与社会新时代的活动。

便利店正式在日本诞生是在 1973 年，这也是 7-ELEVEn 的创业时期。当时卖方市场还在扩大，便利店就已经确立了属于自己业态的特征及理念。

与其他业态相比，其更加贴近消费者的日常生活，并且更加重视站在顾客的角度看问题。这可谓是崭新的便利店业态萌芽的标志。

零售业的业态分类，是以“卖什么”及“怎么卖”为标准的。百货，即是以与顾客面对面的方式销售几十万甚至上百万种商品的零售业态，我们称之为百货店。而销售“衣食住”类商品，商品数量在 20 万～40 万的自助式零售业态，我们则称之为综合超市。便利店的销售商品数在 2000～3000 左右，而待客方式则是介于上述两种之间的半自助方式。也就是说，即便只配置少数的员工，也能通过友好的待客方式向顾客提供服务，同时通过与顾客交流来进行信息收集及信息共享的工作。

以往的零售业只是一种销售代理型零售方式，即零售业者把制造商生产的商品卖给顾客。 而与之相对，各企业的便利店则致力于打造季节与节日氛围、开展消费者喜闻乐见的活动及节目，并致力于建议、开发与此相关的原创商品。 即作为站在顾客立场上的购买代理型零售方式。 在重视商品提案的基础上，也对服务提案采取重视的态度，并且对销售商品的种类和数量采取灵活可变的处理方式，努力成长为为顾客提供便利的零售业者。

那么，让我们在整理其发展过程的同时，观察一下此业态的形成与之后的发展。 在 7-ELEVEn 的业态构建过程中，经历了 2 次突破。 其过程如图 1 – 1 所示，首先是在 1991 年房地产泡沫破灭之前的卖方市场社会中，便利店业态的基本形态已经形成。 而第 2 次突破则是 1991 年房地产泡沫破灭之后 7-ELEVEn 所进行的业态革新，从而使自身转变为消费者日常生活帮手型、服务提供型的购买代理型零售企业。

卖方市场社会的特征是，以满意“衣食住”和改善生活品质为重心，经历少品种大量生产、大量消费社会的过程，从而在需求广泛化、经济多样化与服务化中向高度消费社会前进。 然而，其末期产生了与实体经济背道而驰的泡沫。在这样的背景下，便利店确立了自身的基本形态，即 24 小时 365 天提供便利服务、顺应顾客的潜在需求开发及销售以速食

	卖方市场社会（7-ELEVEn开业 1974年~）	买方市场社会（1991年~）	价值共创型社会（2008年~）
质量·价值观	●衣食住的充足·生活改善 ●整齐划一的需求的充足与生活水平的提高 ●众人一样　大量消费社会	●对经济价值的追求、市场经济 ●经济的服务化与全球化 ●高度消费社会、每人不同 ●需求的多样化与差距扩大	●安心·安全与经济·环境　●文化的充足 ●共生共创型社会 、循环型社会 ●多元价值的充足与适应化 ●适量生产、适量消费、顾客需求呈多样多变化
业态确立	便利店基本业态的形成 ●24小时365天全年无休便利店 ●站在顾客立场开展商业活动 ●确立以销售商品为基础的便利店业态（提供速食、半成品） ●与生活紧密联系·小型多店铺业态	购买代理型零售业的成长 ●提供便利型便利店业态 ●商品·服务的开发·提案型零售业 ●作为支援消费居民生活服务业的新业态 ●制造·配送·销售的一体化革新与业务合作	以消费居民为出发点的零售业 ●紧贴地域、生活基础设施型服务 ●制造·配送·销售·消费居民的横向联系循环型服务 ●作为社会性服务基础设施产业的业态开发 ●以消费居民为出发点的价值共创
经营风格（经营·流程·IT）	价值链经营 ●商品供应计划垂直合作 ●供应链的改革（订货·物流·业务合作系统） ●POS信息系统·信息应用 ●业务流程的确立与系统化 ●零售业的基本系统	平台经营 ●假设—验证型的开放式经营 ●对于商品供应计划流程的统合（店铺、信息共享、商品开发、生产管理、供应的综合系统） ●协同商品供应计划 ●开放性系统合作、跨行业合作 ●通过应用IT来革新事业基础设施	价值共创型经营 ●产业共创与社会服务之间的渠道合作 ●共生共创型消费居民合作（地域合作、环境对应、生活支援） ●社会网络、全球网络之间的合作 ●开放性革新与多媒体渠道之间的合作 ●新技术与IT的融合应用
	第1阶段的突破	第2阶段的突破	今后的突破

图 1-1　业务革新与经营风格的确立

为代表的商品。

7-ELEVEn 自 1974 年创立，在其后的三四年间，其重点销售的商品也只是选取超市中销路好的商品，但之后的 15 年里，速食商品的销售额已提升至总销售额的 28%，建立起了重视商品新鲜度与口味的“1 日 3 次”商品共同配送体制。其配送水准已与今日无异。可以说从那时起，7-ELEVEn 就已经建立起了便利店经营的基本模型。

而在接下来的买方市场社会，对于耐用消费品及日常的“衣食住”类商品，顾客已经在一定程度上得到满足，为了唤起新的消费欲望，就要求企业的提案能够对应更加多样化与服务化的消费趋势。然而面对这一变化，传统零售业者却没能充分应对，再加上经济低迷，消费的主导权就转移到了掌握信息的、有实力的消费者手中。在那个时代，提议与服务能力成了关键要素，而综合超市等连锁零售企业则由于没能应对变化而导致销售额大幅下挫。据日本零售连锁店协会的数据显示（图 1－2），零售连锁店的销售额在 1997 年度达到 16.9 兆日元这一最高值，而到了 2008 年度，则跌至 13 兆日元。1 平方米的年销售额则从 1991 年度的 120 万日元的顶点跌至 2008 年度的 57 万日元左右，跌了一半还多。百货店也是如此，从 1991 年房地产泡沫破灭之后，一直持续低迷。到了 2009 财年 2 月份，百货店终于把零售业第 2 位的宝座让给了便利店。反观 7-ELEVEn，其销售额在 2006 年度之前的 10 年间增加了 70%，达到 2 兆 5 千亿日元，其 1 平方米的年销售额则与顶点时（1993 年）相比，在 2008 年减少了 13%，停留在 190 万日元左右的程度。

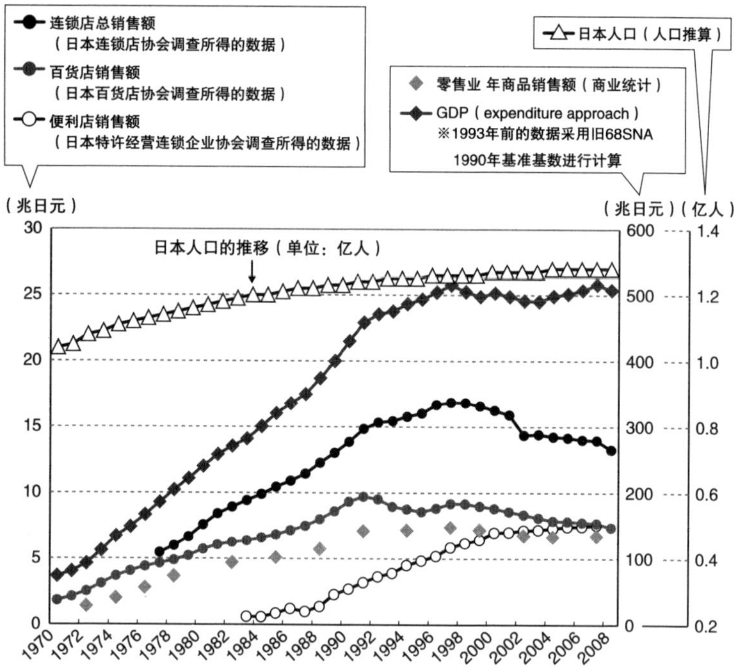

图 1－2　不同业态的零售业销售额的变化

支撑起如此业绩的，是把原创商品比例从 1991 年度的 30% 以上增至 2008 年度接近 60% 的商品提案，以及银行 ATM（自动取款机）及公用设施费代收服务、快递业务、票务等服务所产生的吸引顾客效果。使用相关服务的顾客数量平均每天为 220～230 人，占每家店铺平均来店顾客数 960 人/店的四分之一不到。并且不少顾客顺便购买了其他商品，这也给商品的销售额做出了贡献。像这样的改革，是继卖方市场社会的便利店业态形成之后，呈现出的以买方市场社会的购买代理型零售业为方向的成长方式，可谓是第 2 次突破。

而这种业态结构突破的基础，则是业务流程改革与经营基础设施的革新，以及在其中有效应用 IT 技术，从而带动经营风格的变革。这种业态构建与经营风格两者齐头并进的方式，就使得突破更为切实稳固。

审视卖方市场社会的突破过程，就会发现，其中的需求链（顾客或店铺）与供应链（制造商、物流、供应商）建立合作伙伴关系，形成了一气呵成的价值链经营管理。对于价值链，我们会在第 2 章、第 3 章进行详细说明。7-ELEVEn 的价值链特征可以概括为，把“原材料—制造—物流—总部—销售—顾客”的商品供应计划流程全体通过“客户—总部—店铺”的最优化合作方式来分担各自职责，从而同时提高对顾客的服务水准及提供价值。

并且，为了使这样的合作能够有效率、有效果地联动，需要全体管理、控制与支持经由信息共享、系统支持、技术开发及购买・供应，从而实现集中化、统一运作的服务功能。

7-ELEVEn（日本）作为特许经营事业的总部公司，在自身实现了上述统合功能的同时，还为供应方筹划业务流程的共通化及提供信息系统，并承担特许经营合同约定的职责，并向店铺派遣负责对店铺进行经营支援活动的 OFC（Operation

Field Counselor，区顾问，亦即终端门市领域的指导顾问。以下简称 OFC），同时提供综合系统。这样就改变了各自为政的旧理念。这种供应方和需求方建立合作伙伴关系的企业经营模型，不但是伴随着重大机遇的挑战，也是极为严格的服务性商业活动。

7-ELEVEn（日本）拥有三种类型的顾客，即客户、加盟店，以及最终顾客。为了能对这三种顾客都实现多店铺、年中无休的服务，经营基础设施的完善与强化、系统化与信息化是关键。可以说 7-ELEVEn 从创立最初就是具有较强服务产业系统倾向的零售业者。

为了能让规模不大的店铺拥有较强的竞争力，并且保证服务品质，关键就在于强化支持顾客、店铺、客户、总部的服务基础设施与制定能够使四者联动的战略。

7-ELEVEn 的成功，往往会被人解读为优化运营的结果。但其实其战略的制定与支持店头服务的经营基础设施也是不可忽视的。战略的内容后面会加以说明。其战略与运营的结合，诞生了革新。而这种革新通过业务流程与 IT 技术应用的联动，使得效果更上一层楼。这点会在下一章中加以说明。

那么，在买方市场社会，又完成了怎样的进化呢？在卖方市场社会的突破是以商品供应流程的垂直协作体系为中心的，而在买方市场社会，由于竞争与服务进入了一个更高的层次，因此在与顾客关系方面，地域性及店铺特性也变得重要。这就需要通过对顾客年龄层的变化、业务推销等店外、地域方面进行研究探讨。不仅使来店顾客，还包括该地域居民这些潜在顾客都与店铺建立一种更为密切的联系。而通过更为广泛的合作来提供服务也是非常重要的一环。从商品方面来说，则是强化包括原材料在内的原创商品的开发。集团企业之间也要发展包括原材料供应及商品开发在内的横向联系。从服务业务方面来说，则需要跳出零售业的范围，发展金融服务及网络商务等跨行业合作。

如此一来，经营基础设施本身——信息系统及物流系统也会被强化，作为价值链的进化形态，能够形成更为广泛、开放的框架结构并促成更为广泛的合作伙伴关系。我把这种基于新经营基础设施的经营风格称为平台经营，并视其为在买方市场社会中 7-ELEVEn 的第二次突破。

如图 1－1 所示，为了顺应时代变化而谋求革新，则需要突破。而图中所示的一个个服务革新，例如以供应链的改革、为消费者日常生活提供帮助的服务业的业态开发、协同商品供应计划（制造商、批发商、零售商的相关人员组成团队协同进行商品开发等销售规划工作的方式）等形式的联动·合作来开拓新时代，并对其进行统一是至关重要的。

本书会对构成这种突破的各种服务变革加以整理，并对变革背景下的思维方式以及为了实现其目标而诞生的业务流程、IT 应用革新，以大量的事例分析整理来与各位读者分享。

2　7-ELEVEn 流派服务革新的 3 大引擎

假设—验证、绝对的追求、“真 IT 经营”的联动

便利店这种新型业态的形成，本身就是零售业的转变应对，也就是一次突破。零售业自身在服务业整体呈现增长的环境中，却有衰落的倾向。纵观各业态的状况及各企业的业绩、成长情况，能明显地发现，主动推进变革的行业、企业在成功成长。可见在变化日渐迅速、环境日渐严酷的情况下，服务变革这个课题变得更为重要。

2008 年度的零售业业绩，明确地体现了顾客对各业态的评价。其中之一便是在便利店业正式诞生 35 周年之际，其销售额追上了百货店。而在连锁店的销售额只有前一年 95% 的持续低落的大环境下，便利店却继续搭着 TASPO 的顺风车（注：TASPO 是日本烟草社团法人、全国香烟销售协会及日本自动销售机工会为防止未成年者吸烟所开发的一种认证卡，凡是与年龄认证相关的 IC 卡都称为 TASPO。文中所谓“TASPO 的顺风车”是指不少烟民原本习惯了直接在自动销售机投币买烟，但改成还需要插入身份认证的 TASPO 卡则让人觉得既麻烦又暴露个人信息，因此去便利店买烟的烟民激增的现象。——译者注），完成了 7 兆 8500 亿日元的销售额，取得了比前一年增长 6.7% 的成果。在零售业销售额前 10 强中，便利店企业占了 4 家。

如图 1-2 所示，各业态的趋势很明确，但同一业态的所

有企业、店铺却并非呈现出整齐划一的动向。同样是食品超市，既有靠折扣店成功的超市，也有靠高端店成功的超市。便利店的销售额亦如此，从所有店铺合计规模上来讲是 10 年连续增长，但原有店铺的销售额却到 2007 年为止的 9 年间一直在减少。顾客需求的多样化以及对便利性的追求，需要企业致力于更好的服务，并与消费居民建立密切联系。然而，考虑到每个人及 TPO（TPO 是三个英语单词的缩写，分别代表时间（Time）、地点（Place）和场合（Occasion）。常说的“要搞清楚 TPO”，表示做事要符合以上三要素。以下简称 TPO。——译者注）的不同，就不仅仅是提高服务水准这么简单了。

因此，在需求日益多样化的当今社会，首先需要做的是明确自身的服务提案，从而使顾客能够容易地做出选择。并且不以固定观念来判断何为高品质的好服务，重要的是考虑对顾客而言，在此时此刻，什么样的服务是最适合的。

比如，7-ELEVEn 自我定位为“**在顾客从起床到就寝的时间段内，随时不间断地提供顾客想要的商品与服务，货架上的商品永远保持新鲜，待客态度友好，店铺 24 小时 365 天不间断营业**”。在保持店铺统一形象的同时，重视各店铺的主体性·自主性，为成为顾客日常生活的得力助手，其思维方式是提供与顾客需求相符的商品及各种服务。

这其中蕴含着扎根于民众、本地环境、日常生活的经商思维方式。从现在的店铺数 1 万 2298 家（截止 2009 年 2 月），每日来店顾客数 1247 万人来看，顾客对象并不局限于来店顾客，也包括了潜在顾客在内的本地全体消费居民。

然而，如果光靠各家店铺独自的努力，要实现这个目标是困难的。为了让各店以连锁方式，包括客户在内一起配合，从而使如此事无巨细的服务成为超越改良程度的服务变革，就需要能够作为推动力的经营风格的“引擎”。7-ELEVEn从“假设—验证”、“绝对的追求”、“真IT经营”三方面对此进行探求。相关详细内容会在后面的各章节中讲到，而我在这里会通过对其要点的整理，来对7-ELEVEn服务变革的特征加以说明。

首先是“假设—验证”。精确来说，应该是“现状分析—假设—行为—验证”的流程。此流程不把商业经营活动看作是每日的重复继续，而是经常收集信息、分析信息，站在顾客的立场，对顾客的需求及来店人数进行预测，对不同天气下顾客的嗜好及店外环境变化进行分析，为了应对这些情况，而从提案的角度作出积极的假设，对订货备货、卖场布置及商品陈列、待客方式及问候措辞等各种店铺经营行为进行排列组合。并且绝对做到对结果的验证，若发现结果与假设的不符之处，立即对采取的行动进行评估及改良。通过对新现状分析的重视，诞生了这种不断循环的改良手段。

和一般所说的Plan（计划）—Do（实行）—Check（评价）—Act（改善）所不同，7-ELEVEn的起点总是以开放、广泛的角度进行的现状分析。名为假设，实际则是引导拥有鲜明的随机应变要素及意识行动的思维方式。可谓是重视灵活性、应变性和主体性的思维方式。 而验证也并非局限于行动计划的范围之内。 比如，超越来店顾客的范围，把以推动该地区消费居民日常生活质量为目的的推销活动所得的信息也包含在内，灵活地进行商业周期性运作。 我个人认为，PDCA 方式中的起始点——Plan（计划）本身，在“假设—认证”中是经常被重新审视的对象，从而避免了 Plan“刚愎自用”的风险。 对各阶段的变动要素、适应部分的背景环境估计得尽量复杂，并与服务产业的特征进行比对。

那么，这样的“假设—验证”是如何与服务变革联系起来的呢？ 答案就在 7-ELEVEn 的特征中。“假设—验证”并非作为各店的、或者是经营的商业周期，而是企业整体的商业周期。 每周 100 种商品的调整及相关说明、导入 · 卖场布置、促销及销售手段等等，都以假设信息的形式由总部发出，经由每 8 家店铺 1 名的 OFC 与店主及从业员之手，使之作为各店的假设而落到实处，并转化为实际行动。

其结果，是通过每周由 2000 多名从全国各地而来的 OFC 所召开的 OFC 会议，或者是通过 POS（销售时点信息系统，Point of sale system。销售时点信息系统是一种广泛应用在零售业、餐饮业、旅馆等行业的电子系统，主要功能在于统计商品的销售、库存与顾客的购买行为。以下简称 POS。——译者注）信息，实现信息共享与验证。 信息发布、信息共享、会议程序及信息系统都被包含在这个流程中。 这个以周为单位举行的“假设—验证”活动，包括客户在内的“链条”上的人员都有参加。由此产生的结果是服务迅速化、行动可视化、政策意志明确化及共享化，从而得以产生服务变革。这样的经营风格在其他业态与业界几乎是闻所未闻。这也说明了为什么即便是和同行业内的其他知名便利店企业相比，从店铺个体的销售额上看，7-ELEVEn 也持续保持着 20% 以上的领先量。

接下来，对第二项——“绝对的追求”进行说明。这个词也是在铃木敏文会长强有力的领导下而落实到各处并付诸实行的。当然，其中心思想是不以相对论或绝对值来进行评价，但不仅如此，其中还包含绝不妥协、竭尽全力的意义。比如在对炒饭的开发工作中，高层领导的试吃活动要进行 10 次以上，最终通过开发出火力强劲的烹调设备而得到令人满意的口味。像这样的例子不胜枚举。

而这样的细节之所以也能升华为服务革新，则是因为对于提高服务质量的追求不仅限于现场，更是考虑到了支撑其的生产、物流、促销、营业支援、业务处理及系统等等。即把商业活动看做一种构造性的思维方式。包括客户在内，力图构筑最为有效的结构。采取一种加强需求链（顾客及店铺）与供应链（客户）之间联系的设计方式。

那么，让我们对第三项——“真 IT 经营”加以说明。IT 的技术进步让世人瞩目，但要如何灵活应用，则是一个巨大课题。这点在后面也会讲到。

所谓“真 IT 经营”，是把 IT 在经营与现场实务、客户与顾客的关系中，以及所谓“假设—验证”的商业周期全体范围内进行有效应用。特别是站在顾客的立场，进而从消费居民的日常生活出发进行考量时，要求 IT 经营形式更为强化与人之间的融合，并与社会生产性及广泛的服务革新相关联，即开放性与扩展性。

我把这种开拓从消费居民的日常生活出发的新时代的 IT 经营称为“真 IT 经营”，并把其视为今后 IT 技术应用的理想形态。

然而如今的现状是，能体系化、有效地实现 IT 应用的企业绝对是少数。在 IT 技术发展日新月异的今天，通过应用 IT 技术而实现突破的重要性显得尤为迫切。

7-ELEVEn 亦不例外，为了实现“假设—验证”及“绝对的追求”，其一直在积极地推进 IT 技术应用。但无论是在改良方面，还是在适用领域及运用效果方面，都仍有着很大的发展空间。

不过，如果从综合评价与其先进性及贯彻度来看，7-ELEVEn 的 IT 技术应用广泛，从效率与效果上来看，其值得参考的部分也很多。尤其是业务流程整理与系统开发同时联动组合的思维方式，体现了“绝对的追求”，是贯彻正确理论的强烈意识的积极实践。而流程构建并非一劳永逸，流程也非一成不变。为了实现经营改革，把业务流程及系统信息设定为能够进行确认、评价的可改良体系方式。

7-ELEVEn 采取所谓“单品管理”的商品管理手法。即

“掌握每件商品的动向，搞清商品热销或滞销的原因，对于顾客的需求及动向以假设的方式提前进行订货及备货，并通过结构性验证来提高对顾客的服务及业务品质的活动”。凭借“假设—验证”与“绝对的追求”的思维方式，以及配合支援其实行的综合信息系统，使得单品管理不仅停留在商品管理层面上，而是把整个企业的组织间协作、业务程序、业务流程依靠人工与系统的联动而组合在一起。这点会在第2章具体介绍。这样的经营风格是7-ELEVEn的一大特征，也是服务革新的源泉。

第3章之后，虽然篇幅有限，但我也会对其他企业的案例加以说明。我想以这种综合的方式，阐述其他行业及跨行业的IT技术应用，确认IT经营的现实状况，从而整理“真IT经营”的思维方式。

在此，我把“真IT经营”的思维方式作为假设，整理为以下6点，而具体事例说明及验证则放到后面。

①通过系统化追求信息化与效果，对自动化及效率进行均衡组合，把支援人的活动及提高人的主体性作为IT应用的主轴。

②理解IT所包含的意义与可能性，广泛采取能够积极有效地应用科学技术的能力、体制及方法论的经营方式。

③以确立经营基础设施为目标，研究如何让业务流程改革与系统革新同时进行，并与社会和产业的流程·渠道革新相联动。

④从“各自为政”的经营、封闭的 IT 体系中自我解放出来，采取能实现开发革新与开放架构的经营方式。

⑤通过强化投资效果、生产性，优化资源分配来实现能够推进社会与产业服务革新的 IT 经营方式。

⑥应用能够形成为即将到来的价值共创型社会服务的基础设施，包括居民与社会在内的开放型网络环境及与各种技术联动·协作的 IT 技术。

对于“真 IT 经营”，虽然每个人可能都有自己心目中的定义，但都表明 IT 技术的应用具有广阔前景。

7-ELEVEn 的服务革新拥有各种特征，如站在客户的立场进行产品开发、店头服务、提供新服务等等。并且其致力于结构上的经营基础设施建设，如供应链及协同商品供应计划（team merchandising，制造商、批发商、零售商的相关人员组成团队协同进行商品开发等销售规划工作的方式。——译者注）、合作伙伴企业间的协作等等。而其最大特征，则是兼具服务革新的 3 大引擎，以及不断追求可持续发展型的革新构造。

然而，即便是这样的构造，也会在时代的变化中遭遇各种课题，也经常发生难逃被成功体验所束缚的自相矛盾的状况。在这种情况下如何持续进行服务革新，确实是一个巨大课题。而我想先通过探讨何为服务革新这个问题，以谋求一种自我审视的思维方式。

为此，首先需要了解服务的定义。虽然此定义到目前在业内还没有一个能达成共识的答案，但在本书中，我想以如下方式定义。

“所谓服务，是以人·物·金钱·信息为对象，把这些要素按照所需目的进行处理，而提供支援及相应产生附加价值的功能”。提供者与接受者之间的相互作用及共同创造、非营业活动等也包含在内。

所谓目的，是包含了消费及所有、专用与借贷等的广义概念。所谓附加价值则包括品质、功能、便利性、健康、效率、效果、成本效能、安心感、安全感、好感度、满意度、信赖感、幸福感、美味、愉悦、节约、环保等等。使得服务的定义范围变得非常广泛。

服务的概念和定义，一般会认为是经过了大量验证与讨论后整理而成。而我会在此基础上如下整理假设，以尝试定义何为服务革新。

- 所谓服务革新，是谋求效率与服务水准、附加价值等效果性要素同时提高的行为。
- 服务革新中的关键要素，不仅是追求服务的多样化及高附加价值化，也包括服务的精简与优化。
- 所谓服务革新，是从单方面的提供者→需求者的关系中脱离出来，从而追求从消费居民日常生活出发，共享及共创合理的价值观。
- 所谓服务革新，不仅局限于顾客接触点的直接服务，也包括经营基础设施、产业与社会基础的改革。

- 所谓服务革新，是采取制造业与服务产业的协作、融合的思维方式，从而有效地使消费居民日常的愿望变为对商品的切实需求，并使其满意。
- 所谓服务革新中的生产能力的提高，不仅局限于提供者的生产能力，也与消费居民及社会生产能力的提高息息相关。
- 所谓服务革新，是配合可持续发展社会、循环型社会的一种方式。
- 所谓服务革新，是从人类活动、感性、技能与科学的、工学的、系统化的解决方案的相互融合中产生而来。

虽然上述概念内容抽象、含义广泛，但为了能在即将到来的价值共创型社会中有所突破，还需要对此进行更深一步的探讨及共享。

3 买方市场社会的特征与7-ELEVEn的转变应对

零售业是需要转变应对的行业

在日本零售业发展史中，从20世纪80年代后期开始急速成长的便利店，由于迅速顺应时代潮流，通过成功进行各种革新而迅速成长。经历了从最早以百货店为代表的拥有广泛商圈、按照各家门店进行备货及制定销售计划的“各店为政”式经营，到超市型那种以标准化与统一化为基础的多店铺业务的连锁店经营模式，便利店通过总部的统一领导及各店对自身地理位置·顾客人群事无巨细的应对运作，这样的组合使得便利店成长为能够迅速应对顾客需求的经营方式。也可以把便利店的这种经营方式描述为把统合与分散双向联系在一起的网络型经营。

便利店的成长过程与之前的零售业不同，其在处理商品及服务时，都按照顾客的需求，并站在提供便利性的角度上寻求改良与改革。

举个例子，观察盒饭、饭团、三明治等食品的销售情况，从 1978 年每家店每天平均 30 份左右，成长到现在商品种类增加，每家店每天平均 600 份左右，并且成为占据总销售额将近 20% 的商品类别。这些商品以一日三次——早中晚的频率按照顾客需求进行配送。而支撑这种服务的信息系统也在过去的 25 年间重新构筑了 5 次。

那么，让我们来回顾一下 7-ELEVEn 其 30 年间的发展历程。图 1－3 显示了 7-ELEVEn 每家店的日平均销售额、平均库存数及总毛利润率的变化。曲线图显示了这些数值从 1977 年度（1978 财年 2 月期）至 2008 年度（2009 财年 2 月期）的走势。

实线所显示的日平均销售额从 1978 财年 2 月期的大约 40 万日元一直持续上升，到了 1993 财年 2 月期到达 68 万 2000 日元的顶点。之后在维持了 7～8 年的高位之后，开始急速下挫。

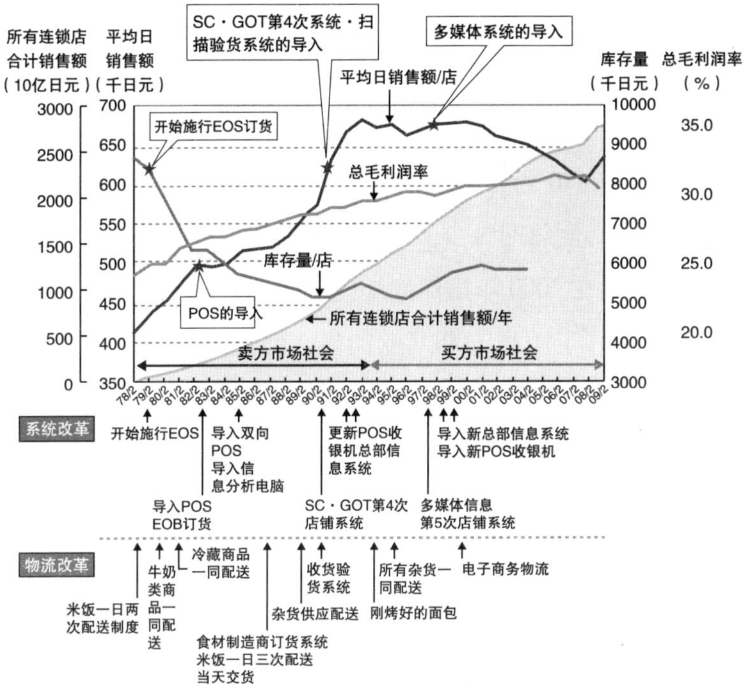

	78/2	79/2	80/2	81/2	82/2	83/2	84/2	85/2	86/2	87/2	88/2
平均库存量（千日元）	8,725	8,432	7,739	6,891	6,261	6,230	5,943	5,594	5,471	5,360	5,240
平均总毛利润率（%）	24.3	24.9	25.0	26.0	26.4	26.8	26.9	27.2	27.4	27.7	28.0
平均日销售额（千日元）	396	419	436	463	483	482	486	502	506	509	524
所有连锁店合计销售额（10亿日元）	39	72	109	153	202	256	319	386	453	521	599
店铺数	375	591	801	1,040	1,305	1,643	2,001	2,299	2,651	2,964	3,304

	89/2	90/2	91/2	92/2	93/2	94/2	95/2	96/2	97/2	98/2	99/2
平均库存量（千日元）	5,129	4,955	4,939	5,165	5,324	5,196	5,000	4,929	5,140	5,397	5,611
平均总毛利润率（%）	28.3	28.4	28.8	29.0	29.3	29.4	29.6	29.9	29.9	29.8	30.0
平均日销售额（千日元）	545	564	629	670	682	672	676	662	669	676	678
所有连锁店合计销售额（10亿日元）	686	780	931	1,081	1,194	1,281	1,392	1,477	1,609	1,740	1,848
店铺数	3,653	4,012	4,328	4,629	5,058	5,475	5,905	6,373	6,875	7,314	7,732

	00/2	01/2	02/2	03/2	04/2	05/2	06/2	07/2	08/2	09/2
平均库存量（千日元）	5,728	5,799	5,702	5,682	5,693	—	—	—	—	—
平均总毛利润率（%）	30.3	30.3	30.4	30.5	30.6	30.7	31.0	30.9	31.0	30.2
平均日销售额（千日元）	681	675	661	656	647	639	627	610	597	629
所有连锁店合计销售额（10亿日元）	1,963	2,046	2,114	2,213	2,343	2,440	2,498	2,533	2,574	2,762
店铺数	8,153	8,602	9,060	9,690	10,303	10,826	11,310	11,735	12,034	12,298

图1－3　从卖方市场向买方市场的变化

2008财年2月期已跌至59万7000日元，比顶点时期低了12.5%。虽然在2009财年2月期突然增至63万日元，但这是由于烟民对TASPO的反应所致。与之相对，平均库存额在1978年有870万日元左右，但在便利店订货系统（EOS）投入使用之后便急速减少。到了1991年已经降至不到500万日元。其后在2000年虽然增加到了将近600万日元，但这是因为政府放开了酒类与烟草的销售，而便利店与时俱进导入的结果。

总毛利润率从1978财年2月期的25%左右持续微量增长，到2008年，达到了31%左右。而此数值也在2009财年2月期降至30.2%。这也是由于烟草的总毛利润率较低——为10%左右，而其在商品总数中所占比例在增加的缘故。在这段时间内，店铺数与连锁店全体的销售额则从1977年度（1978财年2月期）的375家、390亿日元增加至2008年度（2009财年2月期）的1万2298家、2兆7625亿日元。

以上介绍了详细数据，而由此可以看到的本质是，7-ELEVEn的店铺平均数值（业绩以外）的动向本身与市场的变化同步，并且恰如其分地反映了变化的特征。

从数值动向来看，自1991年房地产泡沫破灭后，其销售额与库存的变化很大。尤其是销售额一直持续上升至1993财年2月期，但其实是由于日本的消费支出在房地产泡沫破灭后的2年间一直增加所致，而7-ELEVEn的店铺平均数值也与之相符。

房地产泡沫破灭的前后变化，明显地体现了从卖方市场向买方市场转变的过程。 在卖方市场时期，顾客的购买意欲强烈，“十人一色”的整齐划一式需求占主流。 而且能够凭借日常类的大众商品来应对顾客的需求，同时以比较廉价高效的供给方式维持稳定的流通形态。

即便从数值上也可以明显看出，卖方市场的一大特征体现在库存控制上。 在这里我称其为“库存减少即销售额增加”，可谓是颠覆了零售业常识的方程式。 而库存控制则通过探明何为畅销商品、何为滞销商品，以及其畅销与滞销的原因而成为可能。 由此相应地削减库存，并通过研发畅销商品与推出新商品而激发购买欲，同时通过在早期排除滞销商品，实现库存压缩及销售额提升。 所谓提高商品周转率，就是提高在卖场销路好的商品的比率。

在卖方市场社会，由于有庞大的需求作为支撑，库存削减与周转率的提高与销售额的上升相关联，因而便于管理。 图 1 – 3 中所示的库存所占金额与销售额的反比关系正好反映了这一情况。

不过或许有读者认为这是一种“事后诸葛亮”的结果论。 既然要采取科学的分析方式，就再需要一点实证性的说明。 那么请再仔细观察一下图 1 – 3 中库存的动向。 从 1979 年起，库存削减在迅速地进行，但这是因为其店铺在日本首先正式采用在线系统进行订货所产生的效果所致。 也是获得效率化、准确化及订货数据之类信息的结果。 之后库存削减与销售额的增长同步进行，但却在1981年戛然而止，同时销售额的上升也停滞了。7-ELEVEn的店铺面积小，在店内仓库储存的商品只是很小的一部分，因而把商品都陈列在店头是其基本原则。因此在那之前，其通过以订货数据为基础进行商品管理，从而实现了库存的降低。然而，在1981年后半期库存的降低停滞，同时销售额的增加也停止了。

而处理此情况的对策，果然还是对系统的应用。7-ELEVFn是首家在日本正式开发POS系统的企业，并于1983年2月让大约1600家连锁店全都安装运行了该系统设备。由此开始了对POS数据的运用，并启动了应用订货数据与销售数据的商品管理方式。库存削减在第二年——即1983年度开始呈现效果，在同年度的下半年，销售额也恢复上升。

通过这种科学的方法，7-ELEVEn的库存周转与每日平均销售额的改善成果为：从1978年度的16.6次/年和39万6000日元/天·店大幅度优化为1992年度的46.8次/年和68万2000日元/天·店。之后在从卖方市场向买方市场转变的过程中，其2007年度的数值为40次/年和59万7000日元/天。

由此可见，在卖方市场，提供方拥有着市场的主导权，零售业所追求的自身职责是如何有效地销售制造商所生产的产品。也就是说，其销售代理业者的色彩很浓厚。而在1991年的房地产泡沫破灭之后，重新审视原来的着重点就变得刻不容缓了。

那么，让我们来验证一下买方市场中数值的动向。从

1991 年度至 2000 年度，每日平均销售额维持在 67 万 ~ 68 万日元，但在之后却呈现急速下降的趋势。到了 2007 年度，已经跌至 59 万 7000 日元。库存额则因为烟草与酒类商品的导入而扩大，在 2000 年之后保持在 570 万 ~ 580 万日元左右。然而，这些数值都是每家店铺的平均值，从连锁店全体的成长情况来看，创业以来的增收除去 2006 年和 2007 年两年以外，实现了利润的增加。图 1 – 3 所示的全体连锁店铺的销售额呈现走势上行的持续成长状态。而体现 7-ELEVEn 的革新力的，不如说是其对买方市场的应对变通。在 1994 财年 2 月期，其盈利额为零售业内之首。到了 2001 财年 2 月期（2000 年度）其销售额及盈利额均为零售业内之首。之后仍然独占着头把交椅。

那么接下来，让我们在了解 7-ELEVEn 在买方市场采取的 3 大对策的同时，再对其在买方市场及之后的价值共创型社会中所采用的服务方式做一个考察。

关于房地产泡沫破灭后消费意识的变化，在前面已经做了介绍。而零售业销售额本身在 1992 年达到 146 兆日元的顶点后，到 1998 年为止，都在 143 兆 ~ 146 兆日元的范围中变动，1999 年之后从 141 兆日元探底至 2002 年、2003 年的 132 兆日元，2008 年则变动为 135 兆日元。

也就是说，泡沫破灭后的消费并没有衰落，而是消费内容发生了变化，呈现出“十人十色”的多样化。其重点是家庭消费支出中对服务支出额的增加，体现了对零售业的服务化、便利性及贴近生活化的需求。 比如分析居民的饮食生活，则如图 1 – 4 所示，人均饮食费用支出有轻微缩减的趋势。 然而，买回去马上就能食用的方便菜的消费量却呈现很大的增长趋势。 与之相对，餐饮业的业务增长却已呈现停滞趋势。 而自己买菜在家里烹饪的比例则持续减少。 比如食品超市，其所面临的客户需求是扩充米饭与熟食的种类、提供火锅食材套餐及西式套餐、按照推出的菜单提供新鲜食材等等。 即以能立即提供美味可口饭菜为目的进行备货及改变提供方式。

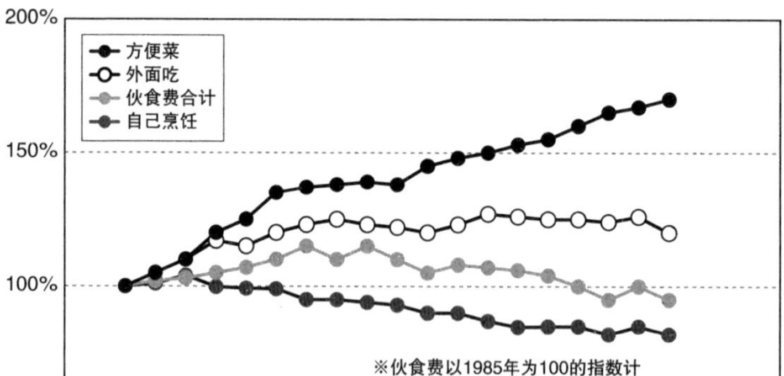

图 1 – 4　人均实际消费支出的推移

7-ELEVEn 采取的 3 大对策

上面介绍了作为结果所呈现的数字动向，接下来会介绍 7-ELEVEn 相应采取的 3 大对策，也就是带来上述结果的零售业者的动向。 首先，7-ELEVEn 把自身的定位从销售代理型零售业者变为购买代理型零售业者。在买方市场，把自己的职责定义为，代顾客备好商品，使顾客能随时在需要的时候以愉悦的心情买到高度新鲜的商品。包括店铺运作的改良在内，商品也与顾客需求相对应，使自身转变为自我主导开发活动的零售业者。

并且，对整个社会“服务化”的应对，以及通过应用 IT（信息技术）而创造新类型的服务，向顾客提供便利。在孕育前所未有的新价值的同时，通过这些手段，再以 24 小时 365 日全年无休的服务据点，从而力图日益提高店铺的价值。

为了实现此目标，就需要以顾客需求为基础的销售方的需求链与供应方的供应链之间的合作及信息共享。从而力图实现从顾客·店铺到总部、客户、原材料制造商的商品供应计划流程整体的适应化及效率化。而这种努力自身即是业务流程与信息系统一体化的综合设计，也是对 IT 应用的彻底推进。

在创业时提出的“站在顾客的立场”的理念之下，7-ELEVEn 一直以重视店铺的备货及商品提案、友好的待客方式、与所处地域及顾客结构相符合的店铺特征及主体性为口号，以此为基础，在买方市场致力于以下 3 大对策。

①开发原创商品及采取协同商品供应计划（team merchandising）（制造商、批发商、零售商的相关人员组成团队协同进行商品开发等销售规划工作的方式。——译者注）

②开发新服务及提供便利

③进行彻底的 IT 技术应用及革新业务流程

图 1－5 为其 3 大对策的具体实例。 第 1 是开发原创商品。 饭团、盒饭、熟食、三明治等速食，已经作为原创商品被开发，早在 1991 年，其占总销售额的比例就已经达到了和如今相同的 28% 左右的水平。 原创商品的开发工作与传统的那种商品部门与制造商进行信息交换、制造商主导开发的方法完全不同。 这是 7-ELEVEn 以顾客为对象，看清时代的潮流与顾客的需求，在既存商品的基础上创造出更为优质的商品的一种方式。

直接参与开发的相关部门及人员也在商品部门的领导之下。 不仅是商品制造商，还包括原材料制造商、包装材料、容器制造商、销售部门、物流部门也都被编制在一个团队中。 这种方式被称为协同商品供应计划，在 20 世纪 90 年代后，市场转变为买方市场后，7-ELEVEn 不仅在速食，还在点心、饮料、拉面、化妆品、日用杂货等领域全面实行了这种方式。

现在其 60% 不到的商品都是原创商品，实现了高品质及高毛利润率商品的开发。 这是通过分析 1 天内大约 1247 万名来店顾客的购买数据，并与店头有效的促销宣传相联动，从而实现的从商品企划到销售一气呵成的“假设—验证”型商品供应计划流程。

以“刚烤好的面包”的协同商品供应计划为例。 房地产泡沫破灭后，7-ELEVEn 的米饭销售额增长率达到了两位数，

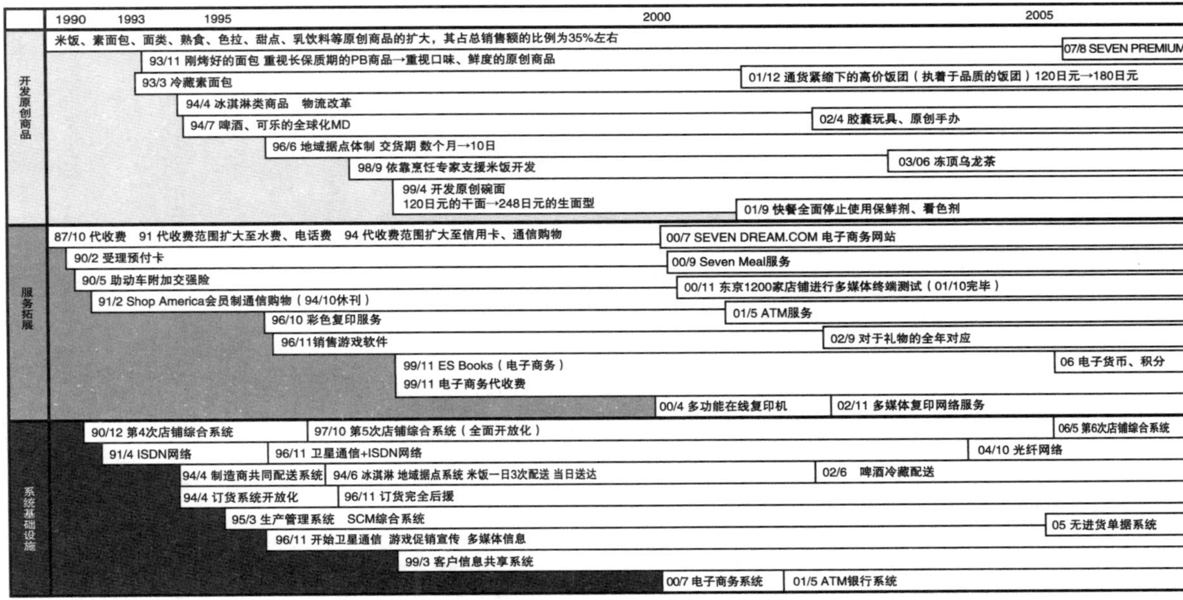

图 1-5　面对买方市场的 3 大对策

但面包的销售额却一直低迷。调查得出的结论为顾客的需求是口味与鲜度，越来越多的人开始喜欢吃刚烤好的面包。大型面包制造商所提供的，在全国各个超市和面包店都能买到的能保存较长时间的面包已经无法满足当时顾客的需求。起初 7-ELEVEn 向那些大型面包制造商提出了开发“刚烤好的面包”的要求，但协同商品供应计划并未实现。

于是，7-ELEVEn 为了解决“刚烤好的面包”这一课题，采用了“开发冷冻面包发面团的技术，以数量不多的面包发面团的冷冻工厂来覆盖全国，并在店铺附近建立烤面包的工厂”这种能提高商品口味与鲜度的设计企划。冷冻面团则与拥有优秀技术的福冈的 FRANCOIS 公司合作。7-ELEVEn 作为协调者，在拥有优秀冷冻技术及商品开发能力的大型食品制造商、工厂及物流流程设计、烤制工厂之间斡旋，争取到了大型商社的参与。历经一年的准备与测试，在 1993 年 11 月，“现烤直送”服务正式启动。

在以素面包为中心的大型面包制造商的商品中，加入原创的“现烤直送”面包，使得面包的销售额翻番。

接下的第 2 个对策，则是服务业务的开发。与人们 24 小时 365 天的日常生活紧密联系的 7-ELEVEn 并没有把自身局限为提供商品的卖场，除了之前的照片冲印及代办快递服务之外，还在不断提供新服务。

1987 年开始的公用设施费代收业务，如今每家店铺每天平均有 66 名顾客使用此项服务，每家店铺每天平均收纳金额为 62 万日元。如今，支持通过 7-ELEVEn 缴费的企业数达到了 320 家，每年平均收纳的金额，所有店铺总和为 7 兆多日元，已然成了其一大主要业务。

并且，7-ELEVEn 还设立了 Seven 银行，在旗下 12298 家店铺全部设立了 ATM 服务。

与这种金融服务相结合的另一个服务的支柱则是网络商务拓展。作为新的顾客渠道，包括书籍、食品、杂货等品类的电子商务，票务及礼品受理等。通过致力于开拓各种服务领域，努力追求实体店铺与虚拟网络互联的新商业模式。

这种服务开发的思维方式及结构会在第 2 章加以说明。在多数零售业者的店铺每平米销售额锐减的环境下，7-ELEVEn 却只有微小下降，可以说这种通过革新来维持和提高对顾客的吸引力的做法，是其原因之一。

那么，最后介绍第 3 个对策。虽然我把其称为“IT 技术的彻底应用及业务流程的革新”，但 7-ELEVEn 一直把 IT 的应用与业务流程的革新融为一体。系统部门的职责就是如何通过活用 IT 来对高层的方针和公司的课题提出解决方案。

因此，IT 技术的应用设计方案，就是明确经营课题，并针对此课题的问题解决提案以系统解决方案的形式实现。并且为此选定需要的技术，以定制、制作的方式进行研究。7-ELEVEn 关于 IT 技术应用的流程及思维方式，会在第 2 章加以说明。其最大的革新，是 1997 ~ 2000 年间实行的第 5 次综合信息系统的构建。当时的口号是“通过开放化实现经营基础设施的革新”，其目的是增强需求链与供应链之间的合作·联动，通过总部的控制、支持及管理强化统合力。

通过 Future System 公司（现更名为 Future Architect）的技术支持，又在 1995 年与美国微软公司谋求全面合作，得到 Windows NT 的开源代码，而其 OS（操作系统）及中间件（译者注：中间件是一种独立的系统软件或服务程序，分布式应用软件借助这种软件在不同的技术之间共享资源。）的强化则由 NEC 与 NRI（野村综合研究所）、TEC（现更名为东芝 TEC）的协力之下进行。由此，24 小时 365 天，不需要店铺人员拥有专业系统管理技术，其搭载的运行管理、故障监视、控制、应用软件及中间件都以在线的方式进行维护，并且还搭载故障重置功能、预防性维护功能。应用多媒体技术、拥有良好操作性的人机互动界面及多种表现形式的店铺系统就这样诞生了。

这种开放性系统，在 2001 年被作为 ATM 的核心技术，该技术之所以能得以应用，与世界首台以 Windows 操作系统运行的低成本 ATM 机的开发息息相关。现在通过嵌入在店铺、总部、客户的合计 11 万台的客户端，使得开放性的经营基础设施得以形成。

另一方面，其大规模的数据库及业务合作·信息联动的基础系统则使用 HP－UX（美国惠普公司的 UNIX）系统及甲骨文公司的数据库软件。通过 IP 高速网络推动开放化，从原材料到制造·物流、连锁企业总部、店铺、顾客的商品供应计划的所有领域，都由开放性系统技术构建，从而支撑开发新服务及业务联动、信息共享的革新活动。

作为支撑应对买方市场的经营基础设施的完善工作，在孕育发展被视为商品开发重要环节的商品供应计划的同时，还实现了共同配送的效率化与服务水准的提高，并把向速食工厂提供的生产管理及品质管理系统发展为配送中心及制造工厂应用的广泛性系统。 这种零售业者向供应方提供系统的方式，使得两者在业务和信息方面的合作极为深入，这是前所未见的。

至此，我对 7-ELEVEn 在买方市场采取的 3 大对策做了一个大概介绍。 每个对策都与其作为购买代理业者而提供便利的主旨相关联。 而这种构想的立论观点，则是从消费居民日常生活出发的思维方式。 其把服务的范围精简为“从顾客起床到就寝，向顾客提供日常的、大众化的服务”。 让得到服务的每位顾客都觉得这是对自己而言真正便利的店铺。

重视与顾客互相联系的服务质量，7-ELEVEn 为此与客户建立了超越传统框架的合作关系。 通过作为支撑的开放性基础设施的构建，从而谋划服务合作与新服务提案结合的事业战略。 在考虑今后的服务内容时，作为一种方向性的指导，其拥有参考价值。

以上记述了 7-ELEVEn 对之前一系列变化的应对，在本章节最后部分，我想简单介绍一下 7-ELEVEn 所直面的课题。

7-ELEVEn 旗下每家店铺的日平均销售额除了 TASPO 效

果显著的2008 年度（2009 财年2 月期）之外，自2000 年之后呈下跌趋势。 其从 1999 年度（2000 财年 2 月期）的 68 万1000 日元/天 · 店跌至 2007 年度（2008 财年 2 月期）的 59 万7000 日元/天 · 店，跌幅为 12. 5% 。 尤其是 2006 年度之后的跌幅较大。 与之相对，连锁店全体的销售额却持续着微小的增幅，经常性利润也呈现良性增长。 在 2009 财年 2 月期，达到了 1879 亿日元的高位。

这里出现的问题是，店铺销售额减少所导致的店铺个体应对能力的低下。 销售额减少所导致的店铺收益的减少，会对人员配置、次品控制、长期的经营意愿、后继者的培养、店铺的继承等方面带来持续性的巨大影响。

在商界发行的杂志《销售革新》的 2009 年 4 月号中，刊登了一直在铃木敏文会长身边进行采访的绪方友之和 Systems Research 公司的吉田繁治的相关分析类文章，两人文中对问题意识的共通点有不少可以作为参考。 我把 7-ELEVEn 的课题整理为以下几个要点。

①在出生率下降、人口老龄化及人口负增长社会中，面临价格诉求及价格竞争的激化，便利店业该如何应对。

②“中小零售业者的大幅减少及 A 类型减少所导致的企业优胜劣汰、商人生意意识的淡化、如何面对包含在生育率下降问题在内的零售业后续者的减少（绪方），以及特许经营合同更新率的低下。

注：所谓 A 类型，是指自己负担土地与店铺建设费用的特

许经营人。与之相对,C 类型是指使用总部提供的店铺用房的特许经营人。在 10 年前左右,A 类型占了 7 成,如今降至 5 成。

③“对站在顾客角度实现自我差异化能力的低下，以及后进企业梯队的紧紧追赶，面对店铺增加，OFC 质量维持·提高的滞后，OFC 会议从之前的每周举行变为如今的隔周举行等等，组织革新力有衰落之虞。”

④店铺个体销售额低下所导致的店铺收入减少与总部收益之间的不平衡。

收益低下所伴随的对人员配置、次品抑制、单品管理的不到位所导致的服务水准低下。

⑤新业态革新、服务开发、面向次时代的顾客关系及团队合作渠道的应用速度与革新力的低下。 与外部合作伙伴的协作关系及改革领导能力的低下。

在时代变化、结构性经济低迷的环境下，即便是领头羊企业，其面对的课题也不小。 不过，在顾客群的变化与商品开发、价格应对中，其不断的努力可以说给予了方向性。 顾客的平均年龄在过去的 15 年中，也上升到了 37 岁，比原来大了 10 岁，而来店顾客的年龄构成中，40 岁以上的占了 37%，便利店已经完全跳出了只属于年轻人的框框。 商品开发已经正式进化到了除带有地域特色的原创商品外，还加入了价格应对力高的 PB（自有品牌）以及集团商品的开发。 然而价格的低廉有导致总毛利润率低下之虞。 另外，由于其他同行业连锁店企业的紧紧追赶，从商品方面来看，像之前那样的巨大差异化也无法实现了。

②所提及的店主资质与后续者的课题，关乎对时代潮流变化的应对，作为总部，需要对自我革新力及店铺支援功能的提高做整体性考虑，这可谓是今后的一大课题。与集团企业等的横向合作与垂直、不同业种之间的合作所创造的价值，特别是网络服务及保健服务，以及对近邻居民的生活支援及立足于所处地区的服务开发等等，在现实与虚拟相结合的新时代服务产业的挑战下，作为领头羊企业，应该发挥其自身的作用，这也是一个重大的机遇。这能够解决课题④，也可以被寄予希望成为下一个业态的突破点。

然而，与这种结构型、中期型的对策不同，店主的高龄化、后续者不足的问题，考虑到长达15年的合同期，合同更新率可能还会继续降低。由于经济低迷而有所缓解的员工录用、培养的课题，也需要进一步的事务省力化及低成本运营来解决。

关于③的课题，《销售革新》杂志上指出，假设店铺的日平均销售额在55万日元的情况下，店铺的盈利将变得困难。在此阶层中，店主夫妇通过减少部分员工报酬来确保店主家庭收入的情况实际存在。店铺的营业费比例也在不断效率化，会计业务的自动化及无票据系统等成本削减方式也在努力进行中。然而，单品管理的细节实施所伴随的必要成本，导致相对负担的增加。在提高订货及备货的精确度方面，导入系统支持、推荐功能也可谓是值得讨论的现实选项。

在后面章节会讲到的自动订货、备货改良与实现销售额增长的零售业事例，以及“真 IT 经营”的更深层次的进展与服务革新的创造，并不仅限于 7-ELEVEn，上述课题的解决方案将成为所有服务产业的方向。

第 2 章 7-ELEVEn 所呈现的服务革新与 IT 革新

1　事业战略的制定与业务改革·信息系统革新的联动

事业战略与经营平台

在买方市场社会的潮流中我们见证了市场及环境的巨大变化。作为应对此种变化的对策，7-ELEVEn 采取的“原创商品的开发及商品供应计划”、“新服务的开发及便利性的提供”、“彻底实行 IT（信息技术）应用及业务流程的革新”这 3 点，已经在前面做了说明。有些企业会把这些对策看做是战略。可是，如图 1－5 所示，并非所有的对策都是战略。在新战略的大环境下，即便通过与其他竞争企业不同的方法来实现差异化，如果永远只是沿袭此方法或仅仅强化贯彻程度的话，就不能说这是一种持续发展的战略。并且，有的企业还把像“本公司提供高品质、美味的有价值商品，从而支援顾客健康安全的饮食生活”这类口号和企业理念当做战略。

要定义何为战略是困难的，我在这里基于迈克尔·波特（著名管理学家和经济学家、竞争战略和国民经济发展竞争力方面的权威。——译者注）在《竞争战略论 I》（DIAMOND出版社出版）中描述的定义进行论述。也就是：

- 所谓战略，即意味着是采取与竞争企业不同的行动，还是以不同的方法来实践同样的行动。
- 战略与运作的效率化是不同的概念。TQM（综合品质管理，以下简称TQM）并非战略。
- 运作的效率化，是指比竞争企业更加有效地实践同样的行动。这容易导致模仿、消耗战、同质化，并非长久之计。不过，基于结构性支撑的改良则能够可持续进行。

不少企业确实把战略与运作混同化了。不过，上述的观点并非否定运作的效率化。就像前面介绍过的7-ELEVEn的突破事例，只有靠同时强化战略与运作的效率化，才能使自身在竞争中处于优势，这就需要正确地评价·讨论双方情况，搭建具有整合性的组织结构，导入以实行为目的的信息共享及“假设—验证”的流程，并使其与业务流程的支援相结合。

并且，使之得以运作的方针和对策应立足于战略高度。可以认为是实行在当时、当地最为有效的，拥有高优先权的选项。然而，战略与贯彻运作的对策，两者并不明确割离。因此在买方市场中 7-ELEVEn 所采取的 3 大对策，既是当时运作的效率化手段，同时当然也是其战略的具体表现。面对即将到来的“价值共创型社会”所采取的对策，比如环境问题、出生率下降、人口老龄化、贫富差距扩大、消费低迷等大背景下对价值诉求的重新审视等新对策的展开，这些都变得越来越必要。此外，战略本身也需要在时代及环境的巨大变化之下加以重新审视。关于这个课题，会在第 3 章，服务革新的其他企业事例中加以确认与思考，在此让我们先来思考一下何为战略，战略又是如何制定的。

要制定战略的话，需要怎么做。首先需要考虑通过战略应该实现的目标是什么。这既是企业活动的目的，也是一种对被顾客及市场所认同的价值的提案。并且把为了价值提案的基本战略综合起来，以具有连贯性与整合性的方式进行制定，进一步构建更为具体的战略主题，并以部门战略的方式落到实处。

此外，为了让战略实行，并力图实现差异化的话，就需要能使战略成为真正战略的革新引擎。

因此要制定战略的话，最重要的是整理“经营理念与价值提案”、“拥有统合性与一贯性的基本战略”、“支撑战略的革新”这三点。通过这样的层次构造整理战略，对企业的价值观与业务流程进行组合，并与支撑其的 IT 应用及管理手段以适当的方式进行联动，就能够提高面对变化的应对能力。

图 2－1 为 7-ELEVEn 的战略整理图。“经营理念与价值提案”的特征是，设身处地站在顾客的立场上，把自身定义为购买代理型零售业者，并从卖方市场的时代就开始重视居民日常生活。于是提案了提供便利性的零售业，这种全新的概念，以成为“在顾客从起床到就寝的时间段内，对顾客所需的商品与服务，总是不间断地以新鲜状态陈列，并态度友好地予以提供。”卖什么并不固定，而把自身的作用定义为提供便利性。把 24 小时 365 日，提供贴近老百姓生活的所需服务作为新的价值加以提案。

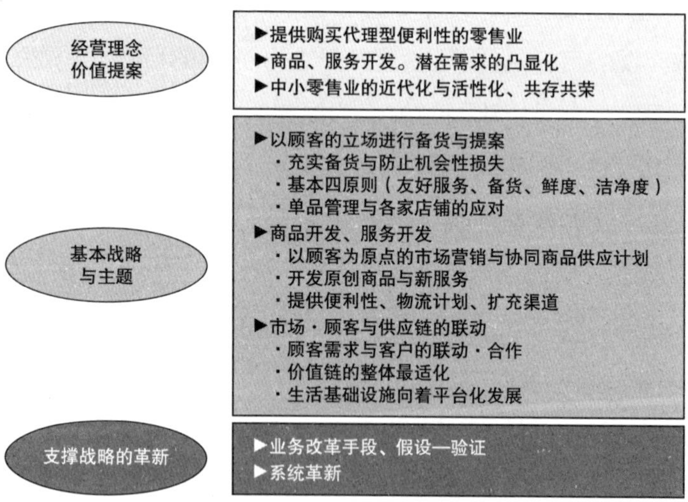

图 2－1　7-ELEVEn 的事业战略

“基本战略主题”则是成为购买代理型零售业者，站在顾客的立场进行备货及提案，以及开发原创商品与新服务。为了实现这个战略，就需要研究如何实现市场 · 顾客与供应链之间的联动强化，具体在于从原材料开发到制造、物流、销售到售后服务的 MD（merchandising：商品供应计划，以下简称 MD。——译者注）流程整体的价值链自身的再构建，以及自身开展超越零售业领域的 MD 流程整体的控制与支持的新战略。 而深入至服务领域中，则跨出零售业的框框，设立银行分公司，自身与系统合作伙伴企业共同使用新技术所开发出的 ATM 系统等等，作为 24 小时 365 日崭新服务的提供者，有效地在推进开展这具有三个层次结构的战略。

即便在“支撑战略的革新”这一领域，也有向 MD 流程的全领域提供信息系统，并对从原材料到销售为止的一系列业务联动与信息共享提供支撑的系统。 店铺支援、总部、营业、店铺信息共享、协同商品供应计划等等，可以说其战略由于业务流程的设计力及革新力的融入而提升了效果。

关于战略的构建与实行所得到的成果，已经做了说明。不过，如果问此战略构图在 7-ELEVEn 企业内部是否真的被批准、被共享的话，那实际上并非如此。 同理，战略被正确整理、共享的企业也绝对不是多数。 即便如此，事业仍会运作。

这是一个有趣的现象，但我们应该视其为存在于每一个企业的现象。 即所谓战略是在日常的企业活动及与顾客的关系、企业理念及企业文化中产生的，与是否具有明确定义并无关系。因此，整理战略虽然是重要的，但比起事无巨细地整理战略并在整个企业内共享，不如避免战略流于形式所导致的僵化，而创造出为了让战略更为有效果、更为有效率的业务流程及信息系统的结构。我觉得这点更为重要。

不过，参与业务流程设计及信息系统设计的成员，则需要站在如何让战略具体化的角度上考虑问题，并需要对战略进行正确整理。并且，制定具备理论性及革新性的变化应对策略与经营方针（对策），脑中牢记对战略定义本身的重新审视，这也是很重要的。而之前的战略是如何定义的，今后的战略又要如何定义，重新思考一下这些问题也是不可或缺的一环。

要定义战略，其实需要的是方法论。无论是为了把高层的方针以具有整合性、客观性的方式赋予血肉，还是为了避免以浮于表面、嗓门大的意见为中心定义战略的风险，都需要学会用方法论以直面相关问题。

图 2－2 是其为了推进业务改革与系统构建而实施的特有的方法论。到 Step6 为止是战略及业务改革的设计，而 Step7 中的 IT 技术应用的效果如何融入业务改革，则是在讨论各 Step 时一直要考虑的问题。另一个要点是以 Step2 应具备的功能印象为基准，从而去进行现状分析及业务流程设计。所谓功能印象，也可以说是一种追求业务功能、系统功能、IT 基本功能的应有状态、实现的可能性，以及整理其与现状之

系统化计划手段的重要性与特征

- ▶为了进行业务改革与系统的刷新（IT的最适化应用）而采取的手段。相当于造房子时的概要设计图。
- ▶从业务改革与系统构建的两方面，应用成功事例及实务经验知识，探讨、立案最适合的系统。
- ▶把经营方针落实到业务功能中，以实务方式设想应有的形态，把现状课题以整体最适化且改革的指向性进行整理。
- ▶把解决问题、改善、改革的具体化以应用最适当技术、实现最大投资效果的视角归纳制定系统化计划。

系统化计划的归纳总结

系统化计划书 目录形象

【1】方针・战略与应有的业务功能（Step0、1、2、3、4）
- ［1－1］环境、市场、顾客、竞争的变化
- ［1－2］战略与部门功能的定义
- ［1－3］应有的业务功能形象
- ［1－4］现状分析（业务、系统）

【2】对课题与变革主题的整理（Step5）
- ［2－1］对现状与理想状态之间差距的分析
- ［2－2］对课题的整理与优先权
- ［2－3］改善、改革的主题与对策形象

【3】商业流程与系统概要（Step6、7、8）
- ［3－1］商业流程概要
- ［3－2］主要业务流程与应用软件

【4】系统构成与对技术基础的探讨、评价（Step7、8）
- ［4－1］系统化方针
- ［4－2］系统架构
- ［4－3］硬件构成概要
- ［4－4］软件构成概要
- ［4－5］网络构成概要

【5】费用概算及计划实行（Step8、9）
- ［5－1］费用概算及投资效果预测
- ［5－2］全体日程安排与系统转移计划
- ［5－3］系统构建计划的推进方法与体制案

系统化计划手段的步骤流程

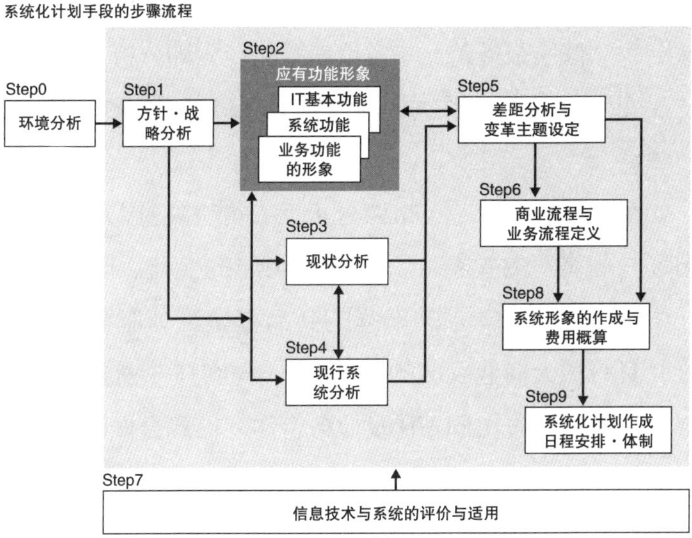

图 2－2　业务改革与系统构建的手段

间的差距，为了推进新业务流程与系统构建而提出的假设。

这种方式，在美国7-ELEVEn重建时，被整理应用在系统构建项目中，在日本也在6～7年的时间内大规模系统重建时发挥了重大作用。这次虽然只对此做部分介绍，但这是7-ELEVEn最大规模的系统重建。那么就为大家介绍1997～2000年的第5次系统重建的事例。

首先，在Step0的环境分析中，进行“消费构造及商业环境变化”等各种分析，与“SWOT分析”等并行，一起被用于整理自身经营事业所处的位置及竞争关系。首先对这种“5大竞争要因分析”进行说明。

这种方法也是迈克尔·波特的分析手法之一。所谓5大竞争要因是指“市场与顾客”、“客户·卖方”、“进入新领域”、“替代服务”、“竞争差异化”，即分析这5大领域的主要变化及竞争关系，从而得到应采取的战略方向性的研究方法。

如图2－3所示，从此种分析手法能够把握到的是，从“市场与顾客”的关系中，在消费构造的变化、服务化与网络化中，符合顾客需求的新鲜的商品提案及新服务、便利性的提高具有扩大商业领域的可能性。与客户·卖方的关系强化，被认为是通过协同MD及业务合作、信息合作的进一步完善而提高应对变化的速度及效率而增强竞争力的手段。

替代服务及进入新领域，倒并非会带来巨大影响。反而是通过扩展之前的便利店事业、构建网络渠道等以开拓全新商业领域为基本认识、扩充·完善经营基础设施的行为，才是系统重建的一大目的。

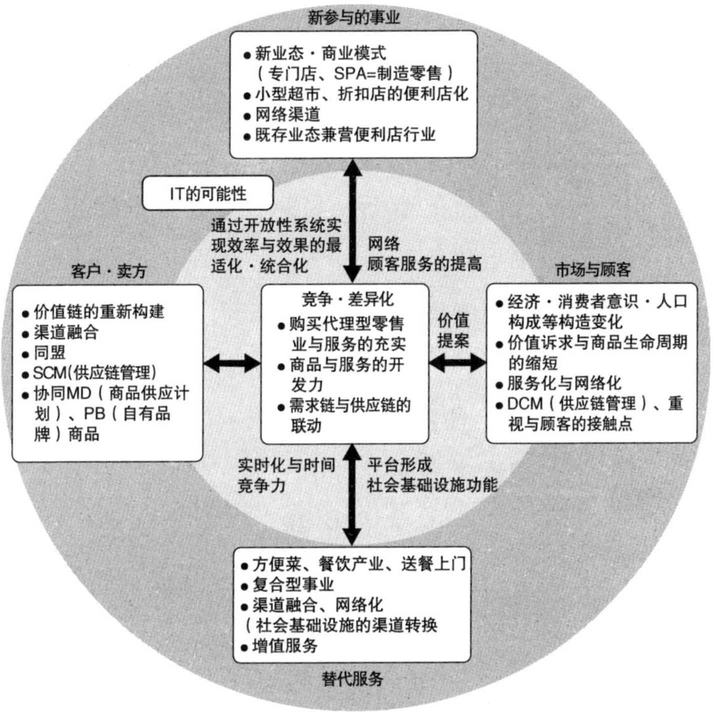

图2－3　7-ELEVEn的竞争要因分析(1998年间)

其与竞争的关系，也能够通过贯彻被市场及顾客视为基础的居民日常生活而实现差异化。可以说，其应该采取的路线并非战略的大转换，而是面向网络时代的强化及不限于店头的广域战略的实现与彻底实行。并且为此，如图2－3所示，实现基于对以IT应用、尤其是开放性系统、网络应用为手段的事业基础的扩张工作。第5次综合系统的目标被明确定为“通过开放性系统实现经营基础设施的革新”。虽然从5大竞争要素中得出答案，看起来似乎很简单，其实这里省略了从环境分析、方针分析、现状分析中经过大量讨论才决定了方向的过程。其中作为支撑经营基础设施并形成结构性、综合性基础的技术讨论及其选择也具有巨大的意义。

所谓经营基础设施的革新，当时只是笼统含糊的用词，但通过在后面章节会讲到的各种革新，就可进行明确归纳。其较为恰当的说法应该是经营模式的革新。如前面所述，纵观7-ELEVEn的历史，可以把其发展分为两个时期。第1时期是到1992年为止，便利店业态基本模式形成的时期。在所涉及的商品中，速食类商品品种扩充为了米饭、三明治、面类及熟食，并配合早中晚三大用餐高峰完善制造与物流体系。到了1992年，其速食类商品的销售额占总销售额的比率超过28%，1日3次的配送体系也几乎建设完成。当时的状况与如今几乎相同，可以说其基本模式在那个时期就已经成型。

而此模式的经营基础设施则是价值链。关于价值链，会在本章节的后面部分加以详细说明，而与合作伙伴企业合作的7-ELEVEn的价值链则如图2－4所示。

图2－4下部标示了从原材料到销售、服务的商品供应计划流程，这被称为主体活动。标示在商品总部及运作总部的方框中的是各部门的组织功能。上面部分则是为了使这些功

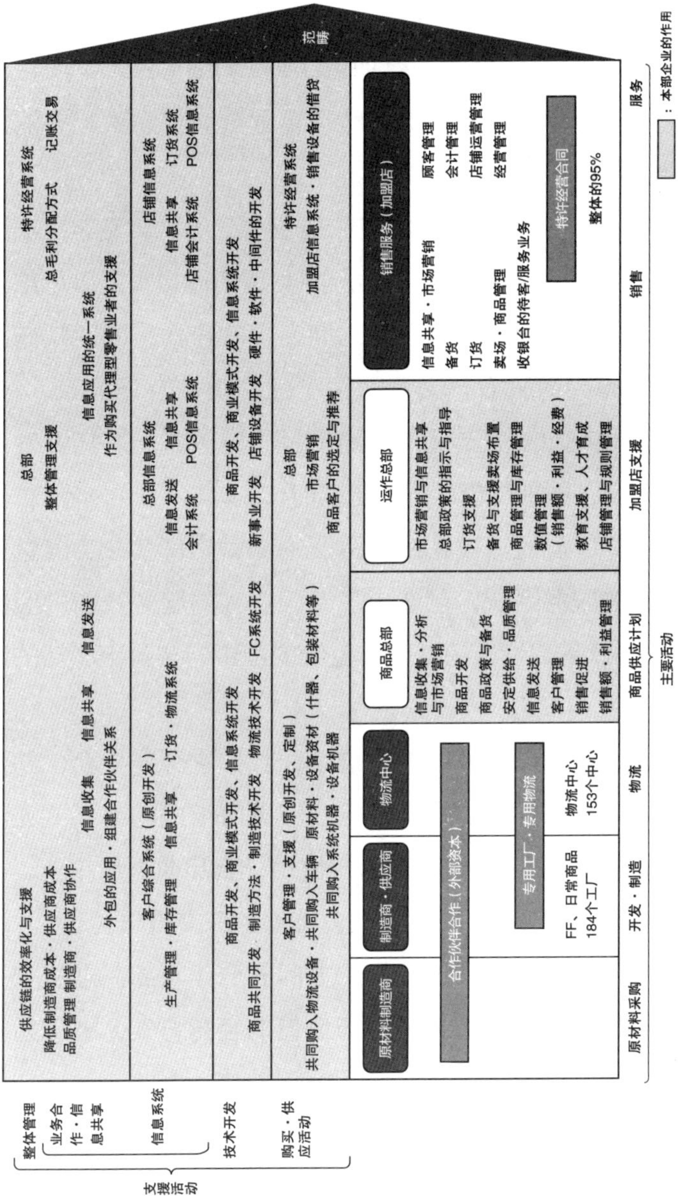

图 2–4 7–ELEVEn 的价值链

能顺利运作的、支援主体活动的共通功能，这被称为支援活动。图中标示了作为总部企业的7-ELEVEn（日本）所负责的部分与无资本关系的、通过特许经营合同相联系起来的加盟店及客户所负责的部分。

7-ELEVEn的价值链的特征，是包括了加盟店及客户层面的一体化设计。特别是对于客户的支援活动，也是以总部为中心进行，既实现了不同企业之间密切的合作，同时从商品供应计划的层面来看，又是一种牢固的垂直合作关系。到1991年，也就是卖方市场的终结时期，这就是便利店业发展的第1时期，亦即是价值链经营的时代。

而这样的价值链被在线网络及物流网络所强化，通过店头及网络的服务系统，创造出了不同业种的服务及新的服务模式。经营基础设施超越了价值链的范围，孕育出了新的经营风格。

超越了自身行业范围的价值链，我把它称作平台，并把它视为企业与老百姓、社会及行政服务所组成的崭新的交流与协作之处。通过这样的交流及协作，食品业与汽车业、金融业等业界分别形成的价值链，就能够加深交流与联动。

通过由此所产生的不同行业之间的合作及新商业模式，而向顾客提供一站式服务及崭新价值的经营方式，被称为平台经营。

经过便利店第1时期的价值链经营，在买方市场所形成的以居民日常生活为起点的运作处理方式，通过在经营中融入追求便利性的新需求及新 IT 技术所孕育的开放性环境，向着新的平台经营时代前行。关于平台经营的具体形象，以图 2－5 为例进行说明。

该图把平台的构成要素整理为 5 个阶层。最上面是零售业的商品供应计划流程，而支撑它的价值链如果加以发展，就会形成平台。不过形成平台所不可或缺的，是便利店特有的条件。那就是右上部分的“贴近顾客，为了 24 小时 365 天向居住在附近的您提供所需商品，总是把商品在货架上摆好等待您的光临”的店铺的便利性。顾客的光顾频度处于每周 2～3 次的高位，具有通过一站式服务使顾客感觉宾至如归的潜力。

而下面的第 2 层，则是提供与老百姓日常生活紧密联系的便利性的服务，其通过高程度的系统支援使得提供服务的方式更为简便。第 3 层则融入了支援包括本行——物品销售在内的各种服务的合作伙伴协作。7-ELEVEn 通过与作为本行的零售业的商品相关合作伙伴、以小额结算为中心的金融服务合作伙伴，以及力图实现网络层面合作的网络渠道伙伴三者之间的合作伙伴协作，从而实现日常便利性的提供。

第 4 层所表示的，是提高人类与系统间联动性的经营风格，通过被一贯的信息系统及物流系统所支撑，从而发挥功能。而最下层的第 5 层则是系统的基础部分。系统基础部分支援着上层的合作能有效进行，并且还发挥着提供新革新的可能性的作用。这里以店铺系统所提供的服务功能为中心

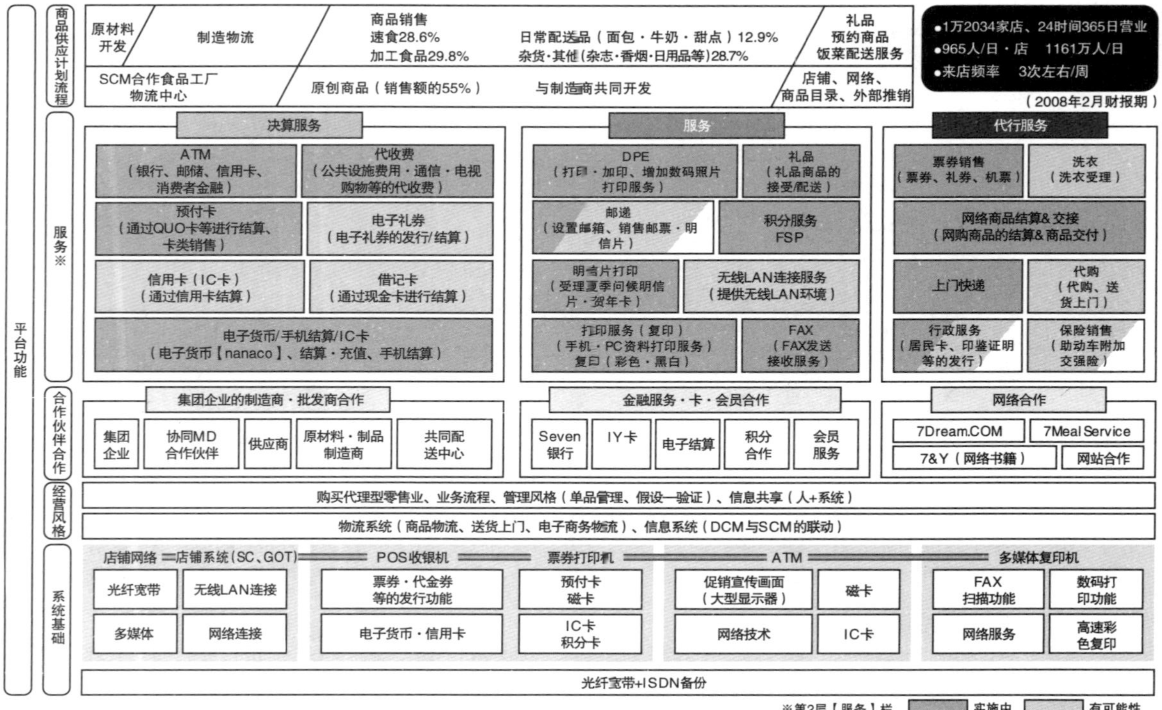

图 2-5　7-ELEVEn 的经营平台

进行列举。几乎所有的功能都是预装好的，通过设置这样的系统功能，设计新服务、新商务，使得上面的 4 层与外部实现开放性的合作、扩展，成为一个平台。如果要用技术用语来描述系统基础，那就是一种由开放架构及宽带网所完善的作业。

向平台经营的转变，是在 1995 年至 2000 年的第 5 次综合信息系统的设计、开发、导入的推进，以及与之同时进行的业务流程的再次构建，对于新事业、新服务的讨论和开发，这二者在联动中才首次得以实现的。7-ELEVEn 十分受到上天垂青，那时正值金融危机，零售业销售额减少；各种商务零售领域的改变、服务化等寻求商业改革的潮流与技术革新的大环境中，并且与 IT 技术的开放化相重合。第 5 次综合信息系统克服了各种课题，着重于通过开放性系统而革新经营基础设施的做法，使其成为了跃进的推动力。

为了实现战略，如何有效利用 IT 技术

在回顾 7-ELEVEn 对 IT 应用的完整流程的同时，我会对其特征及如何让 IT 技术为我所用做一个介绍。

我认为，所谓 IT 技术的应用，即“把通过各种技术所开发・提供的硬件及软件、模块、工具及基本软件等，作为自身商业革新的解决方案及推进引擎，如何把其进行组合、改造、一些部分采取嵌入方式，使其为我所用”。这正好与负责烹饪的厨师长的作用相同。

厨师长考虑自己的顾客的口味偏好，并按照顾客的点单内容，从各种食材中进行选择，有时还会烹饪自己认为的时鲜菜式或自创的新菜式提供给顾客品尝。在鉴定新食材及时鲜食材的同时，在脑中浮现顾客的表情，考虑到顾客的身体状况及气候，并且包括招待方式在内，从而发挥烹饪技巧。

也就是说，IT 技术自身就是素材，顾客就是商务，厨师长就是 CIO（首席信息官）及从事系统构建的我们。以这样的思维方式就能知道，所谓让 IT 技术为我所用，就是在具备寻找素材及鉴定素材能力的基础上，为了实现作为顾客的商务得以成功，该如何把有效的系统作为解决方案进行提供。所谓 IT 应用，可以理解成是在以一个整体的方式思考这样的 IT 技术与系统、商务的过程中推进的工作。

那么，让我们来看看 7-ELEVEn 让 IT 技术为我所用，到底是怎么一回事。

图 2－6 是 7-ELEVEn 从 1978 年至 2001 年的第 5 次系统重建的流程整理图。2004～2006 年则导入了第 6 次系统，加入了废止采购单及电子货币、顾客忠诚度计划的功能。应用软件功能在历经 5 次系统重建之后，通过光宽带及店内无线 LAN 等系统，发展成为系统基础设施大幅度强化的系统。其基本概念与第 5 次系统重建时的相同，在图 2－6 中可以看做是第 5 次的延伸。

此图的横轴表示以店铺系统的重建为中心的系统重建的流程。在第 1 次、第 2 次重建中，以订货、物流的改良与信

年度	1978 / 79	82 / 83	85 / 86	90 / 91 / 92	97 / 98 / 99 / 2000 / 2001
店铺数	375 591	1305 1643	2299 2651	4012 4328 4629	6875 7314 7732 8153
重新构建	第1次电脑订货系统	第2次POS系统	第3次单品管理·完善客户系统	第4次综合信息系统的整顿	通过第五次开放化刷新事业结构
经营课题·商业	•订货、物流的效率化 •交货所需时间的缩短 •防止订货失误与应用订货数据	•提高订货精度与防止缺货 •应用POS信息与削减库存 •物流的效率化与共同配送	•提高店铺应对力与店铺的自主性 •POS信息在店铺的应用与排除滞销商品、促进导入畅销商品 •服务业务（代收费、商品预约等）开始 •供应商、共同配送中心的效率化、共同配送的扩大	•店铺的信息化与省力化 •信息应用、信息共享 •提高假设—验证与订货精度 •计划生产、计划配送与客户 •强化合作、缩短交货所需时间 •开发服务业务、彩色复印、游戏软件、保险	•深耕单品管理 （提高订货、信息共享水准） •扩大协同商品供应计划 •强化店铺—总部—客户间的合作 •提高客户的生产性与强化合作 •以开展金融、行政、EC服务等为目的的基础设施完善
系统·解决方案	•开发订货·物流系统 •构建分散处理网络 •应用订货信息与开发会计系统 •在线管理店铺	•开发POS系统的硬件·软件 •开发电子订货簿系统 •店铺订货与总部POS信息的应用 •提供供应商、共同配送中心的系统	•开发店铺用信息分析电脑的硬件、软件 •通过双向POS收银机搭建实时在线环境 •正式开发客户综合系统 •开发代收费、预约商品系统	•应用ISDN网络 •商品控制、POS数据的在线化 •GOT订货、开发ST验货 •订货时的信息应用与以业务省力化为目标的条码应用 •店铺系统的全面再构建 •POS信息系统的正式构建 •实时库存管理 •生产管理、库存管理、向客户导入电脑分类系统 •与客户共享信息 •订货处理的开放化	•通过静态图像、视频使得工厂的操作与信息共享简易化 •完善卫星网络、专线、ISDN网络组合而成的通信基础设施与应用多媒体 •开发店铺系统机器的硬件、软件与应用多媒体信息 •扩张数据机房与完善集群软件网络、应用OFC的PC •开展ATM系统、EC服务、网络系统的运用
IT·技术开发	•开发附带条码读取器的店铺订货终端 •开始正式的零售店—批发商之间的在线订货 •构建日本首个NEC分散处理网络 •开发I—TDM（通信多重化装置）	•原创开发POS收银机、店铺电脑（日本首个正式的POS系统） •开发手持扫描器 •开发EOB（电子订货簿）终端 •开发物流中心使用的数码拣货系统	•开发店铺POS分析用16位电脑 •开发双向POS收银机 销售（实时处理）预约便当、鲜花类礼品等 •开发无停电电源装置 •开发车载式票据发行机器	•导入预付卡 •HOST处理的开放化与东西支援 •开发GOT（图形订货终端机）、ST（扫描终端） •ISDN网络的大规模应用 •大规模数据机房（UNIX） •单品盘存、开发终端	•通过开放化技术、多媒体技术刷新系统基础设施 •开发卫星网络 •开发基于Windows的ATM •开发多媒体自助服务机 •开发对应多媒体的POS系统

图 2-6　商业 · 系统 · IT 的最适化应用

息应用的开始为中心，日本首个正式的在线订货及全店 POS 系统被导入使用。在第 3 次系统中，为了推进信息应用的正式化及与客户的生产·物流体制的改革，其把主要力量放在了店铺用 16 位电脑的开发及客户综合系统的开发上。

第 4 次系统，主要是开发作为卖场订货终端的 GOT（图形订货终端机）（Graphic Order Terminal，以下简称 GOT）及附带条码扫描器的手持终端——ST（扫描终端）。订货时卖场的信息应用及交货商品的验货、退货、废弃、价格变更等，都以扫描条码的方式进行。这样能提高准确率并导入省力化的结构方式，使得店铺的信息化及省力化获得大幅度提高。

而第 5 次系统，则为完善以开放·实时经营为目标的系统基础设施提供了条件，通过 ATM 服务及电子商务等 IT 技术应用的商业方式开辟了一条新的企业成长道路。店铺系统及 ATM、终端电脑都通过 Windows 操作系统被统一，在店铺系统中开发的 24 小时稳定运行功能及在线维护功能、多媒体服务这些被强化的操作系统功能及中间件，也是各系统所共有的。

此图的竖轴表示商业与系统、IT 技术融为一体，从而推动系统构建的状态。为了让 IT 技术为我所用，就需要通过开发或组合新 IT 技术，从而组建起用途广泛、使用方便的系统。图下段的 IT·技术开发一栏中，归纳了每次系统重建时被开发出来的 IT 技术及首次在日本被应用的项目。与店铺系统相关的硬件也是从第 1 次起就全部作为原创机器被开发，并且以适用于自身为目标。在 TEC 及 NEC 的支持下，以“没有就创造”的精神进行开发，幸运的是，这些新技术被作为流通业界的标准系统得以广泛应用，通过如此的扩大延伸，使得改良及成本方面的利益也取得了巨大成果。

接下来，为了让 IT 技术为我所用，其中最重要的一环——与合作伙伴间的协作，我将介绍 7-ELEVEn 与微软的事例。

在推进开放化的同时，形成广泛、深入的合作伙伴关系至关重要。7-ELEVEn 于 1990 年代开始致力于 IT 技术的标准化、开放化，不断改善着系统基础。在 1991 年，作为甲骨文在日本的首个用户，构建了 7-ELEVEn 夏威夷公司（Seven-Eleven Hawaii，Inc）的系统。到了 1992 年，则使用 HP—UX（美国惠普公司的 UNIX），成为日本首个正式运行数据库的企业。

开放化所残留的课题，是在 1994 年，当时已达到 3 万 2000 台规模的店铺终端及批发商终端的下一代操作系统的选择。当时不少人倾向于使用已经创造出实际业绩的 UNIX 系统。

到了 1995 年 3 月，为了做出最后决定，我前往位于美国西雅图的微软公司总部，拜访了时任副总裁（现任首席执行官）的史蒂夫·鲍尔默先生。我向其说明了 24 小时 365 日的稳定运行，能够彻底应用多媒体的先进系统的必要性。传达了共存共荣的合作伙伴关系的精神，并对该商业领域的先进性、成长力、革新做了说明，还对嵌入多媒体功能的下一代系统形象做了演示。

鲍尔默先生在看完了演示后，立刻说“太棒了。这正是我们公司想做的工作。我十分希望达成此次合作。”由此，新合作伙伴关系的确立就开始了。

关于 7-ELEVEn 的要求，据我推测，对于当时的微软而言，从官方立场来说，原本是难以接受的。不过，如果能通过 7-ELEVEn 的环境，让 Windows NT 取得成果，这对微软确立在商用软件领域的地位，是绝好的机会。同时，是否能够通过协同运用各种功能实现从 24 小时 365 日稳定运行到对应多媒体功能的要求，对微软来说也是一个挑战。

7-ELEVEn 对微软提出的要求内容如下：

- 操作系统的适用化及功能强化，对于中间件开发的协助。
- 为了实现上述要求而提供系统源代码，并允许作为解决方案合作伙伴的 NEC 修改操作系统。
- 对技术信息进行先行提供，以优惠条件提供操作系统。
- 设置能推进开发，并迅速应对故障的微软日美间的专用窗口。

7-ELEVEn 在 97 年的第 5 次系统中，全面使用了 Windows NT，数据库则采用甲骨文公司的，并且嵌入了如系统监控、稳定运行、数据恢复等功能丰富的中间件。构建拥有强大功能、极高水准的应用软件服务的店铺系统，这在当时看来是不可能完成的任务，都是因为开放源代码的承诺及全面开放化的决策才得以实现的。

上述内容，或许给人“7-ELEVEn 提要求，微软努力实现”的单方面印象，但事实上，包括 NEC 与野村综合研究所在内的相互合作关系，对于 Windows NT 服务水准的提高及功能强化，以及精简版操作系统的登场，都给予了不少的良性影响。

如今的 7-ELEVEn，包括世界首个基于 Windows 操作系统开发的 ATM 机在内，一共有大约 11 万台在运行的 Windows 终端。第 5 次综合信息系统（1997—2000 年）所实施的向开放架构的正式转变，是对 7-ELEVEn 合作伙伴的承诺，此举的成功，包括合作伙伴在内，在流通业的 IT 技术应用方面也可谓是巨大的成果。

还有一点，要把技术革新的成果为我所用的话，就需要把网络技术为我所用。

在这方面，7-ELEVEn 也依靠与通信运营商及制造商的合作伙伴关系，取得了很好的效果。1991 年，凭借 ISDN（综合业务数字网，Integrated Services Digital Network。ISDN 是一个数字电话网络国际标准，是一种典型的电路交换网络系统。——译者注）使店铺的商品控制及 POS 数据的在线集中与发布得以实现。之前那种依靠软盘集中与发布数据的方式被废止，完全实现了网络在线化。此举开辟了“小店铺也能使用的网络服务”

之路，适用范围广、成本低的网络应用开始扩展延伸。

这也是当时在NTT（日本电信电话株式会社）ISDN服务发展停滞不前的背景下，NTT收到了7-ELEVEn的有力要求，从而决定了扩大服务的方针，可谓是7-ELEVEn与NTT合作伙伴关系的成果，同时也是NEC与TEC努力开发的高性能廉价ISDN网络的成果。POS收款机也在此阶段进化为了应用ISDN数据包的在线实时终端。

1997年，为了实现多媒体通信，7-ELEVEn依靠与NEC的合作伙伴关系，成功开发了卫星通信系统。

而在2005年，更是得到了由NTT Communications（NTT通信株式会社）提供的光纤宽带服务。通过网络扩充，包括店铺的多媒体数据、POS数据、订货数据在内，以及ATM、电子商务、票务服务等数据也得到了统合，实现了压倒性的服务水准的提高及30%的成本削减率。

所谓通信服务，是指最低速度保证在1M（1M＝100万）比特/秒（bps）、实际速度在10Mbps的专用光纤。捆绑备份用的ISDN、并嵌入支持动态影像流播放的多点传送功能的服务。这是独创规格的网络服务，如今已经是连网络都能够采取独创规格设计的时代了。

图2－7归纳了到2004年为止的由卫星＋ISDN＋专线（ATM）所构成的网络与现在的光纤宽带网络的互相比较的情况。为了实现此种服务，7-ELEVEn和NTT Communications进行了3年以上的关于需求与开发的磋商与交涉。7-ELEVEn与

其他的通信运营商也进行过探讨，但最终还是 NTT Communications 从 NTT 租借了暗光纤（暗光纤指的是已经铺设但是没有投入使用的光缆。很多时候通信公司会铺设多于其需求的光纤数量，以适应将来的需要而避免反复铺设带来的高额成本。暗光纤可能租用给个人或者其他公司，用于在他们自己的场所之间建立光纤连接。——译者注），并且自行进行设备投资，为 7-ELEVEn 担负了完善基础设施的成本风险。 此服务同样也一直沿用，如今其服务范围也得到扩展，被广泛地应用。

比较内容	现行网络	光纤宽带网络	
		特征	优势
网络构成	ISDN、卫星、专线等	通过IP（因特网技术）统合网络 （包括ATM线路） 最低速度保障(1M/秒)与ISDN备份线路的组合	通过统合实现运用及线路成本的降低与通信品质的提高 低成本开展ATM事业
通信成本	4万~6万日元/月左右	大幅降低成本成为可能	充分发挥定额制优势的大容量通信成为可能
开放性 扩展性	实际安装自主研发的通信协议	实际安装标准且开放性的IP	提高相互连接性、扩展性使得与其他企业的因特网连接变得容易
通信特征	只在通信时连接批量传送鉴于主线路交换、从量收费服务的特性，数据容量的缩小、低成本化的结构必不可少	以常时连接实时传送为主 发挥常时连接·定额服务的特性，使得不为通信频率·成本问题所累的使用方法成为可能	店铺—中心之间最新信息的交流，在必要的时刻参照必要的数据量（点播通信）成为可能 多媒体的应用扩大 店铺系统的瘦身化成为可能
大容量通信 广播通信	应用卫星线路的广播通信	通过高速大容量的双向通信IP组播传输（把一条数据在复制给多个收件人的同时进行发送的方式）而实现的广播通信	不受卫星线路的制约，到达效率及发送效率的提高成为可能
多媒体对应	应用视频等店铺电脑中积累的内容	应用视频等流播放型（连续发送·播放数据的方式）与店铺电脑中的积累型内容应用的并用开放性系统，容易追加应用软件·服务	实现大容量即时性内容的实时传送 培训、店头促销宣传等低成本运用成为可能 无纸化 ATM中的500家金融机构的专用画面服务

图2-7 光纤宽带服务的应用实例

通过应用此通信服务，也能大幅提高网络整体的信赖性及功能。 网络节点配置在横滨、大阪两地，并且配置了 Stratus 公司的容错（不停止）服务器，采取 365 日 24 小时完全备份的体制，连接数据中心的线路也采取了 2 家线路拉设商双线并行的办法。

其性能如下:

- 对大约 11 万台终端的操控、程序(包括中间件)实现一元化的统一管理、自动更新。
- 订货数据接收量达每分钟 3000 条(原来的 3 倍)。
- 商品预约等从店铺发出的实时询问数据量达每分钟 5000 条(原来的 5.6 倍)。
- 数据中心到店铺的同时同步信息发送。发送到 1 万 5000 家店铺所用时间为 10 分钟(原来的 3 倍速)。
- 店铺 POS 数据信息接收合计 4000 万件事务/日(事务，即 Transaction，是访问并可能更新数据库中各种数据项的一个程序执行单元)，每隔 30 分钟进行一次(原来是 1 日 3 次)数据定时集中。

实现以上的性能，再包括线路、数据中心的机器、店铺通信机器、运营成本在内，合计费用也比原来的网络要减少 30%。

所举的两个实例都是大企业之间的合作案例。 但是，IT 的世界也会产生“以小制大”的革新。 这就是 1985 年，店铺用16位电脑的原创开发的实例。当时为了应用店铺的POS信息，7-ELEVEn需要开发高分辨率、高图表显示效果的16位电脑。然而在当时，电脑还很少被应用于商业现场，其成本也在平均1台电脑80万日元以上，可谓高额。7-ELEVEn当时每天派人去国内两家知名大公司，阐明其必要性与要求定制的配置规格，但其提出的把成本压至四分之一以下、电脑体积小型化及原创定制键盘等要求并未被接受。

不过在当时，实行了这种有闯劲的提案的，是一家名为LOGIC SYSTEM的创业型电脑企业。

当时的7-ELEVEn的规模比现在小很多，是一家拥有2000家店铺、3200亿日元的零售业者，但双方的挑战就在这两家企业的两名30多岁年轻人的指挥下，决定了互相的分担职责后启动了。LOGIC SYSTEM的金丸恭文（现任Future Architect会长），在与开发成本进行战斗的同时，操作系统与驱动的改造自不必说，还负责改进操作性与系统反应性能。而当时在7-ELEVEn的我（现任Future Architect副社长）的责任，则是或许是全世界首个POS信息分析画面的设计及充分利用集团关系渠道来保证IC芯片及相关零件的供应之类。在不断的激烈争论中，历时5个月，世界首个店铺POS信息分析系统的硬件及软件就完成了，其花费的成本及时间是同行业的知名大企业的四分之一。这样的经验，让我们深切体会到革新由挑战而生，并且学习到了合作伙伴关系的重要性。

以上例举了3个事例，IT技术的发展就是在这样的需求与开发的碰撞中，成长为服务水准更高的技术。 IT 技术的应用，需要把这样的流程为我所用，并且需要努力研究如何把 IT 技术为我所用。 为此，相当于厨师长的 CIO（首席信息官）就需要按照每个事业领域及业务领域的不同，培养日本料理、法国料理及意大利料理的主厨，在专业领域，致力培养糕点师和侍酒师也很重要。

而系统的用户部门就好比口味挑剔的顾客，总是不断提出口味的偏好及与 TPO 相符合的菜单提案要求，而与之结合，其自身也需要有意识地进行自我健康管理，努力提高饮食生活质量，并加以实践。

2　运作的贯彻实施与信息共享的革新

单品管理与店铺个体的对应

作为基本战略而提倡的以顾客的立场进行商品陈列的提案，是历时最悠久的战略，其从卖方市场时代起就是基础战略。 “以顾客的立场”的说法，明显与“为了顾客”不同，表明了自身所处的位置的不同。 不是站在制造商及卖方的立场，而是站在顾客的立场，这样便获得了新的观点与视野。并且，从在店头等待顾客光顾的经营方式，转变为通过外部推销及对商圈的个别访问等方式，突破只服务来店顾客的局限，而重视作为潜在顾客的周边居民，来进行备货及提供便利。

如果一家不漏地走遍一个商圈，会发现来店顾客与居住在此的居民并非同一群体。现在的客户群的构成，是现在的备货方式、接客方式及促销宣传的结果。销售老百姓日常用品的 7-ELEVEn，就需要不断满意居住在店铺周边居民的需求。

于是，通过对商圈的了解及从消费居民日常生活出发，就能知晓顾客对店铺的期望，从而进一步了解其潜在的需求。盒饭也好，饭团也好，茶也好，小块点心也好，小包商品也好，都是顾客潜在需求具体实现的结果。

7-ELEVEn 每年在 100 家店铺的范围内，对每家店铺的 100 名顾客，也就是合计 1 万人进行意见征询调查。其呈现的顾客情况如图 2 – 8 所示。按性别比来看，虽然男性顾客占 62%，但女性顾客群在逐渐增长，而顾客来店频率则从平均 2 天 1 次开始渐渐降低。按年龄构成比例来看，20 几岁、30 几岁的顾客占 54%，但 30 几岁、40 几岁的顾客占 40%，远远高于日本的年龄构成比例中该年龄层的比率数——28%。顾客的平均年龄也从 15 年前的 27 岁，到 10 年前的 30 岁，在 2006 年，已经到了 37 岁，其一直在急速上升。30 岁以上的顾客占到了 51%。中高年人群也是同样情况，40 岁以上的顾客所占比例从 24% 增加至 37%，接近日本的年龄构成比例中该年龄层的比率数——56%。而不到 20 岁的顾客群则相反，在过去的 15 年间，其所占比例从 22% 急剧减少到 9%。便利店已经不是属于年轻人的商店了。

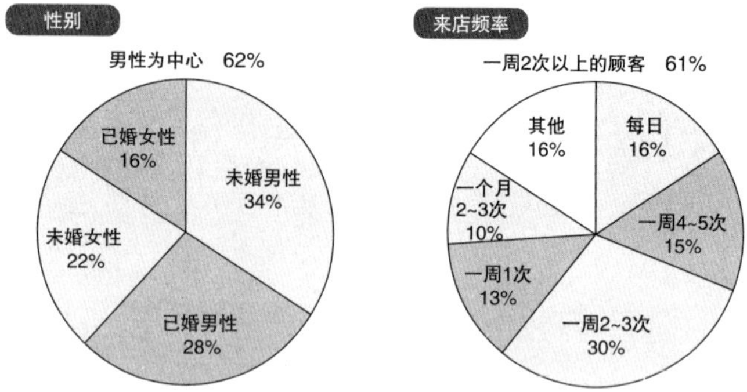

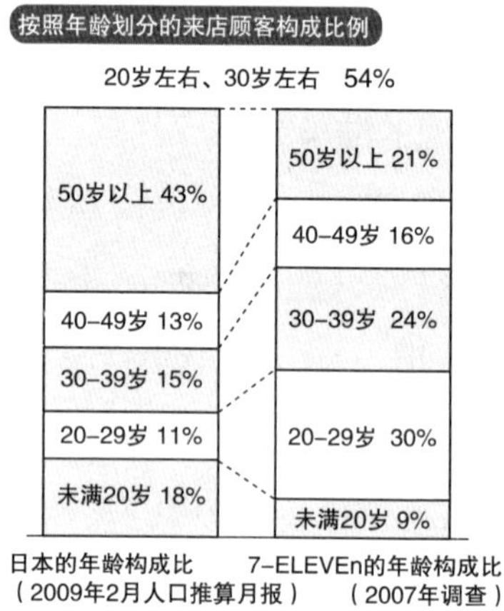

CVS店铺开业状况

	全国	7–ELEVEn
店铺数	4万2047家	1万2298家
地区人口	（1亿2763万人）	（1亿1285万人）
销售额	7兆9384亿日元（52万3000日元/日·店）	2兆7625亿日元（62万9000日元/日·店）
平均每家店铺的人口	3053人	9176人（5分钟以内可以到达店铺的占53%）

※数值以FC协会及总务省发布的2009年2月的数据为参考

图 2－8　7-ELEVEn 的顾客数据统计

光看平均值，就能发现顾客群变化之大，而在不同地区及不同店铺，其变动就更大了。另一方面，商品的动向也同样如此，每周 100 件推荐的新商品与几乎同样数量的下架商品。考虑到店铺的平均陈列商品数在 2500 件左右，其商品的更替也极为频繁。

然而，这种变化并非从现在才开始，对商圈狭窄、固定客源占多数的便利店而言，天气及活动、仪式及运动会，有时甚至是附近工地的施工日程，都会对来店顾客数和销售带来重大影响。7-ELEVEn 把这些变化考虑在内，为了把握第二天的变化而进行信息收集，并细致分析 POS 数据，采取分析一件件商品的动向的单品管理方法，并且把其作为运作主轴的重点。

所谓单品管理，是指“把握一件件商品的动向，搞清畅销或滞销的原因，在假设顾客需求及动向的基础上进行订货及备货，并通过验证结果而提高对顾客服务及业务品质的活动”。

另一方面，在集团的方针中提倡“应对变化及贯彻基础”，着重提出“零售业即应对变化的行业”这样的方针。在店铺建设、卖场建设的基础方面，更是进一步重视“基本 4 原则”的彻底实行。所谓基本 4 原则，是指备货、新鲜度管理、友好服务、洁净度四方面。所谓备货是指“把顾客需求的商品实时地备好”，所谓新鲜度管理是指“一直备好新鲜的商品”。而所谓友好服务是指“贯彻对顾客的问候及以笑脸接客，让顾客有一个良好的感觉”，所谓洁净度是指“为了让顾客总是有一个舒适的购物环境，维持店内的清洁及有条不紊”。最近还在其中加入了前面所述的外部推销的重要性，可以理解为卖场并非只限于店内，把其扩大延伸至邻近的职场及家庭，也是重要的业务拓展。

那么，各种各样的方针、手法该如何整理，如何联动呢？ 7-ELEVEn 并没有把这些方针及手法纷繁细致地进行整理。 不过，在经营高层一贯的领导及面对面的交流之下，其作为具体的活动以联动方式在运作。

我以信息系统负责人的立场，把这些关系的整理以各部门的功能定义及整个企业的功能联动结构的视点进行研究，从而与业务流程及信息系统的设计联系起来。 这样的研究方式，在美国 7-ELEVEn 重建项目中也被采用，摒弃止步于单品管理运作的课题，或者是店铺主题的思维方式，进而取得对以业务改革为目的的整个企业的、结构的研究上的认识，而上述研究让我在着手美国 7-ELEVEn 重建项目时获益颇多。因此美国 7-ELEVEn，单品管理并不被意译为“Unit by Unit Control”，而是直接音译为“TANPIN KANRI”（该词的日本发音。——译者注），简称 T. K。

那么，该如何整理才简单明了呢？ 首先需要注意的是，如果对单品管理的思维方式进行分解，就会发现如每件商品、每件商品都以顾客需求为准绳，订货及备货、假设—验证、提高对顾客的服务及业务品质等要素，所需要的是这些诸多行动及给予其支撑的意识。

如果这些都让店铺独自来做，那范围实在过广，难度也实在过高。 而想出的解决办法，则是把单品管理看作有组织、构造化的结构，把其作为组织之间的任务分担而进行组建。

例如，提到备货，为了“把顾客需求的商品实时地备好”，首先商品总部进行商品的开发及挑选，从大约4000件推荐商品中，由店铺自主选择2500件进行备货，为了这种实时的备货得以实现，相应的订货·物流系统就很重要。因此，组织之间的任务分担及组织功能的整理就变得尤为重要。

并且还需要对各店铺实行单品管理进行不断的支援，要让其结构尽量简单、易懂、易操作。所谓基本4原则，是把各店铺层次上的单品管理整理得易懂、易操作，并为了能让其实行，总部在每8家店铺配置一名OFC，目标是实现各店铺的自主性与总部统合力的联动效果。7-ELEVEn·日本特许经营总部社员5300人中的1700人是OFC，OFC所属的运作总部中，加上一部分工作人员及管理者，其数量占全体人数的4成不到。

所谓单品管理，是指“应对变化及贯彻基础”中的基础部分，被看作是推进体制及组织功能的分担与构成，包括管理手段在内的整个企业的、构造性的战略中的一环。所谓应对变化，是指基于此战略，提出适应各个时期的重要对策。比如现在的商品政策，是开发及扩展高品质、低价格的集团自有品牌（PB）商品——SEVEN PREMIUM（7-ELEVEn集团自有品牌），而其运作政策则是通过外部推销开展与地域紧密联系的CRM（Customer Relationship Management）（即客户关系管理）及扩大对顾客的服务领域。

因此，单品管理的整体形象如图2－9所示，各部门的功能联动，以支援店铺及服务顾客为目标，而作为支撑的单品管理的思维方式及综合信息系统则对整体的控制、管理提供支援。

为了推进单品管理，部门之间的合作与组织功能的定义方法，会在后面进行说明。 而在各店铺应对中，还有一个重要的要素。 立足于狭窄的商圈，以固定客源居多的 7-ELEVEn，包括天气及仪式、活动的影响，店铺的作用、顾客群、住宅、企业选址、竞争对手店铺的状况等等，各店铺所处的环境与面对的课题各不相同。 在此基础上，对顾客服务及友好应对等要素，与其他零售业者相比，显得更为重要。 便利店作为介于以百货店为代表的与顾客面对面的零售业及以超市为代表的自助服务式零售业之间的形态，也是追求二者优点的半自助式新业态。

而这既是困难的挑战，也是实现巨大差异化的机遇。 每家店铺不同的应对能力与店铺的自主性、提案能力、创意及贯彻力，会导致巨大差距，也会带来长足的成长。 7-ELEVEn 平均每位顾客的消费金额为 630 日元左右，与食品超市的 2000 ~ 3000 日元相比还有巨大差距。 也就是说，其销售额提高的潜力还很强。 事实上，在小店铺中无法摆放的商品，可以通过礼券及网络电子商务、及 7-ELEVEn 公司提供的 SEVEN – MEAL SERVICE 上门送餐服务等方式为顾客进行提供，这样的结构也与店铺的销售额直接挂钩。

在与顾客接触点方面的应对能力及提高服务品质的各店

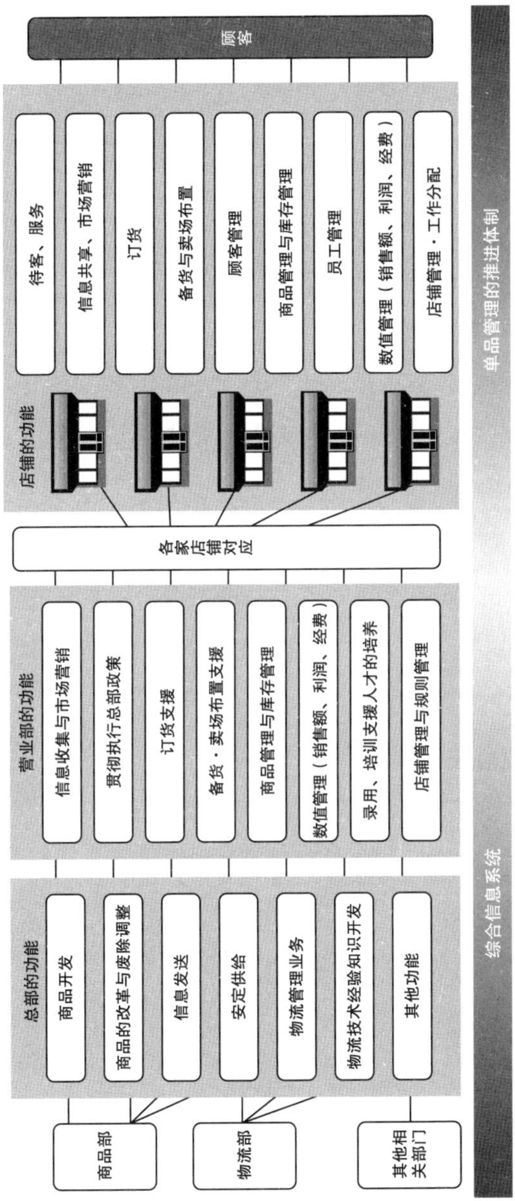

图 2-9　单品管理的整体形象　组织功能与部门间合作

铺应对能力，在竞争中变得愈发重要，OFC 与信息系统名副其实地支撑着各店铺与总部的合作，而合作使得应对变化的能力提高。所谓各店铺应对，可以说是单店管理，是 7-ELEVEn 与单品管理并行的战略支柱。在第 2 章的开头，我引用了迈克尔·波特所说的“战略与运作的效率化并非同一事物”，但把运作作为整体性构造看待，把其作为力图革新及应对变化的基本手段而进行整理贯彻的话，就能够把运作自身看作新的经营风格，从而上升至战略的高度。

如果要问 7-ELEVEn 的强大之处在哪里，许多人会回答是其贯彻执行的能力。外部人士也对其贯彻执行力评价颇高，而要孕育出这种贯彻执行力，人与结构的组合则至关重要。孕育出贯彻执行力的意识提高与意志形成，并非光靠经营的愿望及指示命令。这需要深入其中的实践与结构，以及数种手段。

首先整理介绍推进单品管理的手段。

<单品管理的关键词>

①假设与验证以居民日常生活为基础及给予顾客的提案

作为店铺、作为连锁店，也包括客户

②排除滞销商品、导入畅销商品及新商品

③备货及混合商品供应计划

重新审视与选址、顾客群、店铺的作用相对应的备货及总毛利润构成，价值诉求亦很重要。

④防止机会性损失

削减由于商品调整、备货、陈列、接客、订货及缺货所造成的机会性损失。

⑤精简

以单品的方式进行库存管理。增加商品与减少商品。把数量精简为现阶段所需的商品，不断以此方式应对变化。

⑥陈列、布置卖场、洁净度、新鲜程度

塑造简单明了、购物方便的卖场。提出紧贴顾客生活的提案。不仅实现商品的新鲜，还提出卖场新鲜的概念。

⑦订货分担、卖场责任分担与教育

分担订货及卖场、商品范畴，以实现责任到位。重要的并非是提高作业水准，而是提高把握经营感觉的知识与技术、信息应用水平及道德素质的教育和支援。

⑧信息共享与作业分配

共享店内·店外·数据等信息，谁、在何时、做了什么、如何进行的。任务分担与作业计划表很重要。

⑨热情待客、试吃及外部促销

提高与顾客交流的密切程度，提高提供信赖感与便利性的质与量。

⑩面对面的重要性，完善能支撑店员干劲的结构及系统

⑪分担任务、改善作业、系统的应用，强化和提高支援功能，改善店铺体制

在此，我提出 2 个具有共同性的关键词，即精简与信息共享。第一个关键词——精简，在经营手段中也属于流行词汇。虽然是与“选择与集中”近似的思维方式，但这种单品

管理与各店铺应对的思维方式，也可谓是把单品在各店铺以日常方式进行处理的手段。 事实上，就像日本知名食品折扣超市 OK store（全日本食品株式会社）那样，在目前的大环境下仍然能持续保持销售额两位数增长的企业，虽然其政策的不同也是原因之一，但在站在顾客的立场和心理上，重视滞销商品的排除及精简的方面，则拥有共通的特征。

那么，接下来对精简进行说明。 图 2－10 表示了精简的思维方式及效果。

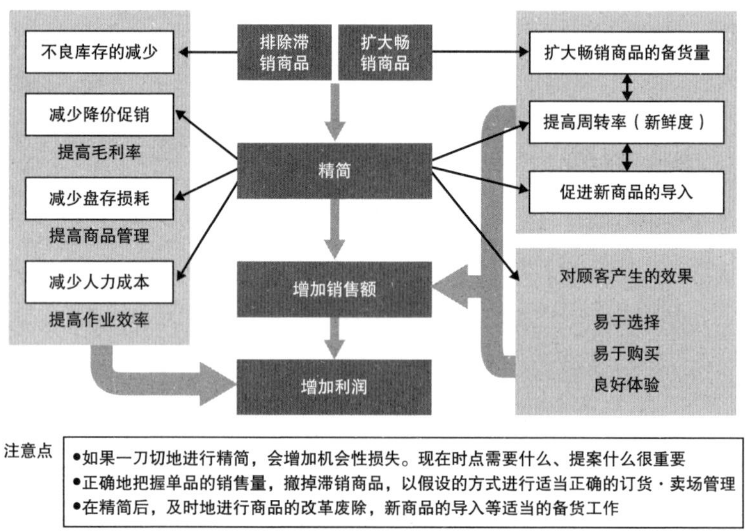

图 2－10　精简思维方式与效果

所谓精简，即是减少商品的种类。 在商品多样化的时代说到精简，一般会给人反潮流的感觉，但精简的真正含义是“所谓精简，是指备好在那个时间点，对那家店铺而言需要的商品货物，让顾客简单易懂、购物方便、并且以价格适当，防止缺货、保持品质的方式提供商品的思维方式”。因此，在早间以上学、上班人群为主要顾客，提供以饭团及三明治为中心的商品的卖场，到了午间，其主要备货则变成了盒饭、荞麦面、小吃、色拉。到了晚间则是熟食与下酒菜，如果预测当日晚间会变冷的话，就充实奶汁烤菜及热面的备货量。通过精简的方法，扩大现时段所需商品的陈列面积，并增加库存。对在现时段不重要的商品、滞销商品、周转不良商品则采取缩减或废止的措施，从而使得卖场能够以简单明了的方式开展季节感及新商品的提案。商品的周转效率与新鲜程度也得以提高。

创造出这样的循环，就被称为精简。如图 2－11 所示，通过减少滞销商品库存及提高作业效率，并扩大热销商品的备货量，促进新商品的导入，从而能够得到顾客更多的支持。

据我在卖场的经验，其效果十分显著。如图 2－11 所示，按照 POS 信息数据画面的流程加入单品评价，并通过商品的替换及合理布置卖场来改善销售额，其中销售额增加了 20%～30% 左右的例子也不在少数。以这样的思维方式大幅度地重新审视备货及卖场情况的行为，被称为商品按摩。与此同时，也与 OFC 进行了充分的讨论。日常性地对卖场进行调整是有不小难度的，但如果在换季及节日时，重新审视所备货品及商品陈列方式，使得卖场能够提高对顾客提案的水

卖场变更前的问题

在开始销售圣诞商品时，糖果商品的陈列空间缩小了。并且货架的间隔也很狭窄，使顾客难以选择与购买，销售量大为减少。

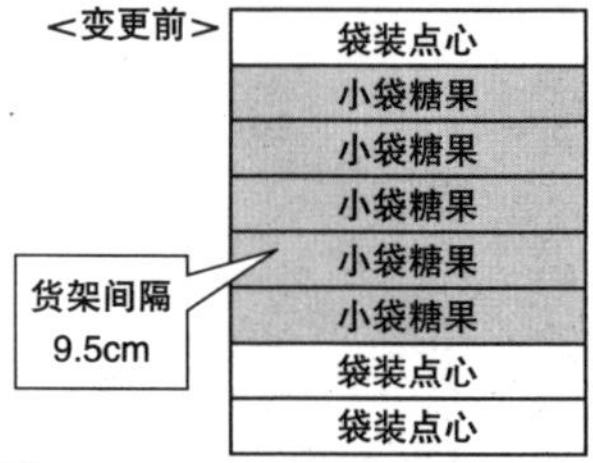

信息确认

利用POS信息检查滞销商品。通过参照地区的畅销商品确认未导入的商品。

在精简商品的基础上。增加现在需要的润喉糖的备货量。

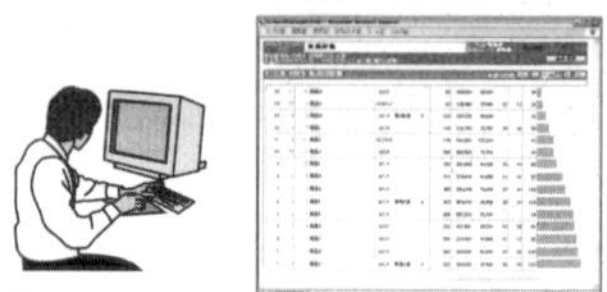

卖场对应

确认备货，排除滞销商品（8件）；新导入4件新商品，实施陈列变更。拆开一段货架，从原来的8段变更为7段。把袋装糖果从最上段开始放置。把润喉糖陈列在上段左侧。

调整货架间隔，变更为使得顾客易于选购的陈列方式。

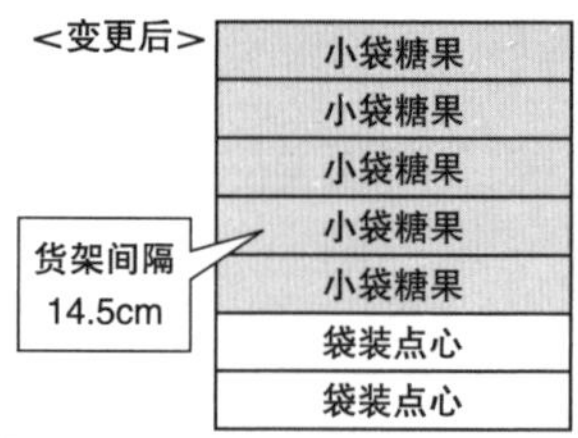

数值变化

在地区平均销售量增长率在96%的情况下，A店的增长率高达139%。

使得备货改善的效果能够得到确认。

不通过改变卖场空间，就大幅提高了销售额。

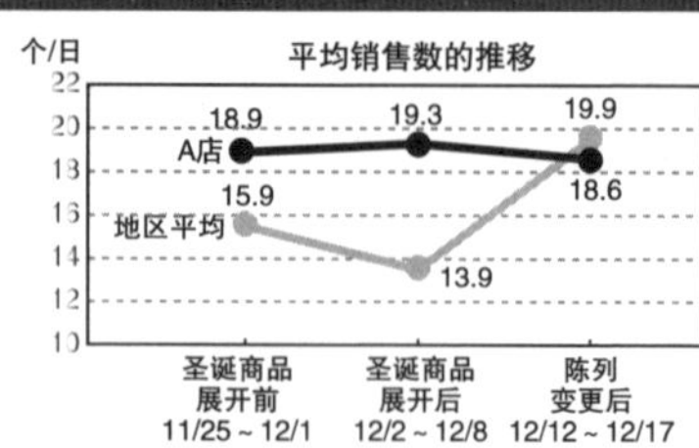

图2－11　排除滞销商品与精简

平及销售额、总毛利率的转变也是很重要的。OFC 的工作就是在店头进行活动支援，使得如此的改良能够以日常方式持续。

接下来说明何为信息共享。为了让假设能够立案、实行并获得验证，就需要各种信息。虽然一般认为如何把这些要素进行整理并使之联动很重要，但 7-ELEVEn 所采取的方式，是把在店铺应用的信息整理为 3 类。如图 2－12 所示，店铺自身所收集的周边信息、通过 OFC 及系统所提供的总部信息、以及以店铺电脑（Store Computer）为中心可供参考的 POS 分析信息。

而这些信息的共享，则通过一周 2 次的 OFC 来店访问时的碰头协商、以员工信息共享为目的召开的 PART MEETING（伙伴会议），以及店铺电脑所提供的信息参照为基础，被设计得简单易用。而信息共享也需要手段，比如要假设第二天的销售情况，就需要把握节日及活动的有无及内容、早中晚时段来店顾客的动向、天气的变化及同行竞争店铺的状况，以及作为下一步的商品销售动向，把其与最近的动向及前一年的同期情况进行对比，并把握售罄、次品的发生状况及库存数等复合型信息，并且在一个画面内以简明的方式显示，以便正确掌握信息。

信息参照及共享在何地、如何进行，将会导致信息的生成方式及输出方式的不同。如果是在卖场订货时以确认为目的进行的信息参照，则需要通过点击一下卖场订货终端的画

▶要假设立案，需要①各家店铺信息、②总部信息、③分析信息、OFC的支援。
▶竞争店铺信息及周边信息、促销信息等，对于与店铺整体相关的信息，有必要实现全员共享。

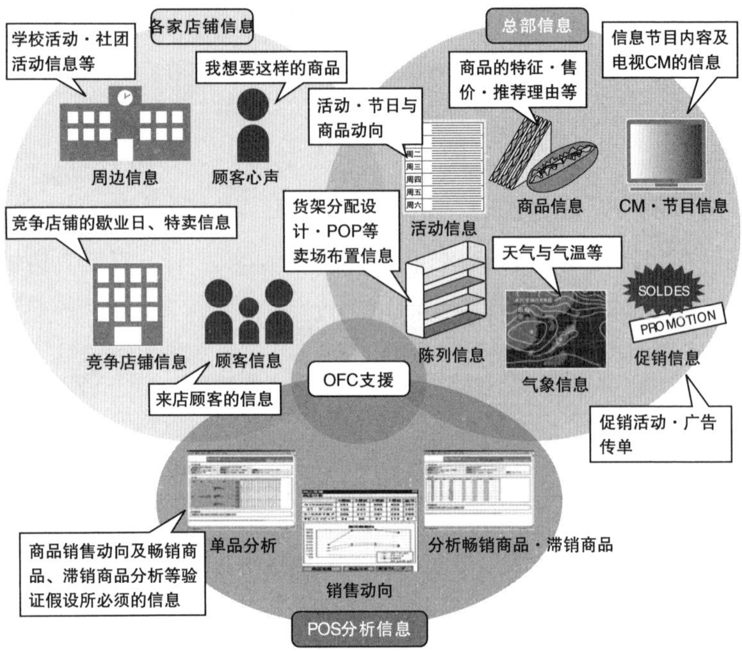

图 2－12　假设立案所需的 3 大信息

面，就可以让上述的信息瞬间显示出来。如果是在店铺里屋使用店铺电脑对备货状况实施评价，就需要按照商品评价的流程参照信息，再加上地区数据及同一地段的店铺信息，以此种商品评价脚本为依据，从而实现信息的显示。

系统的基本原则是无纸化，但为了通过纸面让信息共享、制作广告单及 POP（店内促销海报），所以拥有能随时打印的功能。通过嵌入各种形式的信息共享手段，这种增强执行力的结构才得以建立。一般那种常见的以网页为载体提供信息，操作者看了之后记在脑中，然后进行订货及备货的结构，这样是无法期待效果的。

人与系统进行联动的整个企业信息共享系统

为了增强执行力的单品管理手段，已经在前面作了介绍，这里我想从整个企业、结构构造的角度介绍单品管理，包括客户在内的信息共享是如何构成的。在这方面，所谓增强执行力，并非仅仅是运作的问题，还需要审视如何建立作为支撑的经营基础设施，如何设计组织功能及系统功能，以及如何勾画改革蓝图。在第 2 章首次提到的“业务改革与系统构建”手段的获得等等，希望读者能理解，是战略孕育出了执行力。

那么，我来介绍负责系统构建项目的成员在设计信息共享基础设施时的具体研究内容。7-ELEVEn 每隔5 ~ 7年就会重建系统，以前述的手段（图 2 – 2）为基础，实施“环境分析→战略 · 方针分析→定义应有的业务功能”这样的流程。首先对过去 2 年间主要会议的会议记录、高层对外发布的资料、事业开展及业绩变化等进行彻底的审读。7-ELEVEn 的主要会议，包括以运作总部的大约 160 名管理者为中心的全公司管理者会议，1700 名 OFC 加上大约 150 名店铺开发负责人以及包括商品 · 物流部门以及总部管理者在内的 FC 会议，部长以上级别的业务改革会议，董事会会议，总共 4 种。每项会议包括经营高层在内的所有干部都会参加。现在是两周举行一次，直到 2 年前都是每周举行的。

在进行分析时，会按照商品部门功能、营业部门功能、店铺运营功能的方式分类，并分别设立团队。 把高层提出的具体方针按照各部门细分。 通过系统地整理各部门的方针，就能发现各部门的新任务及联动不充分的领域。 7-ELEVEn 的第 5 次综合信息系统（1997 年 – 2000 年）的系统化计划，在分析方针及定义业务功能的阶段，方针被细分为横跨 7 个部门的 41 项功能，1134 件详细指示。

比如，商品总部的功能增加到了 10 项，指示件数增加到了 359 件。 特别是与信息收集、提供给店铺的商品信息、促销支援信息的发布等相关的指示件数达到了 92 件。

这种信息发布功能，在之前并没有被作为商品部门的任务而明确下来。 营业部门及店铺利用简单明了的信息，进行待客及商品说明、备货及卖场布置、促销及试吃推荐等活动，这种与店铺的行为相联动的结构，是 7-ELEVEn 之前一直希望实现的。 商品部门之前的组织结构，是按照速食、加工食品、杂货这样的商品范畴垂直领导关系。 包括与促销部门及营业部门的协商在内，统合、编集信息，操作简便的横向联系功能等等，在当时还做得非常不到位。

为了实现此重要功能，7-ELEVEn 新设立了商品信息部，以负责完成此项任务的横向联系。 并同时开发能够应用多媒体，使得直接在卖场应用视频或图片封装化的信息成为可能的多媒体信息发布系统。 让卖场订货终端——GOT 实现彩色显示，对于卖场的订货及备货评价，也使其进化为随时进行信息联动并随时可以使用的系统，这些与信息应用效果的大幅提高紧密联系。

像这样把战略从方针整理为业务功能，并把其设计为部门的任务、业务流程，这样的研究过程至关重要。而其要点则是把信息共享及商品开发等主要流程作为各部门之间合作的横向联系功能进行设计，一气呵成地构建支撑信息共享及业务合作的系统。在上述的单品管理的整体情况（图2－9）中也整理和归纳了各部门的功能，并标示了合作方式，但大多数企业的功能整理及合作薄弱，部门之间的信息共享及联动还有很大的改进空间。

图2－13标示了使战略实现的全公司信息共享系统的整体情况。支撑其基本战略“站在顾客的立场进行备货及提案”的信息系统，依靠“信息提供·信息共享系统”与“店铺综合系统”来支持备货及订货。

而“OFC支援系统”，则被设计为把OFC的日常店铺业务支援与系统相互联合，从而使其能有效发挥作用。并且在宽带普及之前的1997年起，就开发了卫星及多媒体技术，拥有动影像·静态画面的“信息提供系统”及基于单品实时库存管理的“POS信息分析系统”就已经提供给了各店铺。

商品开发·系统开发的支援，则复合型地组合了“综合信息系统”所显示的数据，把商品、店铺、顾客群、时间轴，包括天气要素等在内进行分析，成为商品开发的有力武

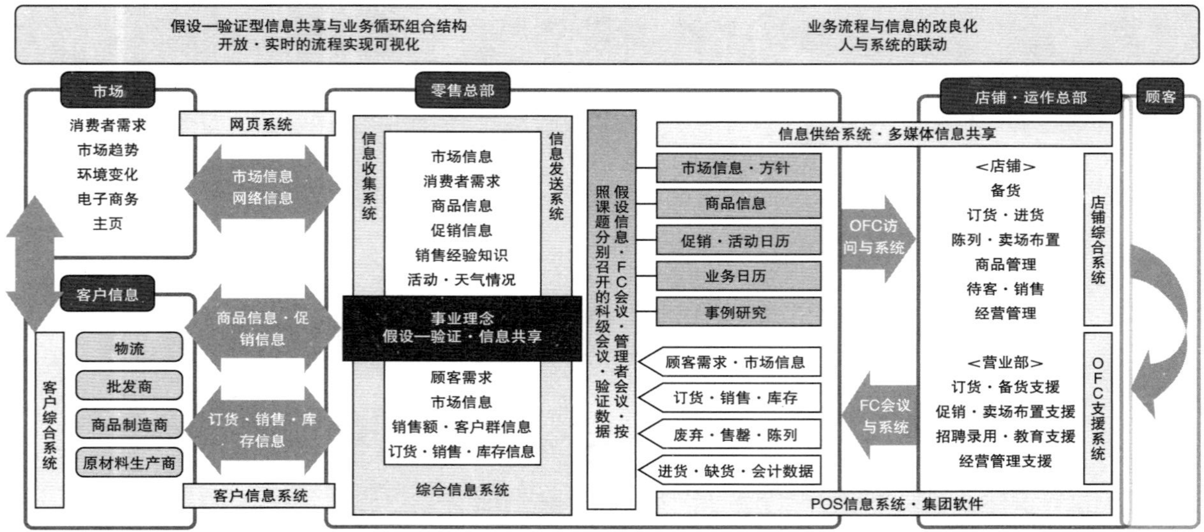

图 2–13　全公司共享系统

器。通过应用信息而开发出的原创商品的销售额上升至占总销售额的 55%，成为提案力与竞争力的源泉。

这些系统，也是通过与采购员及 OFC 业务流程的联动而设计出来的。并且 POS 信息分析提高了信息共享效果，通过对信息的应用把原先提高业务精度及教育效果的目标转变为定型信息，也就是终端用户计算。而并没有采用信息系统的使用者（终端用户）通过符合自身需要及通途的方式使用系统，从而获取、加工、参照信息的所谓“自由分析”的方式。

因为“自由分析”会使得信息分析因为不同的观点而变得五花八门，有阻碍信息共享及增加系统负荷之虞。能实现把繁杂信息精简为定型信息，可以说是业务流程设计能力的提高、画面设计责任人的事无巨细，以及系统部门合作介入的成果。

而对于“市场 · 顾客及供应链联动”的支援，则是通过“客户信息系统”，使得店头的销售数据及物流中心的库存数据每天在物流中心、批发商、制造商之间共享才得以实现的。“客户综合系统”则在提供广范围覆盖客户业务的系统的同时，也开发 · 提供包括物流管理及作业机械化在内的商品分类系统。

这些系统也是在包括客户在内的业务流程及交易渠道的革新过程中，互相协力的系统设计成果。

纵观 IT 技术应用的经过，除了 1997 年的每月会计处理等大型批处理的一部分之外，采用 HP—UX 服务器与 Windows 服务器 2 种方式，使得完全开放化成为可能。 实时合作、整体到位的信息共享、系统应用状况的监控等也一直在推进中。

对于战略与作为其具体实现化产物的信息共享系统的整体情况，已经做了说明。 如果把这些事例进行整理，就能发现隐藏其中的在构建商务及信息共享结构的过程中，所共通的要点。 那么最后，我就对图 2 – 13 的上面部分所述的 4 大要点加以说明。

第 1 是“假设—验证型的信息共享”。 为了应对顾客需求的变化，重要的是把不断致力研究基于假设的商品提案及宣传促销活动，并验证其结果的循环流程嵌入到业务流程及系统中。

第 2 是“业务流程与信息的经营改革化”。 不是说了就算、做了就算。 指示如何被实行、结果又如何，总是不断进行反馈，并与接下来的活动相关联，重点是对业务流程及信息流向的经营改革化。

第 3 是“具备开放性及可视化的实时流程”。 突破了信息壁垒，信息以实时的方式被各相关部门共享，为了与具备合作性的活动相关联，就业务流程及系统进行相对应的设计。 依靠信息共享，推进活跃的讨论及相互的支持与协作。

第 4 是“人与系统的联动”。 既然要提高信息共享及信息应用的效率，重点就在于提高效果。 人与系统联动的效果非常巨大。

进行单品管理，其要点在于采取具有综合性及结构性的方式，并在设计时采取贯彻到位的运作及信息共享的革新，并采用内外合一的方式。并且希望各位读者能理解系统对其的重要支持性。

3 依靠协同商品供应计划向制造型零售业转变

支撑商品开发与信息共享的 POS 信息分析系统

原创商品的开发与新服务的开发是 7-ELEVEn 基本战略的核心内容，这点已经在前面做过说明。而此战略孕育了买方市场的顾客支持扩大与竞争对手企业间的差异化。在这里，我会对作为其核心的商品开发的思维方式及协同商品供应计划的概要进行说明。并且也会对支撑它的信息共享与信息分析系统的革新加以说明。

7-ELEVEn 与原来的零售业不同，把提供便利性作为对顾客提案的核心。24 小时 365 日营业、临近住宅或职场，让顾客能随时在短时间内轻松完成购物。在商品方面，几乎所有的商品都是以开袋即食型、生活中必不可少的商品为中心，其一直所追求的是备齐与每天各时间段所对应的货品。面对消费的多样化及顾客对味道及新鲜程度需求的不断提高，以及对丰富、愉快的生活品质的提高，7-ELEVEn 积极地不断进行提案，成长为了提供新服务及便利性的零售业者。

但这里所述的7-ELEVEn的商品提案，与一般企业所进行的，对价格及功能、品质及嗜好性增加权重，从而力求得出消费者模型的聚类分析等方法所不同。7-ELEVEn并不这样仅仅分析从既存的业态及既存的备货中所得到的数据，而是对顾客需求以基本的老百姓的观点加以重视，并致力于其潜在需求的分析、日常生活中的活动及仪式、能让日常生活增光添彩的节目及提案。另一方面，对顾客需求迅速应对，包括健康意向、单独用餐者的口味变化、方便菜消费者的增加、口味奇特的新商品、口味、速食的新风格等等，不断把与顾客直接接触所得的信息作为基础，以假设的方式进行备货提案及商品开发。

比如，盒饭及饭团、三明治、面食、熟食、关东煮等速食，在1979年还只被分为米饭、烘焙面包、熟食三种类型时，其合计销售额占总销售额的13%左右。而现在，加上传统面食及意大利面食、生蔬菜沙拉等新类型，其合计销售额占总销售额的将近30%，特别是米饭，其销售额增长了近3倍。占总销售额1成的饮料类商品，也从之前的以果汁、碳酸饮料为主，向咖啡、红茶、水、绿茶进行扩展。这些商品也和米饭一样，以前都是每家每户自己做，然后在职场、出游时、运动场被消费。这些商品很明显是对潜在需求的表露，作为提供商品的场所，可以说便利店实现了巨大的成长。

这样使得与顾客生活紧密联系的商品供应计划成为可能的背景下，是在人与系统两方面中的 7-ELEVEn 独特的信息经营能力在发挥作用。 市场活动部以 1 万 2298 家店铺（截止 2009 财年 2 月期的统计数字）的与顾客直接接触点为基础，对每天 1200 万人以上的来店顾客的店头信息、2000 名 OFC 及商品总部成员的从内部、外部收集来的信息为根据，以此来支援处理每天 3500 万笔购买明细数据的 POS 信息分析系统。取得高精度的信息，如何整理及共享庞大的信息量，这是信息经营的要点。

如图 2－14 所示，标明了商品供应计划的基本思维方式与信息共享的整体结构。 首先重要的是，外部信息的收集与内部信息的整理共享。 零售业的原则是“商品销路在外找”。因此，不断在信息共享及提案的场所展示外部信息是非常重要的。 内部信息也同样，在信息的传达与共享的流程中，把现象与其背景、假设与其实行结果的验证作为一组进行整理、概括，这是理想的状态。 对于状况的认识，并不在于对平均或过去的统计，重要的是把各数据的分布、现在的动向作为趋势、作为动态信息进行描述。

图 2－14 的上段，标明了这些信息的整理支柱，也就是表明了商品供应计划的立场、观点该置于何处。 这包括销售计划日历及价值提案 2 个轴心。 销售计划日历，是指把与活动及仪式、季节、天气等生活的转折点及发生的事件、行动及嗜好的变化直接联系的生活信息日程化，并进行计划性整

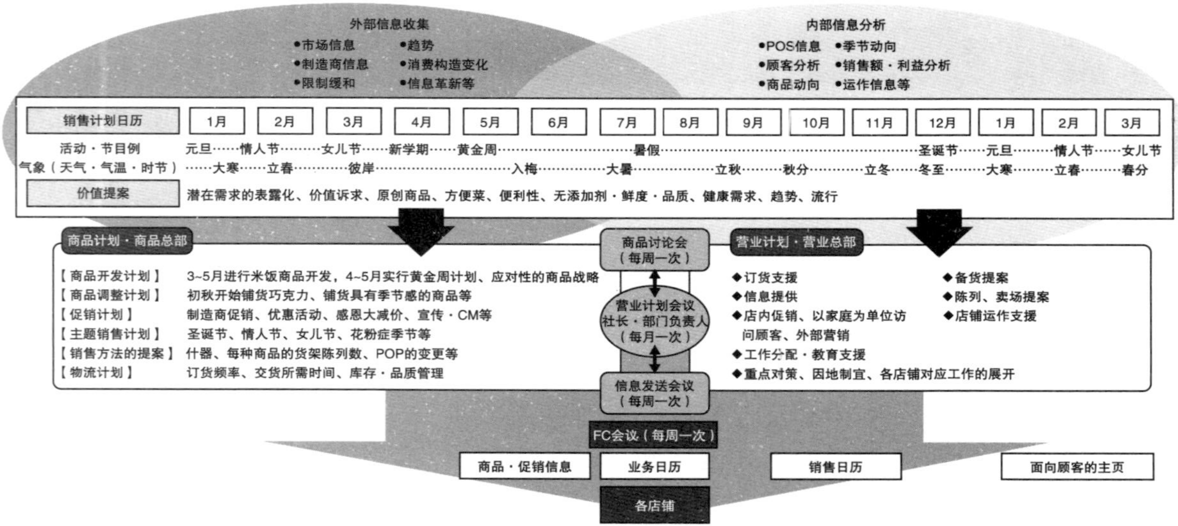

图 2-14　商品供应计划的基础与信息共享

理。价值提案是以基于顾客需求及价值观、潮流变化的假设为基础的提案。

也就是说，以居民日常生活为出发点，着眼于日常琐碎的需求及行为变化，把这 2 个轴心相互结合，从而开展商品供应计划，这点至关重要。并以此种思维方式为基础，综合商品计划及营业计划、谋求信息共享、决策意志的统一，这是最为重要的组织运营。

图的中间部分，标示了商品总部中心所推进的商品计划与运作总部所推进的营业计划的合作情况。其要点在于，此合作在两个总部日常的信息共享与讨论会议中推进，运作总部也深度介入商品计划中，在共同谋求共同创造、共享的过程中，商品计划被落实为营业计划，并被付诸实施。

而在连接两者的 4 大会议中，营业计划会议与 FC 会议，除了经营高层、干部及两部门以外，其他部门的负责人也会参加，信息共享本身成为了决策场合的要素。特别是营业计划会议，会对今后 1～3 个月的商品展开、促销宣传、运作对策进行联动，是决定优先权与贯彻执行力的最为重要的会议。社长及商品总部、运作总部的领导及相关负责人、物流、企划、系统、促销等部门的领导也会参加，从而决定商品评价及销售计划、促销及店铺活动开展的具体政策。像这样的商品部门与营业部门的日常的、经营级别上的联动，是在商品制造商及其他的零售业者中不大常见的风格，也是 7-ELEVEn 孕育其独特的执行力的一大要素。以这样的商品供应计划为基本构造，商品总部与客户的合作被作为协同商品供应计划而开展，运作总部的活动，则通过 1700 名 OFC，以店头的店铺支援方式进行开展。

那么，首先来看一下协同商品供应计划的状况。 图 2 - 15 所示的是原创拉面商品的开发实例。 在以前的商品开发活动中，大多是由制造商与商品部门二者之间通过协商进行开发。

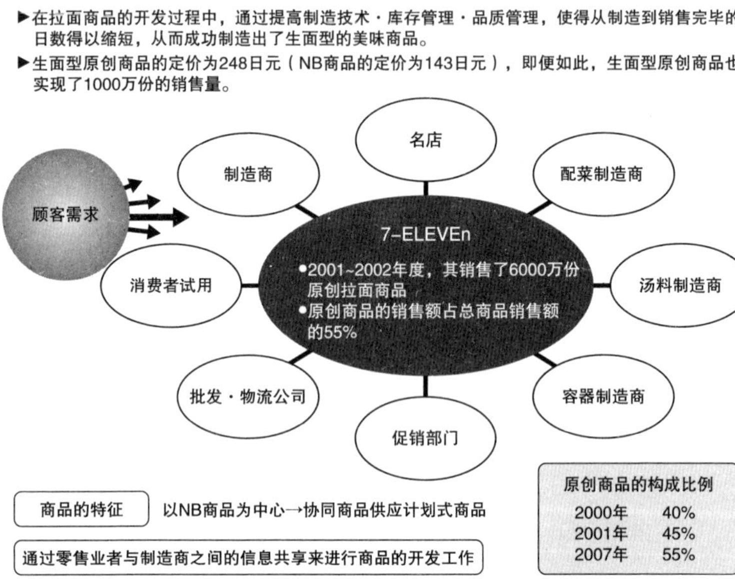

图 2－15　协同商品供应计划的思维方式

现在的流程则是相关制造商组成团队，共享各自专长领域的相关知识，进行开发工作。 比如，7-ELEVEn 花费一年时间说服了像“SUMIRE”、“一风堂”、“山头火”这样的拉面名店参与商品开发计划，在汤料、汤头、容器方面，也做为团队成员参加，从而追求与商品概念最为贴切的组合。之所以还在团队中加入供应商与物流公司，是为了提高新鲜程度的管理及压缩库存，从而开发出重视新鲜的生面型的美味拉面。

普通方便面的价格为140日元左右，在超市被作为大甩卖的对象，与之相对，原创拉面的定价为248日元，其销售额和利润贡献都很高，并且不会陷入价格竞争。基于协同商品供应计划开发的原创拉面，在2001～2002年度，其销售量达到了6000万件。

这种方法，如今被进一步共享于集团企业，作为PB（自有品牌），与SEVEN PREMIUM的开发相关联。SEVEN PREMIUM提高消费者日趋高涨的价格诉求，拥有全国性品牌（national brand，以下简称NB）商品的大约20%～30%不到的竞争力，2008年度其在集团内的商品件数为合计800件，创造了高达1800亿日元的销售额。

协同商品供应计划的成果通过信息共享及团队合作，从而制造出具有竞争力的商品，其实也是改变成本构造的一种尝试。其规模利益还包括物流改革和市场活动，以及促销宣传的成本削减。在物流方面，则通过会在后面说明的冰淇淋及软饮料的制造商物流的改善及温度管理、交货所需时间的缩短，实现如废止在速食中使用添加物等等。通过对如“麒麟（KIRIN）醇厚酵母啤酒”之类的冷藏配送（5℃物流）的应用，不使用防腐剂的美味 PREMIUM 商品的开发也实现了巨大的差异化。

而在市场活动、促销宣传方面的成本效果，则更为显著。一般来说，全国性品牌的商品，其市场调查及商品企划、试销、与促销相关的媒体广告等接近于其成本的10%。

协同商品供应计划通过应用大约1万2000家店铺的顾客需求及每日达1200万名以上顾客的POS数据的信息分析，大幅削减了市场活动的费用。另一方面，促销宣传比起利用费用昂贵的媒体广告，不如更加重视店内的自我促销宣传，这样费用与效果的比率更为合理。

作为其结果，原创商品把通过上述方法所削减的成本费用，用于原材料从而提高商品品质，用于增加店铺的总毛利润率，从而使价格合理，在同类竞争商品中处于优势的价值诉求型（以拥有竞争对手所不具备或无法相比的优势为宣传卖点的商品。——译者注）商品开发成为可能。7-ELEVEn在如今的经济环境下，把价值诉求型的原创商品的开发与在不断追求品质的同时也追求价格诉求的 SEVEN PREMIUM 的商品开发以良好的平衡度进行着，可以认为这就是其商品政策。

关于以原创商品为中心的商品供应计划，之前就一直在加以说明，让我们再看一下作为其背景的市场变化。随着买方市场的形成，竞争环境变得激烈，面对顾客需求多样化，应对的难度与所要求的速度越来越苛刻。在这样的环境下，观察商品的销售动向，“能共有顾客与信息的商品就有销路”的现象早已出现。这样的动向，从数码机器、游戏及时尚，到汽车产业，在各个领域蔓延，店头及促销宣传活动、网路及口碑等商品提案的渗透，在很大程度上左右着销售额。同时其变化的速度也很快，明确地显示了信息化社会的特征。

如图 2－16 所示，可以看出新商品的增加与商品生命周期的缩短。这些对卖方而言，都是造成生产性低下及效率恶化的要因。举个例子，日本的软饮料市场目前有 5500 种商品，其中的 1050 种是当年的新商品。特别是在日本，这样的趋势越来越强。

7-ELEVEn 在商品库中输入了 4000 件左右的商品，而各店铺可从中自主选择 2500 件商品进行销售。

所输入的商品中，每周会有 100 件被替换，在点心与饮料中，一些商品的上架时间只有 4～8 周左右。这样的速度是美国的便利店的 3 倍不到，是中国便利店的 5 倍左右。

这种状况，从顾客的立场来思考，就是大量的商品在短期间内周转。但也可以认为，这样就难以找到与自身需求相符的商品了。7-ELEVEn 采取的手段是，以顾客的立场出发，备好当下时间内顾客所需的商品，应对天气及生活需求的变化，迅速地进行商品提案的精简方法。

然而，如果对商品进行精简，则误判形势的风险也会提高。并且，为了让新商品上架，把周转不良的商品从卖场排

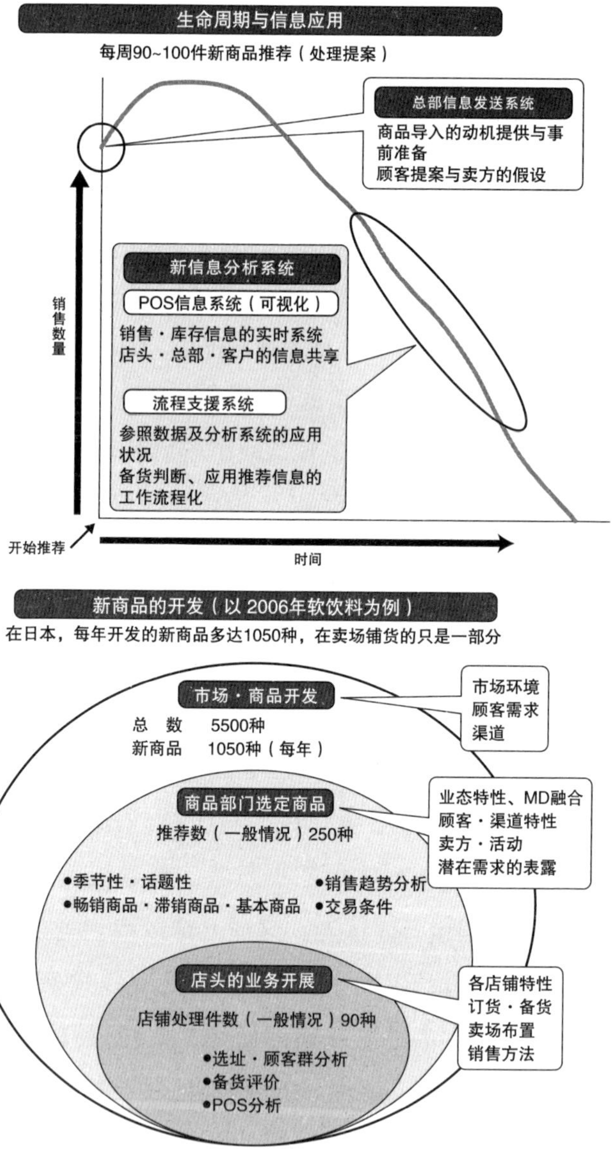

图2－16　新商品的增加与生命周期的缩短

除的工作也变得至关重要。而为了让订货及备货能恰当地进行，就需要分析商品的销售动向及售罄信息、陈列空间对销售额影响的分析、来店顾客群的分析、与备货的合理性的检查等等，需要各种各样的信息。

因此，7-ELEVEn 为了优化单品管理而开发的手法，就是POS 信息分析系统及总部信息发布系统。首先对 POS 信息分析系统进行说明，此系统也是在 1982 年的店铺 POS 系统导入之后，一直不断被扩充，在前述的全公司信息共享系统（图 2－13）处于核心地位。

作为系统的特征之一，是如今流行的数据可视化。可视化到什么水准，这是个问题，但这里的要点是导入了实时处理。把大量数据一并处理的批处理，目前会使系统成本变高，并且到最后还是没能摆脱结果管理型，也就是事后管理的领域。

7-ELEVEn 对店铺的订货、销售、库存的实时处理，从 20 世纪 90 年代中期就开始实行。由此进行的对缺货时间及滞销商品的抽出、凭借单品实时库存的信息应用而提高订货、备货的精确度。如果光凭 POS 信息，那只能知道前一天的销售量，但如果与实时库存信息相结合，就能在订货画面上显示是否还有库存、是否中途售罄、精确到分的售罄时间等等，成为灵活的系统。

店铺的实时处理，则减轻数据中心的电脑处理负担。库存及售罄的发生状况也同样，如果收集店铺的处理结果并进行加工，数据中心的负担就会变小，就能以实时方式向商品总部及运作总部、OFC、甚至是客户提供详细的信息。在店铺之外，除了战略商品及促销商品，其它并不需要实现实时信息可见。当天午夜零点之前的信息，在第二天早上实现共享，而店铺的销售额信息，包括1日5次的天气及销售额、顾客人数、每位顾客平均消费金额等信息，则可以通过预算比、前年比的方式进行分析。这些信息，包括OFC及全部经理及以上级别的人员都可以共享，使得当即确定每日的订货及备货课题成为可能。从信息系统结果管理型，向这样的流程共享型转变，摒除了人为传递信息的方式，大幅度提高了组织之间的合作及纽带。

第2个特征是对于“我们为何要查看信息”这一问题的回答。这需要理解所谓信息，是为了分析、制定决策，并与下一步行动相联系的要素。为了让POS信息分析系统实现这些要求，就需要以简单明了的方式、以复合形式整理好所需信息，并设计出让显示的画面流程与业务流程相一致的脚本化系统。

比如，如果要排除滞销商品，就需要把每项商品种类的销售动向及利益动向的前年比及预算比与其他店铺进行比较，把问题多的商品种类输入到单品信息中。以此为基础，通过ABC分析（ABC分类法,是一种根据帕累托最优原则设计的分类方法,多用于库存分析。——译者注）确认一段期间内的销售排位，为了不忽略近期的趋势而参照趋势信息。并且参照商品的口味及功能多样化与精简状况的商品构成分析（矩阵分析）的结果，从而确定滞销候补商品。

在这样的流程中，把信息按照商品评价的脚本进行提供的基础上，确认卖场的实际库存及陈列状况，从而可以判断是否作为滞销商品处理、抑或降价销售。也就是说，设计出重新构建业务流程，使得决策与行动工作流程化的信息系统是有效果的。

如图 2－17 所示，按照目标构建信息分析菜单，通过把不同菜单所对应的业务进行方式及所需信息以脚本化的方式嵌入，从而实现了提供使用方便、卓有成效的结构的目标。

因此，并非是建立各部门所希望得到的信息集合体，并按照各种不同需求进行提供的信息分析系统，而是以实现部门的作用及信息共享功能为优先，为了共享业务流程，而只采用定型分析信息来构成系统，相比起来，这样会得到较好的成果。以商品开发为目的的分析等等，对于专业性较高的项目，通过数据挖掘（Data mining）等方式个别处理就可以了。

在这种构想之下，系统得以“瘦身”及操作简便化。7-ELEVEn的总部 POS 信息系统，存储了按照天数计算多达 400 天、按照周数计算多达 78 周、按照月数计算多达 25 个月的每天大约 4000 万条事务，每日 1 万 2000 家店的各店铺单品数据，但包括备份数据在内，其数据量也只有 15 兆比特，可谓是“瘦身”的构造。而这样的系统，也在 HP－UX 与甲骨文数据库的组合中嵌入了独自的中间件，是 HP、甲骨文公

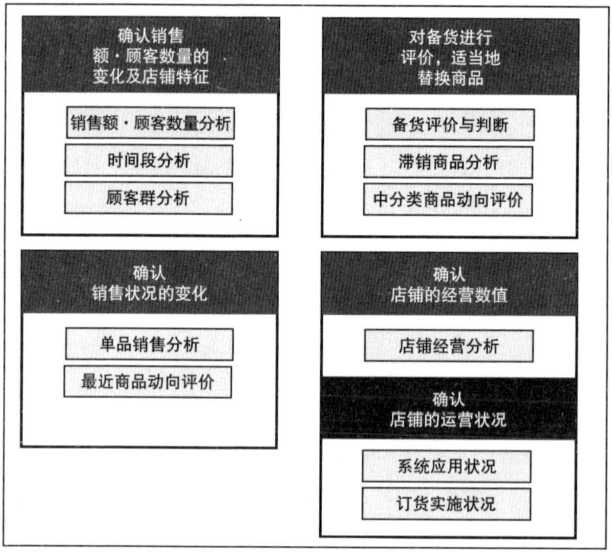

商品信息封装包·新信息

日期	发送者	内容	完成	确认时间	确认者
06/01	总部	A店发生多起偷窃事件！ 详情	☑	06/01 14:03	店长
05/30	商品总部	扩充防晒商品的备货量。请关注新商品与促销。 信息封装包	☑	06/01 14:03	店长
05/30	商品总部	实行与【食物纤维】相关的企划。请以陈列画面为参考布置卖场。 信息封装包	☐		

提案·告警

日期	内容	完成	确认时间	确认者
06/02	2L饮料的销售额增长速度缓慢。请确认备货量。 备货评价与分析	☐		
06/02	止汗剂的缺货率正在增加。请重新考虑订货情况。 备货评价与分析	☑	06/02 17:48	店长
05/30	健康食品的滞销商品库存正在增加。请确认滞销商品评价。 备货评价与分析	☐		

图 2－17　POS 信息分析系统菜单事例

司、NRI 互相合作，跨越3代积累的系统知识的成果，实现了与其他连锁零售企业的差异化。

继数据可视化、脚本化之后，第3个要点是流程可视化。所谓流程可视化，是指对通过电脑所生成的业务系统日志（System log）进行解析，确认店铺业务的进展及应用状况，从而不断提供对业务改善起作用的信息。

比如在信息分析系统中，何人、何时、何种信息、信息的参照点击率几何，这些信息会被自动监控，从而实现确认。在换季时期，是否已经开始为了替换商品而进行滞销商品排除措施，这都可以通过信息应用的状况来掌握。

订货在何时、何人、花费时间几何，也可以通过监控，从而把握订货活动是否在接近订货截止期、以较高的预测精确度进行。通过让这样的流程自身实现可视化，分析业务结构及实施状况，从而可以使 OFC 与店长·店主之间共同进行改善工作。并且，对单品数据的动向进行一定的基准分类、评价，使得各种分析与诊断成为可能。

比如，商品库存之中的畅销商品、新商品、滞销商品、重点商品等是如何构成的，能够简单地分析出来。滞销商品增加的话，就需要重新审视备货情况，还需要确认订货的思维方式及实行状况。这种分析法在 7-ELEVEn 中也是非常重要的信息。

接下来介绍一下与 7-ELEVEn 无关的提案，我们现在与客户企业共同开发的系统，其系统的支持功能得到了进一步的强化。图2－17中，右下部分所示的告警与推荐功能便是典型。从系统的层面指出商品类别的问题点，在注意提醒对备货情况的审视方面，也给予了员工巨大的支持。在此提案中，按照不同的目的创建信息分析菜单，把从备货诊断的告警到着手信息分析的“To Do管理”流程也嵌入在内。像这样，就可以确认是否在做应该做的事情。

并且，把单品的细致分析与备货及订货知识作为系统日志进行整理，用于自动订货及推荐订货系统，这项措施也取得了重大成果。在我们的客户中，也有通过这样的系统结构，使得销售额增加20%以上，并提高了盈利的企业。流程支援系统与负责人的行为及业务品质的评价相对应，与必要的培训系统相联动的结构发展，也是可以预期的。

可能有读者会想，既然系统完善到如此的程度，那人是不是就不需要主动思考了？推荐订货功能在服装、日用杂货、家庭用品等领域，已经取得了巨大成果，在后面会讲到的生鲜食品领域中，其实也已经开始取得成果。人类具有融入新环境并进化的能力。人与系统的合作与融合，应该是提高业务品质，进一步开拓人应该做的工作的发展之路。

对7-ELEVEn的信息分析的特征已经做了叙述，希望读者务必理解，这是把管理转型为流程支援型的人与系统的内外合一的结构体系。

提高销售力的信息流程与总部信息发布系统

那么接下来，我会对总部信息发布系统的目的与概要，以及作为其载体的全公司信息流程加以说明。经常有人说"共享顾客与信息的商品会畅销"，但首先重要的是共享客户、总部与店铺的信息。然后，以此为基础，进行店头的信息发布、商品提案。

如图 2 – 16 的上面部分所示，现在的商品生命周期，是在商品导入后，直接上升至顶点，然后转为下滑。因此，在商品导入时重要的是，店铺方面充分把握进行商品备货、商品评价、陈列、推销方式、宣传促销等内容并进行筹备。

另一方面，如图 2 – 16 的下面部分所示，以软饮料的销售为例，在某个时间点商品总部进行选择，然后向店铺推荐的商品数为 250 件，而摆在店头的商品数为 90 件左右。大量商品几乎都不会在卖场上架。不仅光靠商品自身的优点，还需要考虑话题性及促销、卖场布置、业态特性、与顾客群体的匹配等等，把这些囊括在内的信息提供及商品提案是很重要的。

图 2 – 18 标示了连锁店全体信息共享的流程。首先是左上部分的商品计划 · 商品开发为开端的信息流程，途经商品总部、运作（营业）总部、店铺，作为 POS 信息分析系统的销售结果信息，从而绘制出一个循环。与这个总体的循环一起，店铺中的店内商品供应计划循环也被嵌入其中。

此处的要点，是把各自的业务功能与信息流程两方面，按照人与系统组合的方式进行设计。也就是说，信息共享这个重要功能，通过人与系统的加成效果增加了执行效果，而

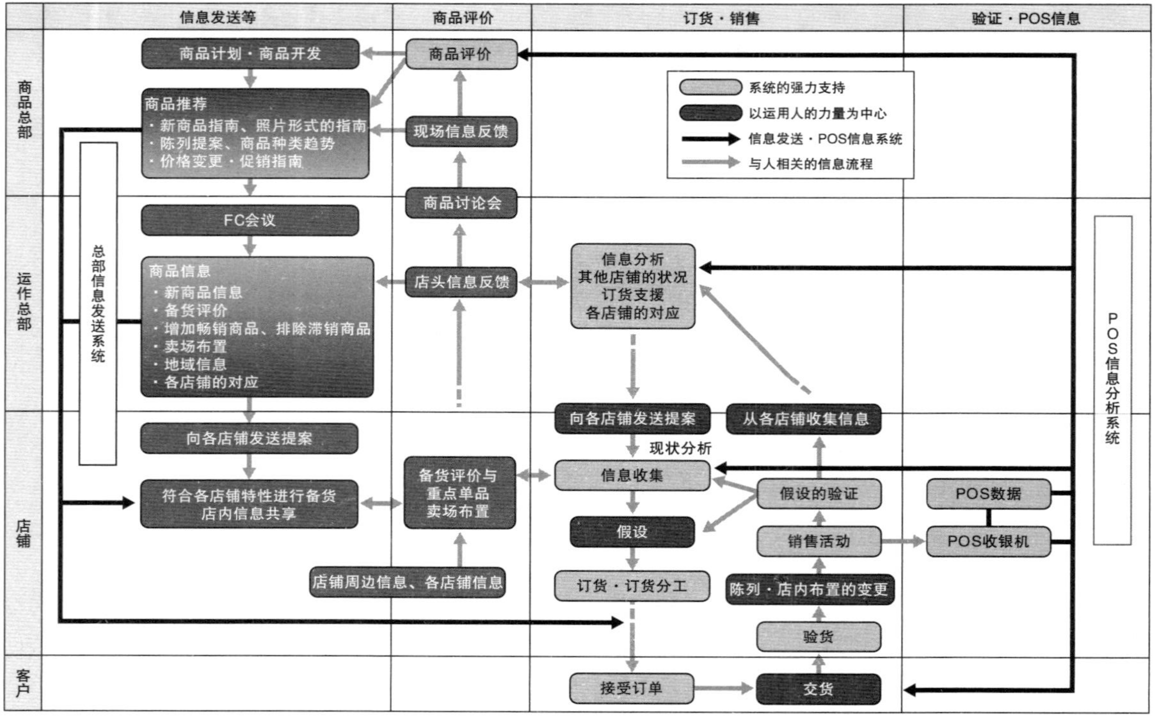

图 2–18　商品供应计划・流程的概要与信息共享流程

通过系统化实现省力化并非主要目的。

如果追踪信息流程，左上部分所示的从商品总部发出的商品信息及促销通知，通过每周（2 年前改为隔周）在总部召开的 FC 会议而实现共享。 并且在运作总部，按照地域（北海道、东北这样的大区域划分）、按照地区（大约 80 家店铺为一个区）进行评价·讨论，落实为 OFC 访问店铺时的建议与提案，并被店铺所共享。

通过 FC 会议所共享的商品评价信息，与人之间的交流相配合，通过总部信息发送系统，提供应用多媒体、简单易懂的内容。 被称为“商品信息封装包”的评价信息，不仅按照不同类别的商品描述其特征，还对卖场布置、陈列方法、销售方法、促销通知等进行了说明，还可以通过卖场终端及 POS 收银机画面进行参照。

店铺则除了商品信息封装包之外，还提供在日程表的表格中归纳的事件及活动、天气信息及促销信息的营业活动日历信息。

对这些信息进行应用，商品评价、假设、订货、验货、销售、验证这一系列的流程被作为店内的商品供应计划循环而实行，店铺综合系统则对其进行支援。 而且，店铺的销售数据及废弃、缺货、库存等数据被 POS 信息分析系统所统合，作为验证信息被店铺、总部、客户所共享。 而这些信息的流程，通过人与系统内外合一的方式被组建起来。

那么最后，对在这样的信息共享流程中充当信息发布功能的总部信息发布系统进行总结。此系统把商品信息按照类别进行分类，按照促销等主题的不同进行打包封装，通过视频、图片、图表、文本类的多媒体信息方式进行组建。

如图 2 - 19 左下部分所示，比如感冒流行季节的备货提案，以前是促销负责人单独向纸巾及口罩的买方、营养饮料及药品的买方、粥及保暖商品的买方发送信息，而现在这些商品被作为一个封装包以脚本化的方式提供。

信息以 HTML 文件的形式被发送到店铺电脑（Store Computer），再通过店铺电脑及 GOT、POS 收银机，与订货及销售等业务进行连接的方式应用。

这与常用的通过网站参照关于商品及陈列的信息，把参照信息记在脑中，使用其他系统进行订货及备货评价的这种分离结构不同。信息与业务通过一键点击实现联动，从而提高了信息应用的效果。

以前的做法如图 2 - 19 右上部分所示，OFC 在访问时通过纸面文件向店主说明情况，店主再向店铺的订货负责人进行说明。纸面文件每周多达 80 张左右，OFC 向店主的传达率在 65% 左右，店主向负责人的传达率不到 40%，这是当时的实情。通过导入系统，与靠人传达说明的加成效果、执行效果得到提升，对店主的传达率达到了 80% 左右，负责人则通过直接参照信息封装包，实现了 70% 左右的传达率，可谓是巨大的改善。可以说采用以前方式所产生的在 OFC 传达给店主的阶段发生的，完整信息的传达瓶颈得到了解决。把原

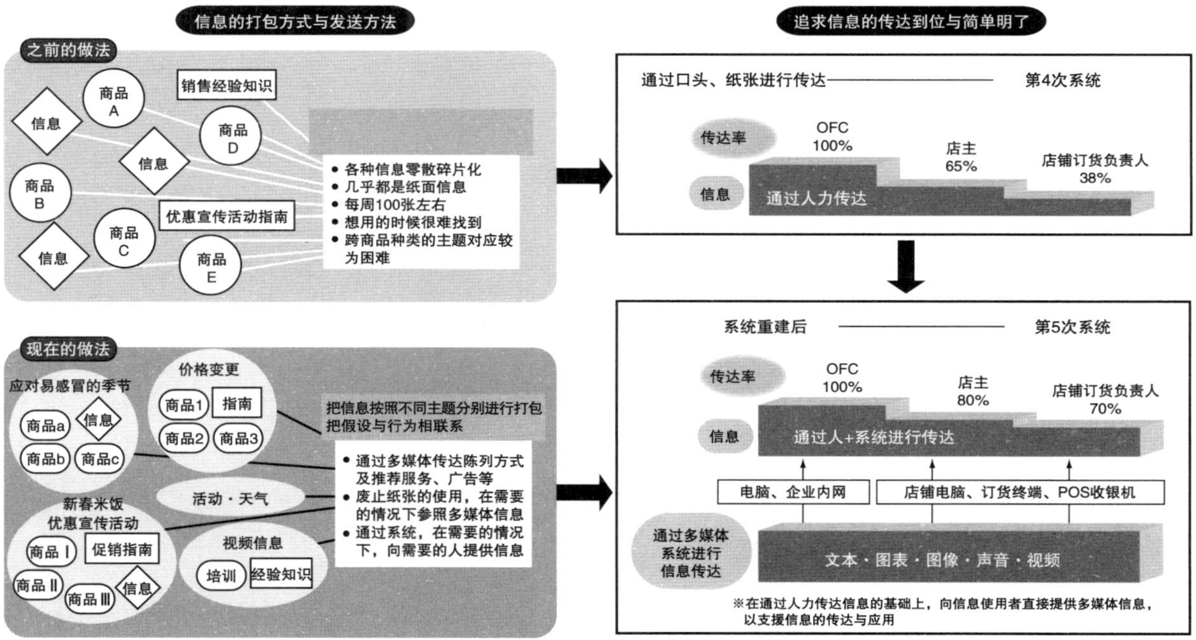

图 2-19　把信息封装化的信息发送系统

来需要通过照片或纸张进行的信息发布切换为了多媒体信息化，需要的时候可以在店铺打印出来的系统，从而产生了当时7000 家店铺的情况下，一年节省 14 亿日元纸张费用的效果。

成本削减效果被店铺、总部、客户所共有，使得信息共享更为有效地向前迈进。 系统的投资效果极为巨大，不到一年即回收了成本。

4 通过店铺业务的工作流程化，同时实现省力化及信息化

店铺会计业务的自动化与无票据系统

这里所说的省力化与信息化的同时实现，是 7-ELEVEn 的系统概念的核心思维方式。 也就是所谓 IT（信息技术）的应用，就是当工作变得不再繁重，并且成本下降后，才有剩余精力去进行信息应用及提高服务质量活动的思维方式。

所谓 IT 应用的目的，是建立在帮助人专注于本来该做的工作上，当省力化与信息化同时实现时，才能与效果联系起来的一种思维方式。

进一步来说，所谓让工作不再繁重，是与整理出任何人都能简单且正确地进行作业的构造，削减业务本身的工作量，使业务本身自动化的思维方式相联系的。 如果能建立起此种构造，业务的精确度会提高，也与通过实行业务而得到

的数据的精度提高及复合的实时数据的应用相关联。也就是说，省力化与信息化的同时实现，也意味着提高业务品质、增强数据品质。

因此，为了推进服务革新，就需要在作为与顾客接触点的店铺系统中导入这种思维方式。7-ELEVEn 的店铺系统，如图2－20所示，各种机器广泛地支持着店铺业务，强化信息应用及与总部的信息共享功能，彻底地以信息方式支援店铺的主体决策。

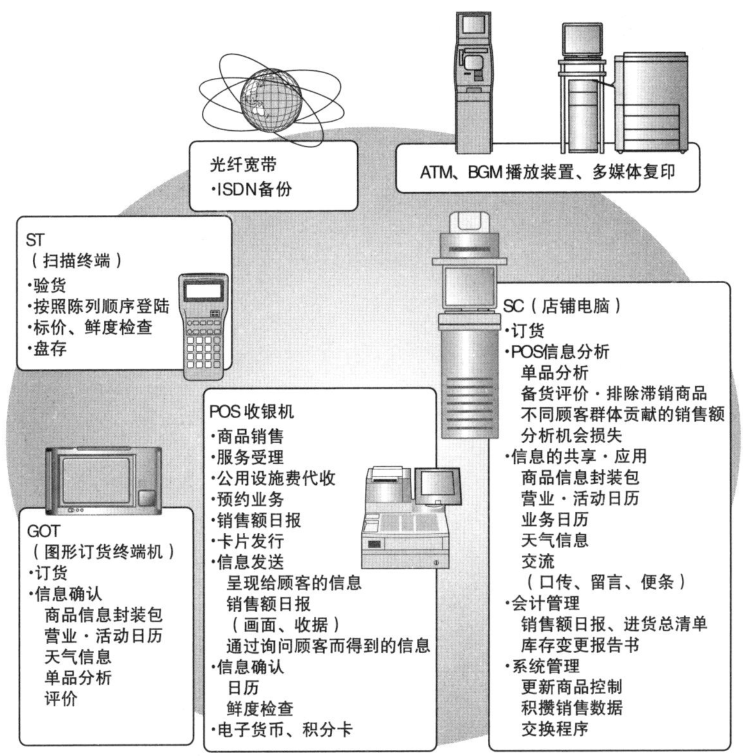

图2－20　7-ELEVEn 的店铺系统

7-ELEVEn 与超市及大型商店不同，从收银及验货到陈列·上架等工作，并没有分别配置专门人员进行作业。订货时会有 7 ~8 人左右分担订货工作，并花时间考虑订货内容并实行，而其他业务，则必须由平均 20 人左右的临时工、钟点工在自己的出勤日全部完成。

POS 收银的细算业务、各种服务业务及商品的采购验货也需要建立能让每个人都能操作的构造。7-ELEVEn 为了解决这个课题，构建了彻底应用条码的系统。举个例子，快递送货服务的受理业务，只要一扫描送货票据的条码，收银机操作人员就会看到的屏幕上显示受理的流程及收银机的操作方法。按照这样的流程，比如通过输入收货方的电话号码等，基于送货地址的费用标准，确认配送预定日与费用的工作实现了自动化，使得任何人都能不出差错地进行受理工作。

如图 2 -20 所示，除了卖场订货终端——GOT 之外，店铺电脑、POS 收银机、扫描终端全都附有条码扫描器。

应用条码进行业务活动，其目的不单是让作业简单化、省力化，还能获得商品处理状态的数据。由此可以提高数据品质，也与大幅提高信息应用的附加价值及可能性相关联。

作为大幅实现省力化与业务品质的事例，会计的自动化，也就是说取消了店铺的会计业务，以下对此结构进行介绍。

图 2 -21 是店铺系统的全体图。左侧的纵向部分标示了

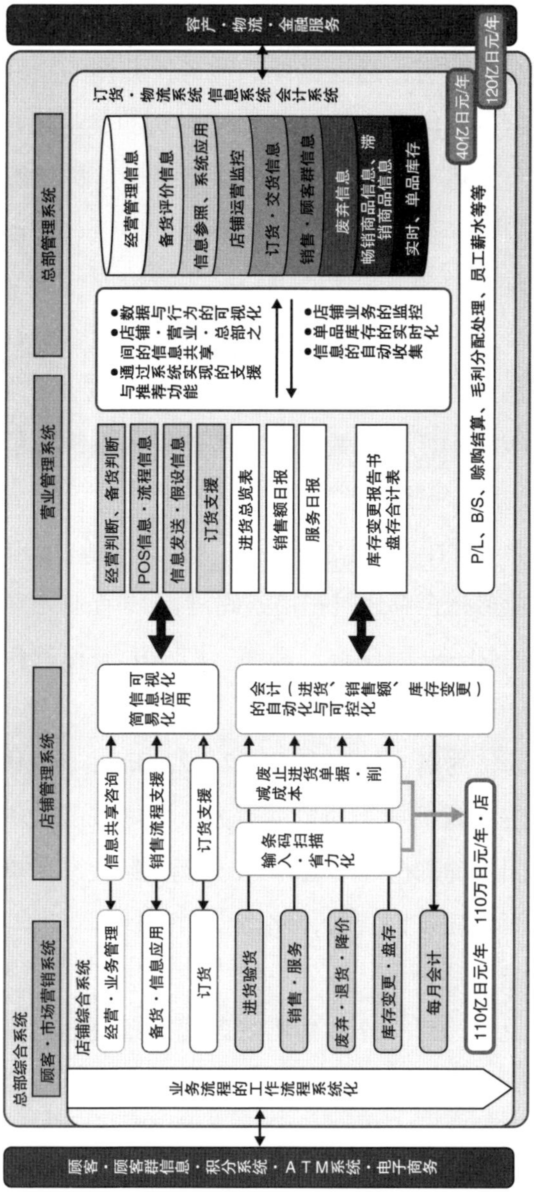

※数值换算成1万家店

图2-21 店铺系统的整体图与会计业务的自动化

店铺内系统应用的业务流程。从进货验货到每月会计，都是与会计相关联的业务，通过这样的业务，右侧的圆柱状图所示的各种数据的收集·存储得以实现。并且，从经营·业务管理到备货·信息应用、订货业务，都基于这样的数据对分析信息进行应用，从而构建以高精确度的假设与验证为目标的信息应用方式。

在此，对通过会计自动化而实现的省力化效果与备货评价·滞销商品排除的信息化效果进行说明。其要点在于，这些业务的工作流程化，也就是说业务流程与系统流程进行联动，从而作为脚本被构建。

首先对会计的自动化进行说明。从进货验货到库存变更·盘存的业务，全都通过扫描条码进行。而与之相应的系统处理，则由物——即库存、金钱、信息的流程都在扫描条码的同时自动在数据库中更新。

以进货验货为例，其结构如图 2 – 22 所示。把店铺的订货数据通过主计算机加工为票据数据，再把按照收货人分组的文件发送回店铺的扫描终端。在扫码实际交货的商品的条码时，在画面上显示订货数，使得实时确认订货数与实际交货数成为可能。

如果在上午扫码一升装牛奶的条码，系统会立即开始对和该牛奶共同配送的同批货物进行验货，确认供应商批号及票据号码、以及同批交货商品的明细。验货人不需要去注意商品名和供应商批号，只要在扫码商品时，对画面上显示的

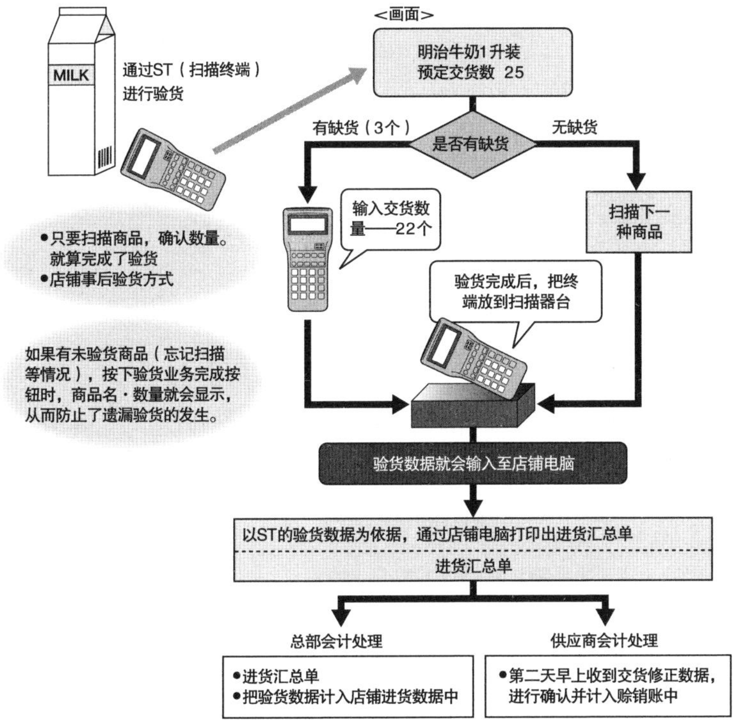

图2-22　扫描验货系统

订货数与实际交货数进行比较，当有错误时，才需要手工输入实际交货数。按下验货完成按钮时，如果还有未验货的商品，系统就会告警，这种构造使得错误难以发生。同时，在系统中，库存与进货金额、进货数这3项数据则会更新。

如此高精确度的作业，使得扫描验货数据本身就能够作为计入进货的数据进行处理，到了第二天早晨，这样的验货数据还会发送到供应商那里，并能够与赊销管理系统联动。

由此，进货票据也可以不要了，到了 2005 年，纸面票据一律废除了。票据信息通过网页系统，使得店铺、总部、客户都随时参照，并且还符合电子账薄保存法的规定。

通过这样的构造，配送司机在交货后能够立即去下一家店铺，验货工作则由店铺单方面实施。配送司机与店员同时在场共同验货的做法被废止，加工类食品与杂货的物流费用成果削减了六分之一。并且，对验货错误较多的店铺，通过数据化管理，成功实现了检查与制约。

同样，销售数据与库存变更数据也通过扫描，被实时地传送至店铺的店铺电脑，从而实现会计业务的自动化与实时的库存更新。这样的构造如图 2－21 右部所示，缺货信息与滞销商品信息等数据库也被自动生成，使得信息应用之路越走越宽广。

与以前通过票据进行进货验货、票据手工修正、把票据送至总部、总部进行会计输入的时代相比，店铺内 1 日的总人时（员工人数与完成工作所需时间的乘积）中，会计业务所占的人时比例从 6% 左右降至 1.5%，削减了 3 人时（即如果要完成该工作，如果 1 个人做需要 3 小时，而 3 个人做需要 1 小时）以上。残留的 1.5%，只是每天需要进行 3 ~ 4 次的收银机的现有现金数量与收银机盘存数据的对账工作。

这样的会计自动化，使得店铺的年间费用与纸面票据加手工作业进行业务活动的时代相比，平均每家店铺削减了 110 万日元左右，与平均每家店铺的一个月的平均利润金额相当。这种效果如果以1万家店铺的规模进行概算，减少的总部的会计业务每年能省40亿日元，削减的物流费每年能省120亿日元，实现了店铺省力化每年能省110亿日元，总计实现270亿日元的费用削减效果。

仅看废止进货票据产生的效果，就会发现，店铺、总部及供应商，年间节约了2亿2000万张纸，节约了纸张费用·打印费用4亿日元/年，削减了业务处理成本、保管成本10亿日元/年，合计节约费用14亿日元/年。年间270亿日元的费用削减效果，是年间系统合计费用的2倍，从会计业务部分的系统费用来考虑，可以说是数十倍 ×数年的盈利。假设就光是废止进货票据这一项，如果能在日本的中等规模以上的零售业者中普及实现的话，每年就能削减250亿日元左右的成本。

7-ELEVEn 的扫描验货·会计自动化的工作流程系统的构建，始于1991年的扫描终端开发，历经之后的扫描验货、销售额日报、库存变更的数据处理自动化、POS 收银机的销售·服务业务的条码系统化、防止数据消失的系统备份体制的强化、根据1998年政府开始实施的电子账薄保存法而进行的无票据系统的开发，与店铺—总部—客户之间的票据信息共享系统的开发等阶段，在2005年第6次店铺综合信息系统导入时，终于完成了此系统。的确可谓是历经了14年的岁月才实现了店铺会计业务的工作流程化与自动化。

以这样精确并且自动化的会计系统为基础，不仅是商品的销售，可以说也为公用设施费代收服务及快递送货业务受理、票务及旅行服务的实现提供了简便而低成本的便民服务基础。为了以居民日常生活为出发点提供贴近身边的服务，彻底应用 IT 技术也能起到巨大的效果。应该说如果没有 IT 技术，在如今这个时代，就无法构建及运作服务业务。

重点在于，不少零售业者及批发业者已经在部分地应用这样的系统，通过前后连贯的工作流程化及彻底的 IT 技术应用的方式进行重组的话，其效果将会有巨大飞跃。构成此系统的扫描验货系统、POS 收银机系统的商品销售、结算，以及各种服务系统等，都能够按照不同功能实现标准化、模块化。

如果作为能够为各企业共享的解决方案模块进行提供，通过应用 IT 技术而实现的革新将会大步向前迈进。今后的课题之一，便是推进这样的标准化与模块化，为了能使众多企业通过对 IT 技术的彻底应用推进革新与效率化，就需要整理及提供能够扩大、开展成功事例的解决方案。对于此课题的研究探讨，我会放在第 4 章。

工作流程化与自动化所孕育的告警·推荐型系统

对于店铺会计业务自动化的工作流系统，我已经做了说明。这样的系统如果以研究提高生产性的角度来看，即通过业务标准化及自动化，从而提高精度及品质的效率化。对此，通过应用这样的工作流系统所存储的信息数据库，研究基于信息的假设—验证循环，从而使符合顾客需求的备货及订货实现工作流程化，这也能取得重大效果。

接下来，对增强此种效果的工作流系统进行说明。为了提高信息应用的效果，重要的是作为前提的信息精确度、可视化及对做出判断所需信息的综合完善，以及使信息应用与行为相互联动的实时脚本化的工作流系统。

参照图 2 – 21 所示的数据库。其中有与会计相关的信息，与商品、顾客、卖场相关的信息，甚至还有基于电脑操作数据监控功能生成的信息参照及业务实施状况的信息，这些业务流程的可视化信息被不断存储。而这些各店铺的数据，通过主计算机与其他店铺的数据进行比较分析，把搭配了市场活动信息的推荐功能信息及告警功能作为经营诊断、业务流程的改善建议信息，可以反馈给店铺以便加以应用。

把彻底的信息应用的工作流程化作为主轴进行系统推进的思维方式，目前 7-ELEVEn 还并未采用。不过，如果想实施，所需的数据库已经存储齐备。假设—验证及信息应用，通过 1 人平均负责 7 ~ 8 家店铺的 OFC 对店主的日常支持活动得以实现。此种方法所需的信息系统也已充分完善。

然而，拥有较大数量的店铺、分店及代理店的零售业者、服务业者、金融业者，很难在现场配置足够多的监管员并实现现场支持。而人的支持与系统的推荐、告警等功能如果有效结合，其信息应用、业务系统支援型的工作流程系统就能带来有效的解决方案。

下面，我来介绍应用数据库、提升效果的工作流程的事例。推荐系统及告警系统在图 2－21 左上部分所示的经营诊断及业务流程改善、备货、信息应用、订货等领域也可以构建。这次要介绍的是其中的“备货评价·排除滞销商品的工作流程系统”。

图 2－23 所示的模型系统的流程，是对 POS 信息分析系统进行应用，筛选出滞销商品，并在卖场确认的基础上，决定处理方法。基于确认结果，通过系统登陆决定其属于降价商品抑或废弃商品。如果确认继续销售，则在最终把其结果，包括确认 POS 信息为止的流程，都进行工作流程化。

备货的评价则为了对应商品生命周期的缩短趋势及各店铺的顾客需求的变化，需要不断实行。把每周的商品替换、备货的问题点及与商品动向有关的系统发出的告警及推荐信息作为触发器，应用 POS 信息分析系统进行处理。

在工作流程的起点处，进行对①的备货评价。这里可以综合运用前面所述的 ABC 分析、趋势分析及矩阵分析进行单品评价。

在②选定了滞销候补商品之后，在③确认卖场的实际库存，并对陈列状况进行评价。

是作为滞销商品进行处理，还是降价销售，如果滞销的原因在于陈列位置，则对其重新进行研究判断，把应对措施记录到系统打印出来的滞销商品评价工作表中。

在④中把结果输入店铺电脑。只要在工作表上印上条通过 To Do 管理及系统告警达到明示课题及防止作业遗漏的目的。下述的实例，是以画面的方式对排除滞销商品的流程化、业务标准化与排除滞销商品的思维方式、以及其流程进行指导的图示。

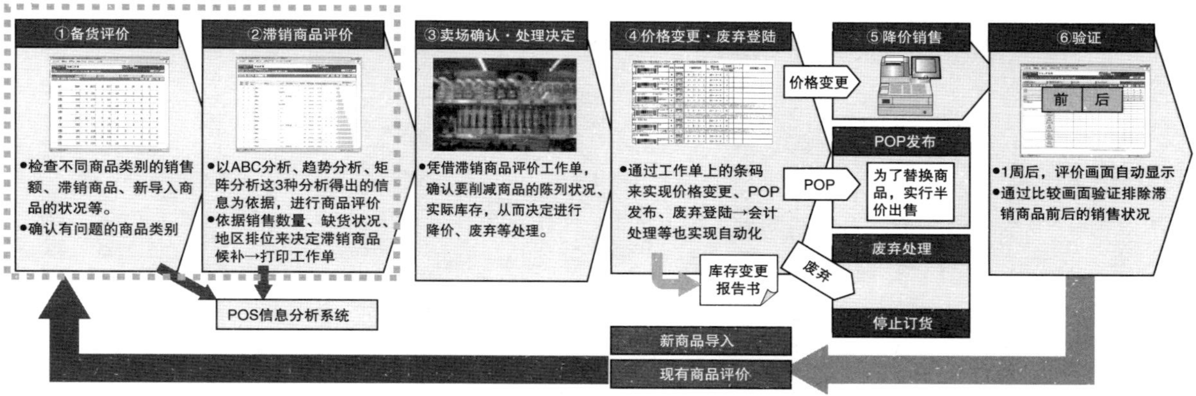

图 2–23　备货评价・排除滞销商品的工作流程系统

码，就能简单地输入。如果要实行降价处理，只要扫描条形码，输入商品数量及新价格，POS收银机的价格变更、促销用的价签及宣传海报的发行、会计层面的库存变更处理这3项工作就会自动实行。在⑤中进行销售，1～2周后以简单明了的方式参照降价销售的结果，从而决定最后的处理方式。此时也是通过系统的To Do管理功能，在降价销售2周左右后，提醒操作人员进行评价、判断，显示⑥的验证画面。

可能有些读者会有疑问，是否有必要对系统如此依赖，但如果采用基于人自身的察觉所进行的系统应用方式的话，会增加巨大的负担与数倍的作业成本，而执行程度也会参差不齐。

通过使得业务流程协调化，从而实现标准化与效率化，进而为提高业务精度、待客、提案、卖场布置、培训等留出时间。IT技术应用，已经迎来了像这样在与人的合作之中同时实现效率与效果的时代。

要估算投入运用的系统的投资效果是比较困难的，不过在最后，我会对排除滞销商品与精简的效果，以基于相同思维方式的药店所施行的情况为事例进行介绍。如图2－24所示，排除滞销商品，使得店头的商品物件数从1万7600件精简为1万4000件，使得卖场布置得便于购物。其前一年的销售额，与其他店铺相比增长了6%左右，其人员费用占总销售额的比例也从7%下降为6.3%，削减了将近10%。通过排除滞销商品与提高卖场效率，其库存周转天数也改善了20%，降低为26日、14周转/年。

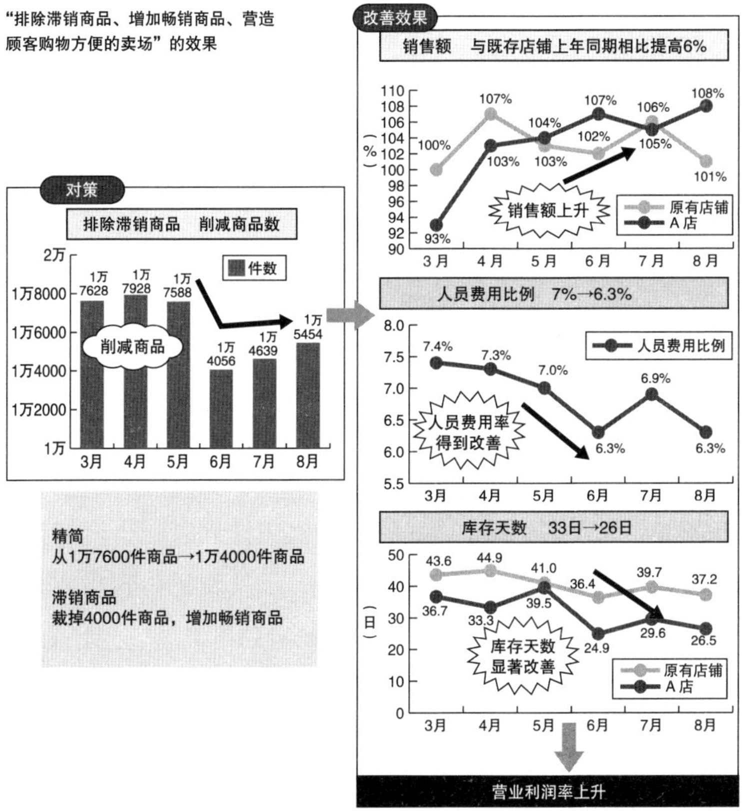

图2－24 排除滞销商品与精简的效果

在对7-ELEVEn的事例进行说明的同时，我也提到了其他企业的事例及今后的系统模型。而要如何决定系统功能，主要看企业的战略与其所处环境，以及在该时间段内的课题。不过，一气呵成且落实到位地对业务流程的重新审视及对工作流程的效果改善则是基础，这样的应用方式可以说还刚刚起步。 在这样的意义层面上，服务革新与 IT 技术应用的前途非常广阔。

5 依靠供应链的革新构建制造·配送·销售的新模式

价值链的形成与物流改革

从原料的供应到制造、物流（配送）、售后服务，商品供应计划流程在大多数情况下，是通过数家企业之间的合作实现的。 如果把 7-ELEVEn 的商品供应计划以一个价值链来表达，就如图 2－4（第 49 页）所示。 从原材料到货物配送到店铺的领域被称为供应链，从零售总部到营业部门、店铺、直到市场及顾客的领域被称为需求链。

所谓价值链，是哈佛大学的迈克尔·波特所提倡的企业活动的价值生成模型。 一般来说，把一个企业从业务的开始到结束的流程，作为业务流程整理在横轴上。 在图 2－4 中，企业之间的壁垒被超越，成为整合·统合商品供应计划流程的模型。 图的下面部分被称为主要活动，而商品供应计划流程就是图中的这部分。 图的上部分被称为支援活动，其拥有支援、管理、控制所有主要活动流程的共通功能。 而 7-ELEVEn 日本就相当于零售总部，通过与客户及加盟店的合作，形成了一个价值链。

7-ELEVEn 形成的价值链在 2003 年得到了一桥大学主办并颁发的“迈克尔·波特”奖，等于是得到了波特教授的权威认证。

7-ELEVEn 的价值链拥有 2 个特征。 其一是与合作伙伴一起组建主要活动领域。 由运作总部（营业总部）负责需求方，由商品总部负责供应方，在两大总部密切合作之下，组建了基本没有资本关系的特许经营者及合作伙伴企业间的垂直合作关系。

其二是为了强化这种合作，追求全体支援活动的整合性与一贯性，即便是对供应方，也力图实现信息共享及业务合作、购买及供应活动的统合化，并把这些与综合信息系统相联系。 特别是供应方的客户综合系统，网罗了订货·物流系统、生产管理系统、库存管理系统、信息共享系统、赊销·收账系统等，也支持着物流中心的综合系统及与制品·原材料制造商的订货及信息共享。

在对购买·供应的支援活动中，通过与汽车制造商的协作进行定制及适用化设计等的大约 3800 量配送车辆被导入到物流中心。 对保养与汽油供给体制也进行全国统一化的完善，并且还开发·完善物流中心的运营技术知识及设备机器，成功提高了 153 个专用物流中心的效率及服务品质。

关于需求方的支援活动，我已经在单品管理及各店铺应对、信息共享及 OFC 对店铺的支援等方面做了叙述。 因此，在这里对供应方的支援活动的结构，以及 7-ELEVEn 是如何跨越重重障碍推进供应链改革的再进行说明。

简要地回顾历史会发现，日本的供应链的特征是不同业界·业种有各自的商业习惯及多阶层的构造。在卖方市场中形成的这种特征，是多达110万家零售商与大量的中小制造商共同存在的日本的环境所决定的。批发商与两者相联系，提供包括备货、卖场布置、配送、信息提供、经营建议等批发服务。而这样的企业也多达30多万家。这本身是日本流通业的优点。与美国那种批发商不发达，零售企业直接与制造商进行交易，物流也由企业自身完善，利用一部分买卖中间商的信息功能、供货功能进行运作等状况大相径庭。

这种形态形成的背景，也是欧美的零售业者不断寡头垄断化的结果。考虑到日本也在不断产生各种新形态，今后也需要根据流通形态来对供应链的生产能力及服务水准进行评价。

即便是分析卖方市场时期的食品业界，也包含加工食品及啤酒、点心及生鲜食品等多方面的业种，并且存在着各自业种所特有的商业习惯及代理店制度、特约店制度等。建立了大批发商、小批发商这样的阶层商流、物流结构。并且根据零售业者的业态及规模。交货额度及交货批次等交货服务，以及促销支援与赞助金等也存在差异。而总毛利润率及佣金、付款延期时间等等，各种交易条件都有差别。

像这样以卖方为主导的推动型体制，虽然适用于提高卖方的效率与对流通的统一及管理，但零售商与批发商、制造商之间的相互关系，很大程度上由交易额与交涉能力来决定交易方式及条件，并未考虑从顾客着眼，以横向联系的方式改善商品供应计划流程。

在这样的大背景下，1974 年，7-ELEVEn 诞生了，当时不但店铺规模较小，而且其最早提出的以顾客的立场进行备货及对品质·新鲜程度的高要求，与当时批发商的服务完全不一致。 以纸箱为单位交货的商品，在平均日销售额不到40 万日元的店铺无法完全周转，备货使得仓库堆积如山。 1978 年时的平均库存量金额为 873 万日元，库存周转数为 15. 7 次/年，是如今 40 次/年的三分之一多。

为了弥补这个差距，7-ELEVEn 着手进行了各种改善方案。 进货不以箱为单位，而是进所需数量的散货或者小批次货品，按照商品的周转率采取高频率的进货方式。 对配送货物的卡车也尽量采取集约统筹，并且采取每日定时的配送方式。 为了让顾客能吃到新鲜商品，即便在周末或节日、过年时，也像工作日一样进行进货活动。 交货所需时间缩短，缺货情况减少，提高总毛利润率，并且探讨通过提高速食、牛奶及熟食的温度管理及品质管理，而实现 1 日 2 ~ 3 次配送的方法。

加上前面所述的商品开发及对味道与品质的追求，通过物流改革追求效率与附加价值的努力在不断推进。

以顾客的立场、购买代理型零售业者的立场来看，这是再正常不过的要求。 但在当时的环境下，凭借 7-ELEVEn 在

1978年时390亿日元的营业额和375家店铺的规模，实在是不可能实现的愿望。

然而，7-ELEVEn为了确立便利店的业态、发展为新型零售业者，没有采取改善的方法，而是寻求改革之路。7-ELEVEn采取了两种方法。其一是对供应链的业务流程的革新及正式的IT技术应用。在1978年开发店铺专用订货终端与供应商专用电脑，建立了日本首个完全实现在线订货的系统。

其二，是以IT技术应用为支撑的物流系统的构建。把以前依赖于供应商的订货及物流服务，依靠自身重新组建，为了让供应商及物流合作伙伴能提供7-ELEVEn自身所需要的服务，构建了系统，并向供应商与物流合作伙伴提出协作要求，从而力图转换之前的角色。这样的步骤并非“什么都自己来”的“自办主义”，而是通过与合作伙伴的合作与共同创造，从而与构建新供应链相联系。

那么，我们首先来看物流系统的构建。上文所提出的高频率·小批次交货及交货所需时间的缩短、定时配送等等，对于供应商而言，每项都会增加成本，因此如果不改变交易与业务的框架结构，根本无法实现。并且向店铺配送的货物，除了速食及每日交货货品（如饭团、酸奶之类保质期较短的商品）之外，都是供应商既存的物流商品，一台卡车会负责配送同一地域内不同企业的店铺，也就是所谓的“混载”。在这样的状况下，7-ELEVEn把物流改革看作便利店事业成功与否的生命线，从创业当初，就致力于集约配送及共同配送的改革。图 2 – 25 归纳了如今成为连锁零售企业物流标准的 7-ELEVEn 的物流方式。

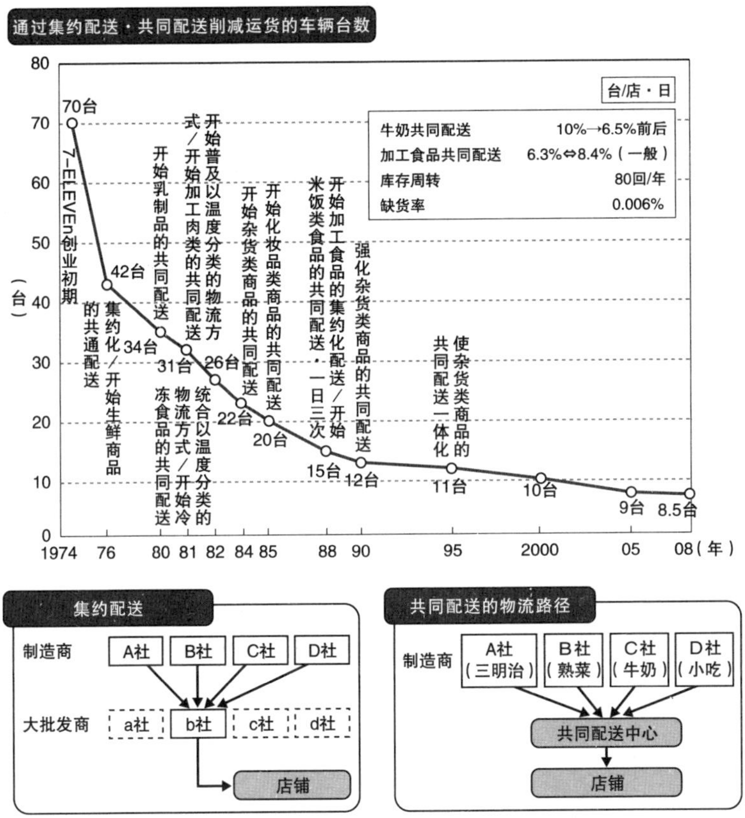

图 2 – 25　7-ELEVEn 的物流系统

其配送形态之一是集约配送。酒类、加工食品、点心、杂货等商品的流通，由于批发商数量众多，且还存在强势的商品制造商所形成的特约批发商制度，使得每家制造商在同一区域拥有数家批发商，甚至还有大批发商、小批发商这样的个别多层构造。7-ELEVEn 首先把其流程集约化，把一个区域内的采购批发商精简为一家。进而通过交易量的提高，实现了交易与配送的集约化、效率化。

比如，提供日用杂货的 A 公司，在 1976 年建立了 7-ELEVEn 的专用仓库，其对每家店铺的平均每月交货额从 1978 年的 14 万日元，1982 年的 29 万日元，增长到 1988 年的 43 万日元，在交易的集约化与开店的集中化的大环境中，效率得到大幅提高。

另一方面，米饭、生鲜食品、熟食、牛奶等时鲜商品每家制造商所制造的品种较少，是难以统合及集约配送的商品群。把这些商品作为便利店的核心商品，就需要能够按照早中晚三大时间段进行配送的高效物流及品质管理、库存管理、交货所需时间、交货批次的少量化等等，需要结合多个课题进行解决。

对此，7-ELEVEn 所采取的对策是开发共同配送方式。这并非部分性的解决对策，而是包括制造工厂的选址及制造工程的重新审视与系统化，配送中心的运营系统，对分类机器及配送车辆的定制开发，对从店铺到物流中心、制造工厂、原材料制造商的业务与信息的合作与共享进行支援的整体综合系统的构建。

通过这些工作，如图 2－26 所示，按照商品要求温度划分的共同配送，与商品的周转率相适应的交货频率的设定得以实现，向店铺送货的车辆台数则在提高服务水准的同时大幅减少。 这种方式除了时鲜商品之外，也被用在其他种类的商品上，按照加工食品、点心、酒类、杂货的类别分别进行共同配送。 现在这种方式得到进一步发展，已经进化为 4 种类别的商品统合为常温商品，进行统一共同配送。

配送频率

商品集群		配送频率	
		2002年	2009年
普通商品	点心	每周 3 次	每日 1 次
	杂货	每周 3 次	
	加工食品	每周 3 次	
	冷冻食品（冰激凌・速冻食品等）	夏季每周 7 次／通常每周 6 次	每日 1 次～每周 3 次
每日配送食品	冷藏食品（牛奶・熟菜・烹调用面包等）	每日 2~3 次	每日 3 次
	面包（素面包・带馅面包）	每日 2 次	每日 2 次
	米饭（盒饭・刚烤好的面包）	每日 3 次	每日 3 次

以温度分类的共同配送中心

商品管理温度	共同配送中心	中心数量	
		2002年	2009年
5℃管理	冷藏食品共同配送中心	57	16
20℃管理	米饭类食品共同配送中心	60	17
5/20℃管理	冷藏食品・米饭类食品共同配送中心	—	48
-20℃管理	冷冻食品共同配送中心	48	25
常温管理	加工食品共同配送中心	42	47
	酒类共同配送中心	38	
	杂货共同配送中心	21	
合计		266	153

图 2－26　7-ELEVEn 的物流系统　配送频率　共同配送中心

每天每家店铺平均的送货车辆台数，在提高服务水准的同时实现了削减。 随着共同配送的推进，车辆台数则不断减少，但常温商品实现统一共同配送时，其台数降至 8. 5 台。温度管理及定时配送的精度也得以提高，可以说其运行时间比公交车还要准确。 依靠运行管理系统及交货时刻管理系统等，商品的配送状况可以清晰地体现，按照需要进行配送线路的变更也变得简单。

2002 年时将近 300 个共同配送中心，如今已经统合为 153 个。 按照商品要求温度划分的共同配送中心的构成如图 2 –26 所示，其配送频率也按照不同类别商品的周转率进行制定。 比较 2002 年与 2009 年的情况，改革的力度显而易见。

前面已经以交货服务方面为中心进行了说明，为了提高服务水准，重要的是对其与店铺、总部、供应商、制造商的业务流程进行重新审视，并且完善物流中心的功能。 图 2 –27 是对物流中心业务流程的日常事例及功能的整理。 使与制造商之间的订货系统及交货频率、交货所需时间、批次等合理化，重点的是完善店铺的准确订货与基于店铺的订货 · 销售数据而进行的正确的需求预测。

并且，7-ELEVEn 为了提高从制造商到共同配送中心物流的效率及实现极为细微的服务，让冰淇淋及冷冻食品等商品实现高水准的精确供给。 为此，连制造商的商品库存中心也成为 7-ELEVEn 专用设施。 之前向共同配送中心供货的制造商物流系统，是为了应对各种客户的要求而开发出来的通用型系统。 这样一来，即便 7-ELEVEn 需要制造商处理的货品数量巨大，但实际上就难以实现合适的服务了。 早在 1996

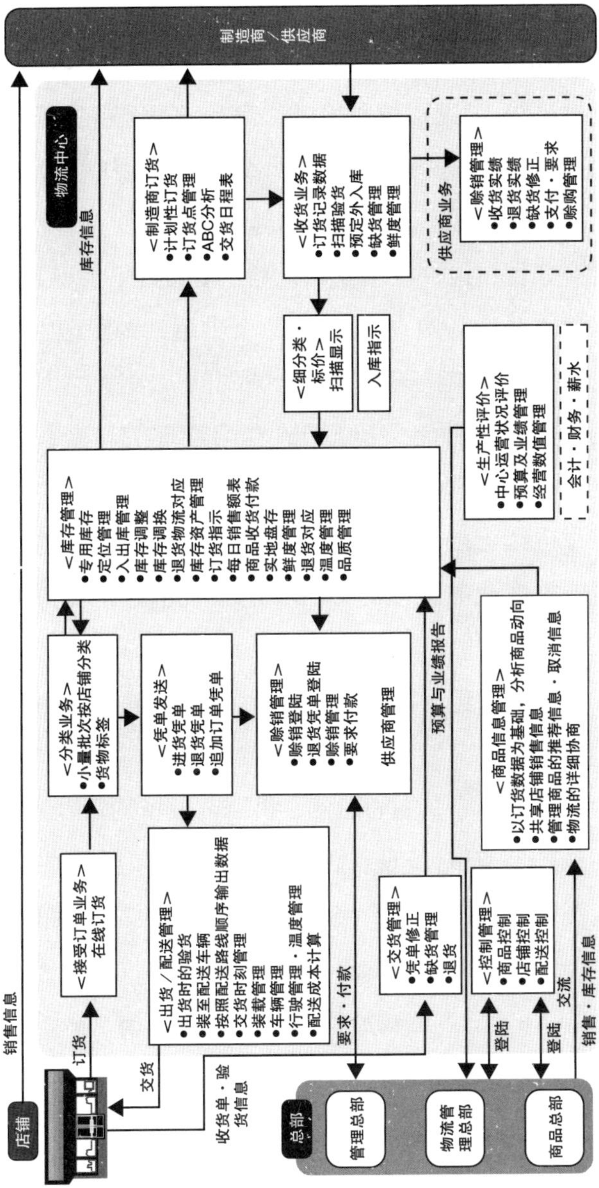

图 2-27　物流中心系统功能概要

年，就已经在全国建成了7个冷藏商品专用仓库，冷藏商品被送往25个冷藏商品共同配送中心，提供包括专用仓库在内的综合处理系统。通过这种方式，商品被发到共同配送中心所需的时间从2~4天缩短至1天，库存天数也从10天左右降至2天，并且还实现了降低缺货率等巨大成果。

这种方式现在也被应用到软饮料的处理中，7-ELEVEn采用在全国建立9个专用仓库，向47个常温共同配送中心发货的方式，预计在今年秋天完成在全国的网点铺设。从工厂配送到专用仓库，这种向7-ELEVEn专门管理的转变，削减了47个物流中心25%的物流成本。

像这样持续不断地重新审视，正是7-ELEVEn的强大之处，与重新审视业务流程内外合一的系统构建，支撑着服务革新。

由图2－27可见，7-ELEVEn已经实现了进货票据的无纸化，在会计·财务·发放以外的领域，通过提供独自的封装系统，力图实现系统、中心运营、机器·设备的标准化。

纵观物流系统的表现，常温商品的库存日数在4天左右，物流费用占店铺进货价格的5%左右，缺货率在0.006%左右，这样的数字是良性的。而物流中心的收支及管理状况也由7-ELEVEn·日本的物流管理总部进行把握·分析，从而致力对各中心做出改善。

而米饭·熟食则从原材料开发到物流的范围内，通过超越条条框框的物流设计，与作为外部合作伙伴的制造商、供应商、物流中心协力，从而致力于实现标准化、合理化。 而在其中运行的综合物流系统包括了商品分类系统及物料处理、库存管理及车辆运行管理。

这样的物流改革成果，造就了稳定供给及品质管理、店铺运作改善、商品开发竞争力提高等各种效果，同时也与物流费用自身的削减息息相关。

比如牛奶共同配送系统，就把牛奶、乳饮料、加工肉、熟食、冷藏烹调面包等进行总括配送。 物流费用的变化则与按照各家牛奶制造企业各自配送的时代相比，物流费占店铺进货价格的比例从 10% 降至 6. 5% 。 纵观加工食品的共同配送物流费用，也从批发商向一般零售店配送时物流费占店铺进货价格比率为 8. 4% 左右，降至采取共同配送方式之后的 6. 3% 左右。 这些数据都是 7-ELEVEn 所公开的。 而配送车辆在店铺数量增长的情况下，2 年间却从 4000 台削减至 3800 多台。

对物流改革的流程做了概要的了解，服务产业的革新，包括了与顾客直接相联系的商品及服务自身的品质提高，并通过革新提供这些的流程而得以实现。 而作为其支撑的物流及商品开发等，则从商品供应计划流程整体的合作与联动中形成，在思考提高服务的生产性及革新时，必须要牢记这样的构造层面的改革。

通过交易综合系统实现商品供应计划和流程的一气呵成

接下来，我将对供应链的业务流程革新与作为支撑点的客户综合系统进行说明。如图 2－6（第 55 页）所示，7-ELEVEn 的正式系统化，是以 1978 年的电脑订货为起点的，当时的店铺数量已经接近400 家，但订货都通过电话进行，供应商的接收订货作业与数据输入已经要到达极限。当然，后续的生产、商品分类、配送也凭借进货票据及作为合计表的相关单据进行操作，不但效率低下，而且容易出错。

7-ELEVEn 首先依靠订货与物流的系统化来减轻店铺与供应商的负担并防止错误，开发了店铺订货终端、总部订货处理与在线网络，以及供应商终端机器。通过对 NEC 的技术团队及店铺的深入了解，对各种输入方式及操作性、成本、店内环境的整合进行考量，开发出了附有条码扫描器的在线终端与嵌入了订货总账的店铺订货系统。

在线网络的构建，由 NRI 负责。加盟店、7-ELEVEn（日本）、供应商这种不同企业之间的连接，当时邮政局还不许可。再加上把店铺的订货数据通过公共线路集中到各地区的网络节点，然后凭借高速特定线路在数据中心进行集中，再把处理结果经由公共线路发送给供应商的系统规划则面临国家禁止特定线路与公共线路连接规定的壁垒，因此并未实现。在数据传输途中利用特定线路收集数据并使其传播高速化，这种削减通信费用的方法，在当时的通信制度大环境下，并未被承认。

7-ELEVEn 利用当时唯一作为普通商用服务被承认的由 GE・电通网络所构建的国际 VAN 服务，利用位于俄亥俄州的主计算机进行数据处理，再向供应商终端在线发送信息，从而实现了正式的在线订货系统。半年后，从邮政部门取得了在国内使用专用网络的特别许可，成为第 2 次通信线路自由化（对 VAN 服务的认可等等）的先驱。

导入供应商的终端的内存为 64K 比特，通过使用汇编语言（机械语言），而实现订货、票据发送、出货指示书、商品分类清单、赊销管理的专用终端。终端机器在福岛县的米饭工厂水泥地面的角落、札幌市的豆腐店餐室都有设置，包括向运营网络的电话局进行申请手续，到搬入·设置·运行确认·操作说明·测试等等，通过现场的正式技术支持，其改革的过程也为基层所共有。

第 1 次系统中的电脑订货系统，我已经做了详细描述。其实这个系统的实现过程，在各种意义上可以说是 7-ELEVEn 的业务改革与系统构建的原点。

有几个要点需要叙述，第 1 点，以此次改革为契机，7-ELEVEn 不再依赖于其母公司——伊藤洋华堂的信息系统，并以搭建一套与新业态——便利店业相应的独立系统为目标。因为商业模式不同，所以相应的系统也应该独立创建，这个起点已经显示了便利店业将会成为系统产业的预兆。这点与商品供应计划、运作、人事交流相同，也是高层的明确方针。

第 2 点，为了推进自主路线的改革，与合作伙伴的合作就很重要，不拘泥于“什么都自己来”的“自办主义”，而是重视借助外部力量的能力与系统来构建商业模式。最典型的就是特许经营者系统，协同商品供应计划及将在此说明的制造·配送·销售的合作模型亦是如此。 信息系统也是如此，在 7-ELEVEn 开始推进自主系统开发的 1978 年，随着我进入公司，由 4 名系统科员组成的团队着手了此项目。 当时还没有外包这个词，不过当时我们与 NEC 及 NRI 等合作伙伴一起连续不断地推进着系统化的实现。

第 3 点，则是对现场主义的贯彻。 从当时就开始深入店铺及供应商中，针对现场的课题、解决方案及方向性，向现场人员进提案。 在协作的同时提炼出的系统设计方法，为 7-ELEVEn 所重视。 通过这样的方式，包括完全没有经验的每日交货货品的制造工厂的生产管理系统等也得以开发。

第 4 点，是把对环境变化、经营方针、现场课题、问题解决提案、系统构想、系统实现方式、最适应的 IT 应用提案这些业务流程的改革与系统革新一体化，把业务改革与系统构建手段作为工作方式在企业内部及合作伙伴企业共享，这是 7-ELEVEn 的出发点。

第 5 点，是把 IT 技术的应用作为推进革新的引擎，创造没有的、贯彻既有的、追求最适应化及效果·效率的思维方式。 店铺系统从 1978 年的第一次系统起到第 6 次系统，其硬件、软件都是采用原创开发的。 其他还有许多新开发的内容及日本首先投入应用的系统部分，并且不断推进，使其能够转用在零售业、流通业、服务业领域。

而最后的第 6 点，是 IT 应用与系统投资的思维方式。 关于系统投资，现在仍有不少企业把其投资额视为成本，而并没有正确计算投资效果，并从效果金额来判断投资价值。 7-ELEVEn 则会向经营层、现场及客户说明业务会如何改善、成本会如何降低，从而推进系统化。 为了使 IT 技术应用实现，需要重新审视培训与业务运用体制，改善交易常规及服务水准等等，重点在于重新审视及投资无形资产部分。

按照这样的思维方式，我将说明客户综合系统是如何构建的。 关于订货系统的开发目标已经做了叙述，而为了实现这个目标，其费用负担该如何设计，是保证改革不断进行的重要点。 7-ELEVEn 总是与之前使用的系统及操作方法进行比较，从而讨论新系统的成本是否比原来的低，能够提高多少服务水准。

最早的订货系统，其运营成本的目标是让供应商负担相当于一名负责人工资的费用。 这种方式使得供应商获得了明确的投资效果，服务水准提高，系统成功地在不增加负担的情况下导入了。 供应商所负担费用的结构，是数据处理量与供应商终端机器使用费的合计。 首先是数据处理量，通过按票据行数收费及按交货金额收费两种方式的组合，通过从量和价进行合计的方式，创造出了能够平衡调整电脑处理数据量负荷与客户负担金额的收费体系。

供应商的系统使用费用，作为数据处理费，由运营电脑中心的 NRI 从供应商的赊销金额中扣除冲账。 既简化了事务处理流程，又提高了交易的透明度。

负责 150～200 家店铺的供应商企业，包括硬件租借费、维护费在内的数据处理费用在每月 10 万～20 万日元左右，实现了相当于一名负责人工资的费用成本。

通过导入电脑订货系统而提高了订货作业的效率，与通过电话订货相比，实现了大约 70%～80% 左右的成本削减。花费相当于一名负责人工资的费用成本实现了这点，可以说供应商的省力化效果非常显著。7-ELEVEn 按照这样的思维方式推进客户的系统化，并扩展为同时实现省力化・效率化与信息化的方式。

之后，其他零售连锁企业也自己开发了订货系统，并向供应商提供电脑订货服务，它们向供应商收取的费用几乎都与 7-ELEVEn 的大致相同。处理一行票据的费用为 2～4 日元不到，但它们与 7-ELEVEn 最大的不同之处在于，不少零售连锁企业把处理费用作为总部的收入。

与其不同，7-ELEVEn 的方式是在店铺数量与数据量增加的背景下，给电脑中心方面带来了巨大的规模效益。7-ELEVEn 通过把此利益用于开发客户综合系统的方式，从而把利益归还于供应商。后面会讲到的客户综合系统，除了一部分的应用软件，其它都是无偿提供，服务水准也非常高。

以每日交货货品供应商的综合系统为例，订单处理、生产指示书、材料展开、各烹调工序作业指示、制品装盒流水线、POS 标签自动粘贴、按照不同店铺进行的商品分类指示等系统以联动方式予以提供。与之前的手工操作、供应商独自封闭化的自主系统所不同，对于应用软件的改良、功能追加及运用支持的改善、系统技术基础设施的更新等等，都以一气呵成的系统服务方式进行实时的提供。 硬件也是由 7-ELEVEn（日本）与制造商交涉，通过租赁的方式，使得客户能以低成本的代价使用高性能的终端。

像这样通过建立可持续发展的、有效的体系，使得供应链的竞争力产生巨大的差异。 那么，接下来介绍具有其代表性的子系统。 如图 2 – 28 所示，是以速食为核心业务的客户综合系统的结构图。

上面部分表示业务流程，下面部分是对支撑业务流程的各子系统的整理归纳。 1980 年，在推进专用工厂、专用物流中心、共同配送化的背景下，其所提供的系统除了供应商内部会计系统、财务管理系统、人事 · 工资发放系统以外，基本业务都通过封装提供。

那么就对一个主要的子系统进行介绍，那就是从 90 年代开始，花费 3 年以上时间完成开发 · 导入的速食供应商的生产管理系统。 此系统在对应米饭类、熟食、面类、面包等多种商品群的同时，还能灵活地对应工厂规模及生产数量、设备及原材料的地域性等各种个别要素，被全国 100 家以上的速食工厂所使用。 生产管理系统与输入存储着各种商品的原材料规格及制造时使用量的被称为“食谱控制”的功能相联动。 并且，“食谱控制”也是输入存储了原材料产地及生产方、提供路径及价格、含量、原材料成分及添加物等的品质规格书，也发挥着管理生产档案的作用。

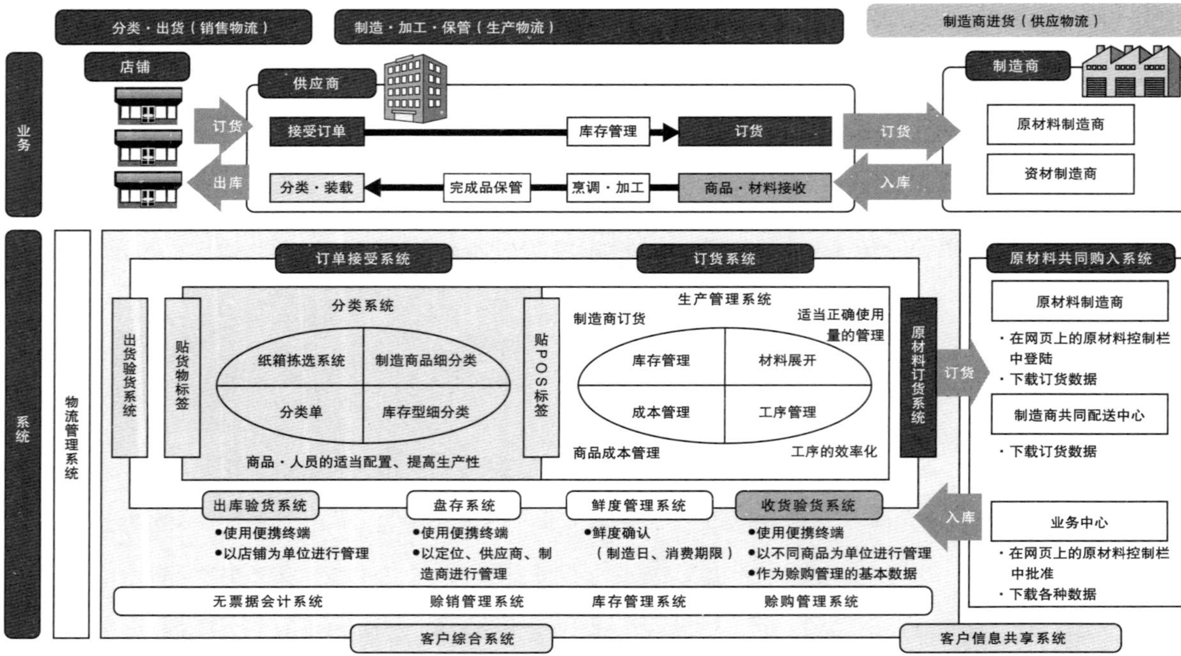

图 2–28　客户系统的整体形象（速食）

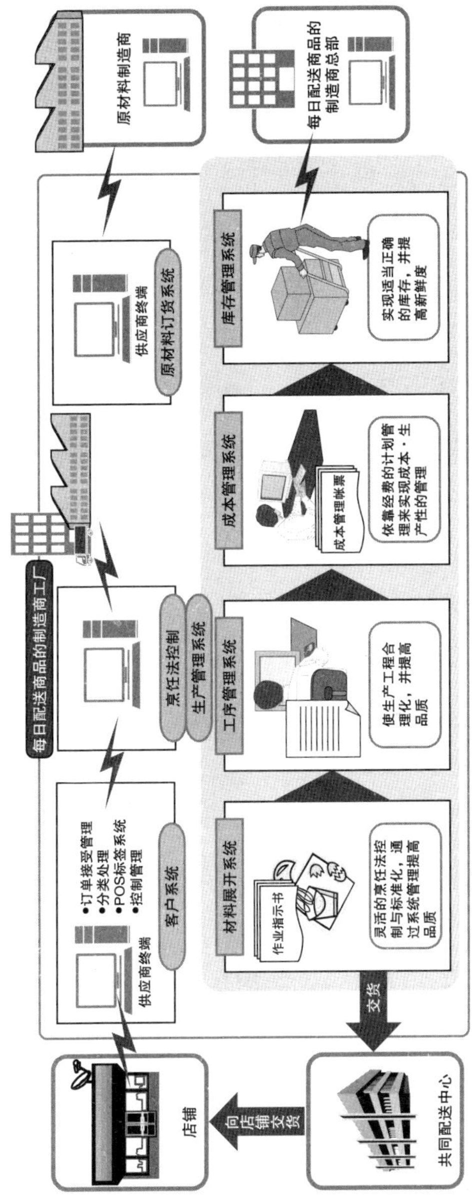

图 2-29　生产管理系统的系统构成

生产管理系统的概要如图 2－29 所示。 虽然结构简单，但设计得灵活且高效。 材料展开系统负责处理对应订货商品数量所需的油炸、烧烤、蒸煮食品按照米饭、食材、调味完成食材、半成品的流程进行制造指示的计算处理，再加上前面所述的根据不同工厂的情况要素进行调整，这种灵活系统是非常需要的。 工序管理系统则是向从原材料仓库的支出、解冻及前期处理、加工、煮饭、烹饪，已经装盒的各工序发出作业指示，并为了协调处理材料投入量及产量、废弃损失、品质等实绩数据，开发出设置在各作业现场的专用终端，连接内部网络，从而对高效率的业务运用进行支援。

而比这样的软件、硬件开发更为重要的，则是现场的意识改革与团队协作的形成。 系统的导入，与之前的依靠经验与直觉、工匠意识及高度依赖于个人能力的现场不同，其标准化及系统化，成本·生产性的可视化与数据管理，与当初的立场观点有冲突之处。

因此就需要经营高层的强大领导力与生产管理系统导入团队的不懈努力。 而为了系统具有灵活性并能投入应用，则需要一个把经验与直觉、工匠的个人知识能力以理论的方式进行阐明，并使之标准化、逻辑化，从而实际嵌入到系统中的成长过程。 开发生产管理系统时，像这样与作业现场共同经历整个过程，才能开发出优秀的系统，这对我来说是非常珍贵的体验。

7-ELEVEn 积极融入速食供应商所组织的 Delica Foods 同业

合作公会，通过举办培训、导入支援、地区技术信息共享会、全国大会等等，从而促进系统的导入。原材料成品率的提高及品质的提高作为其效果开始显现，系统导入的范围前景变得广阔。作为一个具体的改善事例，销售额达15亿日元的熟食工厂中，原材料废弃损失占总销售额的比例从2%改善至0.7%，一年减少的成本金额达2000万日元。还有，销售额达30亿日元的米饭制造商，通过对原材料成品率的改善，实现了一年削减2100万日元成本的成果。这些数字基本上全部转化为整体经营利润的增长部分，相当于利润增长了20%~40%。

再举一个效率化的有效事例。为了实现对供应商的高频率、少批量交货的要求，导入了7-ELEVEn开发的摘取式电子标签拣货系统（Digital Picking System），对便利店而言，高频率·少批量的交货方式有多重要，这在前面已经做了叙述，而提供这种系统也是7-ELEVEn的重要任务。通过得到计量器制造商——ISHIDA精密机器株式会社的协助，在1983年就已经着手开发摘取式电子标签拣货系统，如今已经在共同配送中心及速食供应商中导入了大约430套，成为了在零售业、制造业及物流业中被广泛使用的系统。

系统有3种方式。一种是像速食类商品那样，在商品生产完成后，立即按照生产完成的顺序进行分类，采用能在短时间内出货的播种方式。另一种是像加工食品及杂货那样，在库存中已经被细分的商品，从收纳的架子上，按照数字显示器上面的指示数进行“Pick Up”的摘取方式。而最后则是像拉面、饮料及纸巾那样，以箱为单位进行分类的箱子摘取方式。

在此，对播种方式进行说明。 如图 2 – 30 所示，生产出来的商品，在每辆配送车辆的店铺群所构成的轨道中，操作人员按照中分类显示器的指示按照车辆进行分类。 轨道按照店铺配送顺序，备有各家店铺的戽斗，贴在上面的电脑打印的货物标签则作为目的地指示牌。

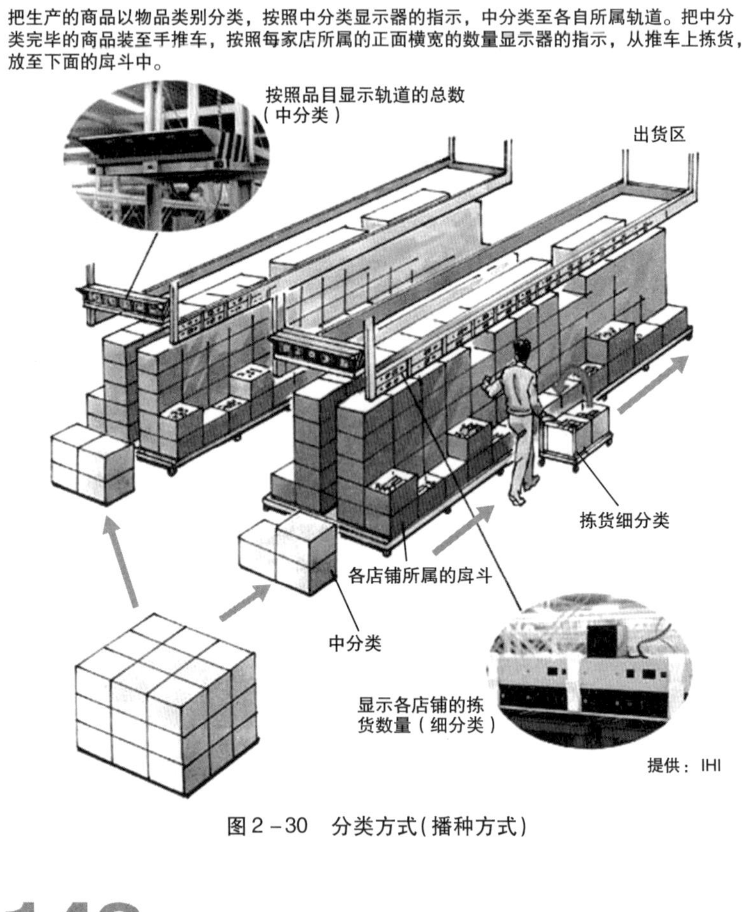

图 2 – 30　分类方式（播种方式）

负责摘取的工作人员，按照每个店铺的显示器所显示的摘取数，就像播种一样，把商品分类到𫄧斗里。显示器的指示数是根据订货数据，基于配送控制而生成的分类文件进行控制的。只要把分类商品的条码进行扫描，就能显示分类数量与各店铺的需要数量。分类完成后，只要按显示器的按钮就可以了。

这种方式，使得谁都能进行这项作业，并且通过缩短分类的时间、提高分类的精度、削减成本，使得 1 日 3 次的配送与小分类交货的低成本运营成为现实。这也是速食的交货在制造后 3 小时之内这个目标得以实现的一大关键技术。对比手工分类时代与摘取式电子标签拣货系统，其省力化的效果显而易见，其 1 天 78000 份米饭的分类工作所需的总人时数从 340 人时减少为 173 人时，整套系统的费用（包含保养费用）为 2000 多万日元。如果按租借费用换算，与以前的手工作业相比，1 份米饭的分类成本从 3.69 日元/份减少至 2.27 日元/份，成本削减率达 40%。

像这样对提高服务水准、降低成本的尝试，以及对业务流程的重新审视及具有效果的 IT 技术应用运营，使得供应链得到强化。从上述例子也能看出这一点。另一方面，在增强业务层面合作的同时，与供应链企业之间的信息共享也有很大效果。在最后，我将对信息共享的实现过程进行说明。

7-ELEVEn 的供应链改革采用的方法，是即使对商品开发及物流，也进行高度的垂直合作及紧密的关系构建。但其目的并非只是为了使从原材料→制造→批发→物流→店铺→顾客的商品供应计划流程效率化及低成本化。反而应该说是逆于此流程，实时地回馈店头信息，改良商品、调整开发与生产，使库存合理、防止缺货，改善供应链整体的备货情况及控制库存等等，以能迅速且有效率地进行这些作业为目标。

而作为此基础的，则是一气呵成的信息共享。图 2-31 是其与客户的信息共享系统，与 7-ELEVEn 总部的信息共享系统相联动，从而构建起了价值链全体的信息共享系统。

制造商、供应商、物流中心能够根据自身所处理的商品及领域，对店铺的订货量、销售量、商品导入率、中心库存等信息进行入手·分析。数据更新至前一天的24 时，并能按日、按周、按地区、按供应商、按中心等不同字段进行参照。

开发此系统的 3 大目的，是通过强化商品的提供能力及开发能力，把握流程库存而削减缺货率及最终滞销余量，并有计划地管理商品的调整及生产，以及库存、物流、销售。在前述的对原创商品的处理超过 55% 的状况下，对此系统的应用就显得非常重要。

比如，从 8 月下旬起，新巧克力的销售起点为北海道，但北海道的销售情况能即时地被共享到计划依次推广该新产品的地区的店铺中，并作为生产计划及原材料供应的基础信息被应用。以前制造商的生产计划基于出货数据，与实际需求相差甚远。

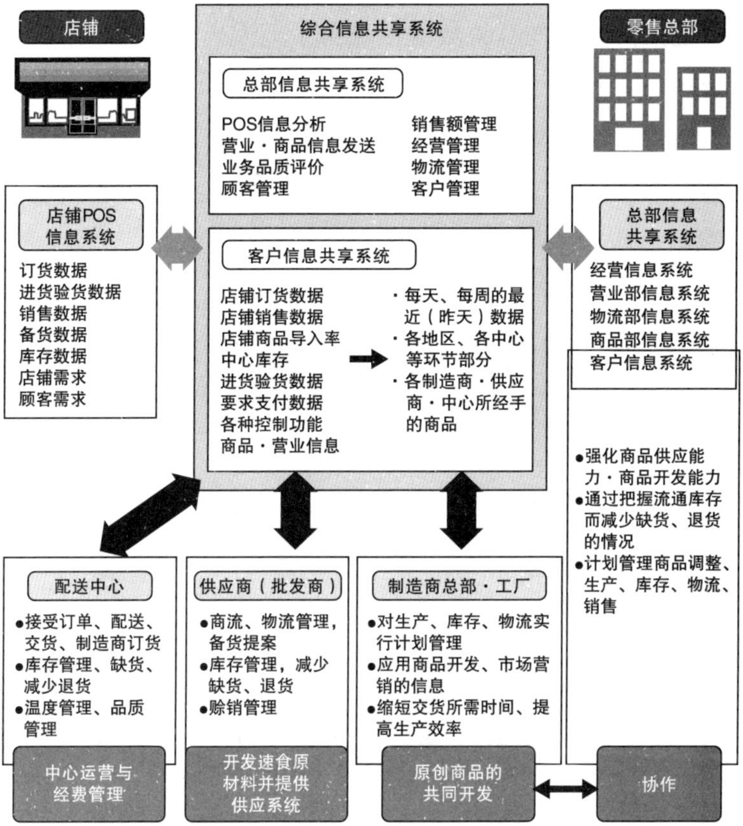

图2－31　客户信息共享系统的整体形象

而其最新的信息应用，在商品生命周期的终盘也发挥了威力。比较不同地区的销售状况，不再对销量下降的地区发货，而是把库存转移至销路好的地区，从而使得库存能够实时消化。这样的有效数据加上店铺的商品导入率，能够直接反映店铺的商品处理判断情况。如果只是销量低，也可以认为是天气或竞争对手店铺的促销等造成的影响，但这样通过把人的直接判断与系统数据相结合，则大大提高了信息的正确率。

导入这样的系统，也是处理原创商品所必须的条件，之前在商品销售截止时的库存剩余量占销售总量的0.8%左右，而现在这个数字已经降至0.2%。

通过上述说明，各位读者想必对供应链革新的流程有了了解。制造商、供应商、物流中心的合作，是有效应用IT技术的共同创造型模式。

6　通过应用IT技术推出新服务

服务业务开发之路

7-ELEVEn的战略，不仅把零售业的内容局限于商品销售，而是把其拓展为广泛地支援顾客的日常生活、提供便利。而这样的业务开展，也是在反复实验及纠错的过程中，尝试弥补小店铺的劣势，通过应用在线系统等方式，使计划得以实现。

如前面所述，7-ELEVEn在1974年开业之后的3～4年内，在观察了伊藤洋华堂的销售动向的基础上，实施了决定导入商品的商品供应计划。而正式开始快速导入新商品，并致力于销售已经烹调完成、马上就能食用的速食，则是在1979

年。 而当时的重要背景，是从 1978 年开始施行的在线订货及之后日益完善的共同配送化及多频率小分类交货方式。 与客户的合作不仅仅是制造·批发这种零售业的传统范畴，而是围绕确立便利店这个业态而展开的制造配送销售企业互相帮助进行备货、商品开发及物流改革。 这些都始于那个时代。

在推进这种应对政策中，至 20 世纪 80 年代中期，24 小时 365 天营业的全年无休便利店，并且以向顾客提供便利性为宗旨进行备货及商品提案的新业态就此诞生。 然而，服务业务自身在那时还仅限于照片的 DPE（冲印·加印·放大）及电影预售票销售、快递服务、复印服务。 没有一项服务被统合于 POS（销售时点信息系统）收银系统中，也没有实现自动化。 每增加一个服务项目，就需要相应地培训操作方法，这对店铺而言也是负担。 而超出店头备货的范畴，对预约商品及礼品商品的需求也在不断增加。

7-ELEVEn 为了解决这一的课题，在 1985 年的系统重建时开发了双向型 POS 收银机，导入了真实在线型的系统。 由此，同年开展预约盒饭业务。 提高日常生活的便利性，对于在店头无法直接买到的商品及享受的服务，通过网络实现受理及安排，这正式标志着致力拓展新服务的时代的到来。

1987 年，7-ELEVEn 与东京电力公司合作，开始了代收费服务。 系统化的代收费服务，在提供便利性的同时，还作为具有高公益性及可靠性的服务成长起来，大大提高了顾客对便利店的忠诚度。

代办服务/结算服务		服务商品·服务事业
DPE服务	1974	
	1980	电影票预售
快递受理服务	1981	
	1982	复印服务
	1985	预约盒饭
	1986	电话卡
公共设施费用代收服务 预付卡	1987	
	1989	
助动车附加交强险	1990	
	1991	通过目录选购商品【Shop America】 1991年2月~1994年10月
	1994	餐券、滑雪索道乘坐券、新年礼品
	1996	国际电话卡、彩色复印
	1998	杂志定期购买阅读预约
网购费用结算与商品代收服务	1999	E Shopping Books（现7 and Y）、打印贺年卡
	2000	7 dream.com SEVEN-MEAL SERVICE 多媒体终端 （东京1200店 2000年11月~2001年10月）
ATM服务（现Seven银行）	2001	
	2002	多媒体复印网路服务（各类活动入场券·代办机票、各类考试缴费） 传真服务
行政服务（设施预约·足立区）	2003	
	2004	邮票·明信片·印花税票、平邮送货
	2006	电子货币积分服务

图2－32　服务业务的开发

图2－32显示了7-ELEVEn从以前到现在的业务扩展过程。整体来看，结算服务的成长最为显著，最近对电子商务扩展的投入力度也日渐增强。在20世纪90年代初，从国内

外商品价格差中发现商机的“通过目录选购商品”的方式——ShopAmerica，以及 2000 年在东京的 1200 家店铺启动的店头网络服务终端——Seven Navi 等等，有的服务未能在经济效益上取得成功，但可以说是追求实体店与网络结合的新服务模式的先驱。音乐下载服务及向网上商店提供电子商品的结算服务等等，创造了许多新服务。

就如第 1 章中所说明的，在 1991 年房地产泡沫破灭之后，许多零售业者对顾客的吸引力与营业效率都有所下降，但在这样不景气的大环境中，光顾 7-ELEVEn 的顾客数却占了上述零售业整体的近四分之一，平均每家店铺每天吸引的顾客人数为 220 ~ 230 人。不仅是销售商品，还积极地力图提供日常服务，其确立了便利店提供便利性的零售业态，到 2009 年 2 月，其紧贴地区居民生活的店铺已经扩张为 4 万 2047 家。

在这样的过程中，7-ELEVEn 重视对服务业务的开发，是在 1990 年代后半期，尤其是在把第 5 次综合信息系统改革的目的定为通过开放性系统革新经营基础设施的时期。

那时的系统构建及新事业提案，强调向服务型社会的转变，向顾客提供新的便利，正式对应网络社会，在超越原来的零售业店铺及商品框架的服务革新方面，有很强的指向性。

图 2 - 33 显示了开发研究新服务的事业平台概念图。位于图上部的既存平台功能，是在 20 世纪 90 年代末已经形成的 7-ELEVEn 的本业基础。

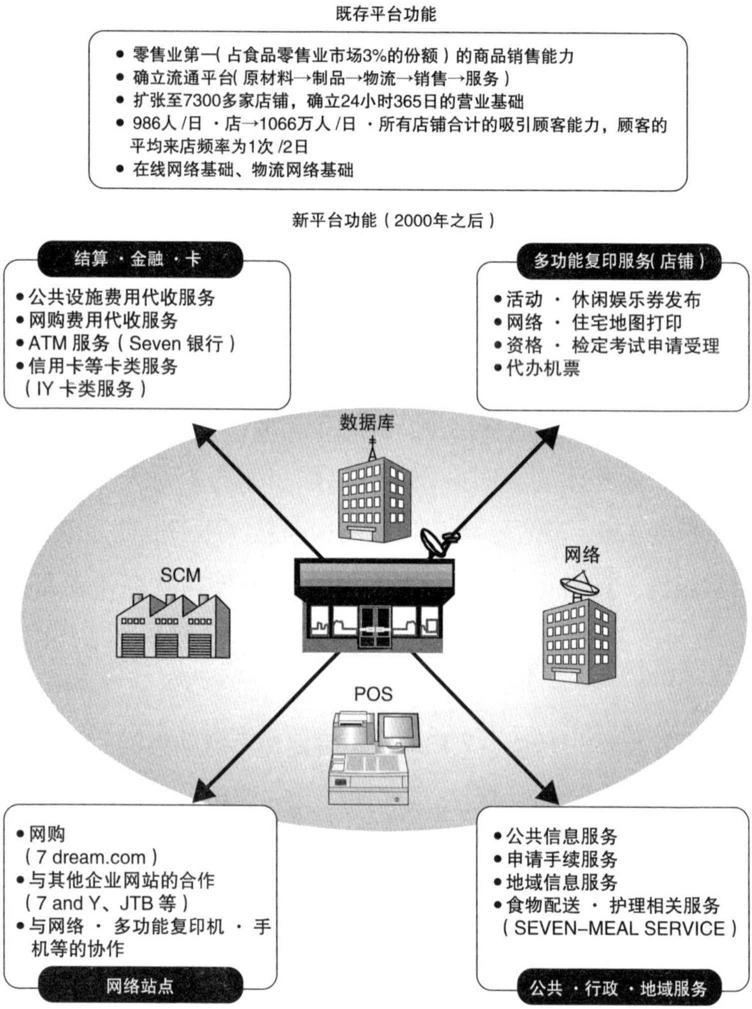

图2－33　7-ELEVEn的平台经营(1998年)

作为零售业者，与客户之间的垂直合作的强化，以及各种不同行业服务之间的合作，通过信息系统及物流系统而强化的经营基础设施，凭借 1997 年到 2000 年的第 5 次综合信息系统的开放化及网络化而得到扩充。

并且，在这既存的平台上组合 4 个领域的服务，作为新的服务，从而形成了新平台。凭借此新平台，开展了现实与虚拟相融合的服务革新，这是 1999 年到 2002 年的发展主向。

现实与虚拟相融合的概念在当时广受好评。在金融服务领域已经创造了重大成果，而在电子商务等领域，如今终于有所扩展建树。图 2－33 是当时的构想。虽然与现状有所差异，但我希望对各领域的特征做个介绍。

首先，取得重要成果的是结算 · 金融 · 银行卡的领域。而这个领域核心的代缴费服务与银行子公司 · ATM 服务，我将在后面做详细介绍。具有代表性的服务之一是网络付款服务。这是通过应用代缴费的系统基础而进行电子商务付款结算的店头代收费服务。现在，以乐天市场为首，大约 1 万家以上的网上商店支持这项结算服务。这种结算方法在电子商务中的使用率已经仅次于信用卡，占总结算量的大约 10%，额度达 4000 多亿日元。其中 7-ELEVEn 占了大约 2000 亿日元。

之后，作为此领域新加的服务，电子货币及顾客忠诚度计划（即点数奖励服务）不可不提，而点卡的发放量为 600 万张左右，与最初年度的 1000 万张的计划相比，今后的发展空间值得期待。

第 2 领域是大幅提高店头复印机的功能，即凭借追加了在线功能及照片打印功能、传真功能等多功能复印机的服务。如今还增加了数码照片打印及家庭机动车辆第三者责任保险办理等服务。而此服务的前身即是2000年的专用网络服务终端——Seven Navi。当时在东京的1200家店铺投入使用，作为领先的服务，但最终其投资效果与空间利用率并不理想。因此，7-ELEVEn开始力图把这种服务归属到复印机中，扩充复印机的多种功能服务。

这样的努力方向，与其他的便利店大有不同，是贴近现实的服务研究。在宽带及手机相关服务广泛普及、通过POS收银机就能简单地交付、结算预约完成的各种车票及入场券的今天，像这样通过设置专用终端而进行店头服务的形态，我认为将会再次被探讨。

第3领域是网站及电子商务的领域。7-ELEVEn与软银公司（SoftBank株式会社）合并设立的E Shopping Books，现在因为7-ELEVEn取得公司主要决议权而改名为7 and Y，已经成长为年交易额达168亿7550万日元（2007年度）的书籍、CD、DVD购买网站。而处理前面所述的7-ELEVEn店头的多功能复印机的网络服务运用及经营电子商务网站上的酒类、食品、CD、礼品的7 dream. com的交易额则高达大约400亿日元（2007年度）。店头的备货加上网上的备货，在供顾客选择的同时，订购的商品以店铺直接交付为中心，提供一种店铺与网络结合的全方位服务。

第4领域是政务代办服务，是今后值得期待的兼具成长性与便利性的服务。 这种服务是把现在在制度上只允许在政府机关或办事处中办理的户口薄及户籍证明发放等业务，在7-ELEVEn 店头以在线的方式发放。 人口60万的自治体，每年发放的证明书多达150万张，而其中110万张的受理是不需要与本人面对面的。 但是，现在在线发放还不被允许，行政机关的受理费用，1张平均需要1000日元。 足立区（足立区是东京都的特别区之一。足立区位于东京都的北部，是由夹于隅田川与荒川之间的部分及占有足立区大半面积的荒川以北部分组成。——译者注）每年的运营成本为14亿日元，而从居民中收取的手续费为3亿日元。

7-ELEVEn 与标榜“便利行政”的足立区合作，实现了在线发放的系统化，每张的费用从1000日元削减为300日元。由于限制放开速度的缓慢，目前的服务还仅限于运动设施及会议室等的预约及代收相关使用费，但通过应用便利店的在线系统，是能够使得行政证明书发放的运营成本降至三分之一的。 居民已经能够到离自己最近的便利店享受服务，只要确立个人认证机制、去除限制，这个就可以立刻实现。

服务业务的领域，就像上述所说，在许多情况下，它同时实现服务品质的提高及成本的削减，并与巨大革新相关联。 接下来要介绍缴费服务与银行 ATM 服务。

缴费服务的扩大

关于缴费服务的讨论，早在1987年2月7-ELEVEn 收到东京电力公司的提议起就开始了。在店铺数量众多，长时间营业，便利性高，与地区紧密联系，提供阳光亲切服务的7-ELEVEn的店头设立缴费受理窗口，对于标榜“以人为本的企业”的东京电力公司而言，是对自身形象的巨大提升。

7-ELEVEn当初以商品部为中心进行讨论，因为以手工记录收款报告的事务处理方式为假想前提，所花费时间人工与精确度成为了课题，并考虑到与手续费收入的平衡，所以当时是做出了暂时回绝的决定。不过由于受到东京电力公司高层的再次要求，所以在向信息系统部门做出讨论指示的背景下，才促成了如今这种应用条码的系统的开发。

这样的系统，如今回顾起来，与两个具有重大意义的开放式革新相联系。其一是使用名为条码的标准技术，提高了店头的操作性，力图实现自动化，从而实现了只要在POS收银机中加载应用软件（业务软件），就使得金融结算服务成为可能的标准化。这种对条码技术的应用，在前述的店铺收银业务自动化系统中也存在，使得任何人都能操作收银业务及服务业务，从而成功地与高度可靠的系统相联系。

如今不仅限于缴费服务，快递服务的受理、车票及入场券的交付、电子商务的购买支付结算等，业务领域扩展广泛。只要扫描票据等的条码，负责收银的工作人员面前的显示屏就会显示相应的操作方法指南，使得处理变得简单且精确。

第2次开放·革新则是把使用这种共通技术的服务积极地进行标准化、开放化，并加以公开。东京电力公司也好，

7-ELEVEn 也好，最初都不打算把这种自创的服务进行公开，但随着第二年 7-ELEVEn 与东京燃气公司之间合作的开始，这种技术在其他便利连锁店的导入也开始增加。

7-ELEVEn 更进一步应用 POS 收银机的实时在线功能，在提供缴费服务的同时，还开发了进款通知系统。并作为标准式样公开。通过这种系统，当用户由于手机话费及电费欠费而被停止提供服务时，只要在店头支付费用，5～10 分钟后服务就能恢复。

此种服务应用 POS 收银机，收费采取与顾客面对面的方式，体现了人与人之间的交流。其背后是与 320 家企业通过网络连接，从而实现自动缴费及结算的系统。并且，这套系统整体的运营成本是银行窗口的相同缴费服务的十分之一不到。全国所有便利店 2006 年度受理相关服务 8 亿 6000 万件，所收入的费用金额达 7 兆日元，其收入规模与总销售额相同。而此项服务已经扩展到国民年金（类似于中国的"全民养老保险"。——译者注）及税金的缴纳，还产生了汽车税延期缴纳率下降 20% 的效果。

如图 2－34 所示，各便利店连锁企业与委托收费企业之间通过共通标准的系统相互连接，作为缴费服务系统的统一模块被应用。随着使用量的增加，在便利店的公信力提高的同时，其收益方面，也占据了各便利店企业营业利润的相当一部分。7-ELEVEn 占了总收入规模的三分之一，其利润占营业利润的 7% 不到。而据推算，其业务对罗森（罗森，LAW-

SON 是特许经营连锁式便利店。分店网络主要在日本关西地区,在上海也有分店。罗森在日本的规模仅次于日本 7-ELEVEn 便利店。——译者注)、全家(全家,Family Mart 是一家日本连锁便利商店集团,在中国大陆、泰国、韩国及美国也设有连锁店。——译者注)、Circle K(Circle K. 是一家 1951 年成立于艾尔帕索的连锁式便利商店集团,在美国一部份地区还附设加油站。在亚洲地区,例如日本的一些地方、中国香港及中国澳门亦设有连锁店。——译者注)的利润贡献也在 13% ~ 15% 左右。 每家店铺每天平均受理的服务件数也在 45 ~ 65 件,金额在 40 万 ~ 60 万日元,招揽顾客的效果也非常好。

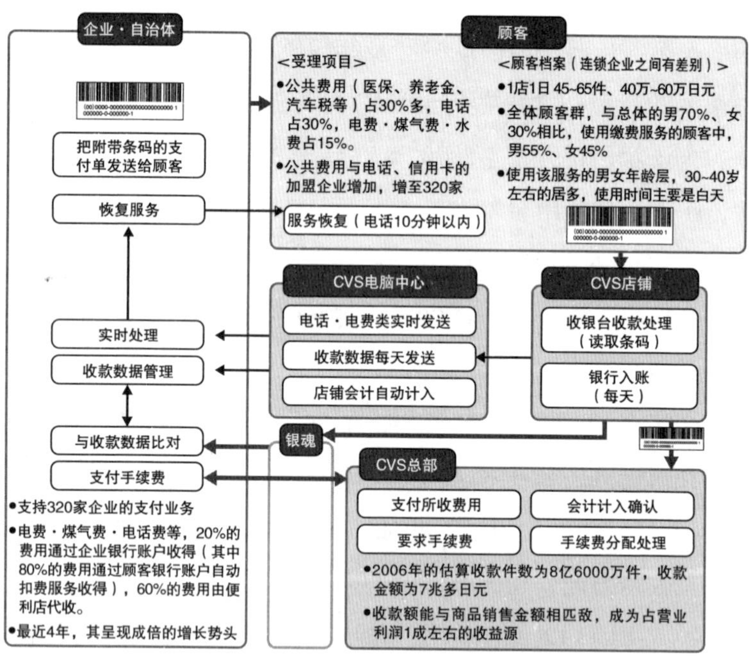

图 2-34 公共设施费用代收服务整体图示

通过传统银行三分之一的成本实现的 ATM 事业

我希望进一步说明 Seven 银行的设立与其前身——ATM 运营公司的构想。Seven 银行的商业模式——结算专用银行模式及设立后的动向已经广为人知。在此，我将对 7-ELEVEn 从事 ATM 事业的原因、对商业模式的讨论及与银行的交涉、技术开发、形成设立银行构想的过程进行概述。我将对这个 IT 技术应用的核心，正是所谓的开放·革新——系统构建与商业构建的结构进行说明。

关于设置 ATM 的需求，在 1990 年代的客户意见调查中，一直位居前列。缴费的受理数量在 1998 年为平均每家店铺每天 26 件，是现在的一半不到。在金融服务领域，新服务的可能性不断显现。在这样的背景下，3 大时代的变化，更加速了这种趋势的形成。

第 1 个变化，是为了应对从 1997 年到 2001 年的日本版金融大爆炸（日本版金融大爆炸是指日本从 1996 年至 2001 年所施行的大规模金融制度改革）。买方市场社会的成熟化、金融零售市场的扩大、政策限制宽松、由于金融大爆炸导致的银行、证券、保险业之间跨界的重组，以及包括外资在内的竞争激烈化。

第 2 个变化，是金融危机及不良债权处理所伴随的银行弱化。为了应对这种事态而采取的成本削减及低成本运营、裁员方针等经验课题，使企业处于刻不容缓的境地。

而第 3 个变化，则是 IT 技术的发展，尤其是开放架构的扩大及网络技术的普及，以及 IT 技术在零售领域与消费领域的应用。

银行应该走的道路，是增强自身资本及重组整合，并摸索低成本运作与外部的合作。1998 年，数家银行提出了通过设置 ATM 来提供金融服务的提案。影响最为深刻的是 NTT Communications 公司作为中介的，日本兴业银行与 7-ELEVEn 的合作讨论计划。企业金融专业银行与最大的零售业者的合作如果能够实现，顾客基础会一下子扩大，其加成效果确实会很大。在当时，此讨论并没有获得进展，但却是一个让人感到时代大潮流的提案。对银行而言，能利用零售业者所拥有的广泛顾客基础自不必说，而通过 ATM 的网络据点来利用 7-ELEVEn 的店铺，完成减少高成本的银行自设 ATM 机，加速支行精简合并的目标。

7-ELEVEn 对于这样的要求，在考虑到当时的金融形势的基础上，认为贸然出击的行动并不合适，因此高层做出了暂缓正式讨论的决定。

然而，7-ELEVEn 不回应个别银行的合作提案的理由自然只有一个。那就是 7-ELEVEn 的基本原则是不设置某个银行专用的 ATM，而是考虑到顾客的便利性，发挥自身的主导权，构想设置多个银行能够共同使用的 ATM 机。

以集团内数个研讨团队为先驱进行研发，而 7-ELEVEn 的信息系统部门与 NRI、NEC 的流通系统、金融系统、金融咨询的协同团队的研讨则取得了实质性的成果。首先，整理在金融服务中自身所处的位置及发挥的作用，以推进服务构想为主旨，通过分析市场及业界，海外事例，分析金融业中IT技术应用的动向等等，整理出了如图2-35所示的自身的金融服务领域。

其思维方式是对流通业在金融服务领域的作用，制定进货（批发）功能、分发（零售）的领域，特别是把重点放在向自身所拥有的广泛客源运营及提供日常金融服务上。而且，只要取得银行营业执照，其服务领域就可以具体指出2-35右下部分所示，按照权重顺序开展结算服务、银行卡服务、存款、个人保险商品、贷款服务。

也就是说，对店铺而言不需要特别的技术操作，而是采取容易系统化，并且消费者在日常生活中使用频繁且需求旺盛的服务。并且把商业模式精简为通过设立ATM运营公司而提供共享化ATM服务的方式。通过这种方式，当初作为假设的ATM服务的提供，历经金融市场分析、现行商务成本分析、前述的3大变化要因评价、新模式的竞争力评价等过程，其实现的可能性愈发提高，在1998年，其已经到了可行性研究的阶段。

在此时间段，为了实现差异化而面临的最大课题是，让ATM系统通过开放架构实现标准化，通过对系统监控、警备·运用的合理化调整的新综合设计，来获得能够压倒既存银行的竞争力。也就是说，把竞争服务从既存银行的ATM手中转移到我们的ATM运营公司，或者争取让顾客能够同时

〈现在〉

- 向各种顾客提供多种银行服务的百货店型银行业

〈今后〉

- 通过缓和限制与IT技术，银行业务的零售业得到了扩大，并且向着重视顾客服务、信息经营、低成本运营的商业形式发展。
- 银行业务不再被视为把制造、进货、零售“自己包办”的一贯性服务，而是向着领域特征分工显著的高专业性金融服务的时代迈进
- 具有门店网络、服务能力、系统能力、成本竞争力的跨行业企业的参入与业态内部重新编制的加速

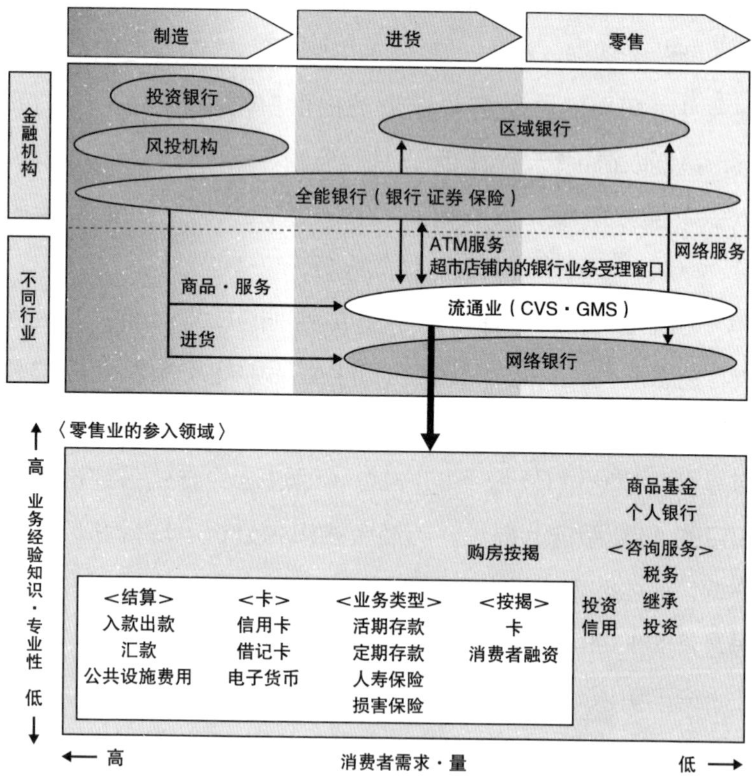

图2－35　研究金融商业的思维方式（1998年）

使用两种ATM服务，所需要的是能够产生此结果的系统提案及实现能力。这种研究，通过确立大规模应用店铺网络而产

生的商业模式的立案及通过应用先进的 IT 技术而在竞争中确立有利地位的方式，能够提高其实现的可能性。

而这个设想通过成功实现新服务而成为现实，且其运营成本是既存银行的银行自设 ATM 机的三分之一。包括运营成本、硬件、软件、ATM 网络、处理费用、呼叫中心、护送、警备、系统监控、维护、房租等所有费用。

而使之得以实现的，可以说是协同商品供应计划的系统构建版的开发合作伙伴合作项目。7-ELEVEn 信息系统总部加上 NEC、NRI，以及从 1998 年起加入的综合警备保障株式会社与日本 ATM 株式会社，推进了项目的实现。

图 2－36 显示了 ATM 网络的概要，而其中被讨论，从而实现的服务特征如下所述。

- 应用零售业系统开发的经验知识，实现操作的简易化及运营的低成本化。通过设置 ATM 电话而实现呼叫中心的应对服务，嵌入了不需要店铺工作人员应对的自动化警备系统、故障监控系统、报警系统等以减轻店铺系统的负担。店铺工作人员实际需要的相关工作就只有促进 ATM 的应用，以及在发生事故和犯罪时按下紧急报警按钮而已。
- 应用由店铺系统所培养出的开放性技术——Windows NT、自动稳定运行功能、多媒体应用等技术，实现了世界首台基于 Windows 操作系统的 ATM 的开发。实现了硬件成本降低三分之二的目标。

基于 Windows 开发 ATM，对银行而言，其巨大的风险往往会招致惊愕及非难，但店铺系统所培养出的 OS（操作系统）强化技术消除了这种风险。如今已经迎来了新 ATM 机使用 Windows 操作系统的时代。

● 这种 ATM 实现了无存折记账单及金钱补充功能的"瘦身化"，设置在店内的宽 45cm 的小型化 ATM 机，具有与实际相适应的故障自动通知、警备功能，并且在店铺内实现了事务性工作电脑自动化。自动更新合作金融机关的画面内容，自动更新程序、中间件，远程对应 ATM 监控、警备的功能，独自开发这些功能，并且一元化地开发·运用各合作伙伴的合作系统。

● ATM 网络由于有之前金融厅的指导，把处理结算数据、监控 ATM、警备的三条独立的物理线路的运用统合为一条专用线。

中心的系统也通过开放性技术进行开发。与金融厅的线路统合的交涉，可以说是在技术的进步与网络时代的强烈意识下，通过要求而得到的实质性的政策限制的放宽。

● 通过采取开放性合作伙伴关系的开发体制，得以整体化地合理共享各合作伙伴的经验知识与技术，通过设计，使得服务水准、故障·风险应对、运营成本等合理化，从而产生压倒性的竞争力。

像这种 IT 经营与服务·革新的典型组合，与前述的金融危机的潮流相叠加，ATM 项目中的 ATM 运营公司的构想在 1998 年年末得以成型。与银行的正式讨论还是之后的事情，但此时已经有数家银行提出了有益的建议及无限制的研究方

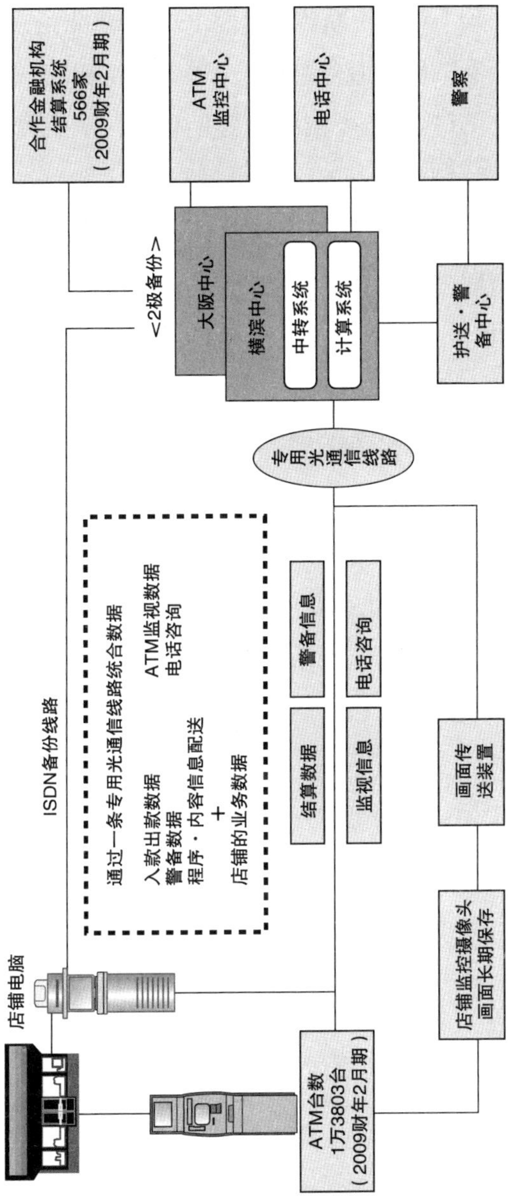

图 2-36　ATM 网络概要

案，从而使 7-ELEVEn 不断吸取相关的经验知识。 而同时进行的讨论是店头的网络服务终端——Seven Navi 的开发计划的一体化，并与 ATM 服务及网络服务相联动，从而提炼出新时代的服务事业计划。

在此计划中，ATM 服务的成功被认为取决于其成本竞争力，但并没有局限于 ATM 服务，而是看到了服务的扩展性。与 ATM 机衔接的多媒体终端的金融商品介绍及信息提供、信用卡申请手续、简易保险销售、积分信息等等，计划囊括了开发·提供金融相关服务的内容。 并且计划还把目标定在了网络服务中的电子商务及车票入场券交付、音乐下载、照片打印服务、旅行·娱乐服务等新服务，以及结算与金融服务的复合型服务化。 为此，设计时采用的方式是通过画面显示向 ATM 的用户介绍服务项目，并通过诱导用户使用多媒体终端，不但能避免 ATM 机前排长队的情况，还能促成顾客对新服务的应用。

1999 年 1 月，此计划向铃木敏文会长做了最终报告，得到了会长尽早实现此计划的批示。 3 月，7-ELEVEn 与三和、住友、东京三菱（都为当时的银行名）3 家银行设立“便利店 ATM 研究会”，4 月，樱花、朝日（都为当时的银行名）2 家银行加入，住友则退出，在这样的过程中，研究会一直在推进工作。 虽说是研究会，但 7-ELEVEn 自身已经在进行 ATM 及结算网络的设计·开发，事业计划及收支计划也在明确整理的基础上进行协商及交涉。 其实质可谓是金融世界的挑战者与在金融危机背景下的传统巨头之间的博弈。

在以金融与IT技术为两大象征的时代变化之中，而这样的交涉是为了在新服务中获得利益。以7-ELEVEn为主体的“ATM运营公司设立筹备委员会”的成立，是其成功的一步棋。因此，1999年9月，7-ELEVEn、伊藤洋华堂、樱花、东京三菱、三和、朝日、横滨、千叶6家银行加上NEC、NRI一共10家公司缔结了“便利店ATM事业推进备忘录”，并召开了新闻发布会。

然而，其后的发展也反映了时代的潮流。1999年11月，SoftBank的孙正义社长提出议案收购破产的株式会社日本债券信用银行，民间企业拥有、设立银行的可能性从而成为现实。面对此种状况，7-ELEVEn也做出了新的经营判断。那就是中止ATM运营公司计划，变更为设立银行的计划。伴随着这样的转变，项目的主导权转移到了伊藤洋华堂，而信息系统总部的任务则被限定为支援ATM系统的开发部分。

公司内部的整理及与银行的调整需要时日，在1年半之后的2001年5月，IY Bank银行（如今的Seven Bank银行）建立，并开展了ATM服务。

之后的发展极为顺利。不仅是ATM系统的成本，系统构建的期间及ATM导入的业务开展所需日数也都只是传统银行的三分之一。这三分之一所产生的竞争力具有改变时代的势头，可谓是新IT技术的应用与新商业模式的加成效果。

现在，ATM 的使用状况为每台每天平均 114 笔交易，合作的金融机关包括信用卡公司及消费社会金融等 49 家非银行金融机构在内，一共有 556 家。 以 ATM 手续费收入为核心的收益在 2008 年度（2009 财年 3 月期），经常性收入为 898 亿日元，经常性利润为 287 亿日元，呈现了巨大的成长态势。

店铺的结算服务，加上缴费服务，每家店铺每天的平均使用者人数为 170 ~ 180 人，结算额度约为 450 万日元。 所有连锁店铺每天合计的使用者人数为 210 万人，合计结算额度约为 530 亿日元的规模。 这些服务适合被称为系统服务，在体现了嵌入 IT 技术应用的 IT 经营的重要性的同时，其服务·革新跨越了不同行业的壁垒，以贴近老百姓生活的领域，意味着将开始迅猛发展。

7 IT 技术应用不看投资额看效果额

系统概要与系统理念

对 7-ELEVEn 的业务改革及系统革新事例已经做了介绍，而这里会对在此背景下的系统概念的一贯性及以成本竞争力为核心的系统竞争力的要点进行说明。

首先是系统概念，这可以说是贯彻到底的系统设计思想。 在让人感觉到买方市场的新商业模式的革新的必要性及向开放架构转变的预兆的1993年，如图2－37所示的“系统设计思想的7大项目”已经被定义好了。 当时还没有开放架构这个共通术语。 此概念在1997年～2000年的第5次综合信息系统的目的为“通过开放化实现经营基础设施的革新”，通过这一目标的实现，业务系统重建及以此为基础的服务事业的开发成为现实。

1. 迅速的系统开发、时间竞争力的强化
   - 外包 ●合作伙伴关系 ●共同开发 ●原型法 ●开发工具
2. 全领域的彻底系统化与一元化管理
   - 提高维护能力与实现免维护系统
   - 通过确立系统整体的哲学性，实现具有整合性的系统
   - 开发不依存于硬件的系统
   - 构建能通过增加系统单元而应对增量的系统
3. 业务的省力化、效率化与信息化的同时实现
4. 企业内外的价值连锁支持
   - 包括客户企业在内，对业务流程进行重新构建（整理业务流程，通过统合实现最适应化）
   - 信息的统合与共享
   - 充实管理信息
5. 开发先进架构，提高导入与处理的信赖性、安全性、速度
   - 通过开发、导入先进架构，提高效果
   - 分散电脑处理 ●一站式、无停止 ●安全管理
6. 构建让操作者不需要意识电脑程序的便利系统
   - 提高应用效果 ●应用先进的用户界面技术
   - 使各AP的操作性共通化
7. 实现总体的成本下降
   - 削减硬件成本 ●降低软件成本
   - 削减运用成本、运用管理成本 ●削减培训成本

图2－37　系统设计思想的7大项目(1993年)

已经过去了15年，但仍旧可以说是不需要大幅度修正的系统。 关于其特征，第1是把系统作为应对变化及提高时间

竞争力的引擎，并在与合作伙伴企业的合作之下推进，并且把其成果公开。第2是确立全领域彻底施行的系统化及一元化管理，以及业务的省力化·效率化与信息化同时实现的思维方式。而第3是在设计时一气呵成地贯通作为基本战略的需求链与供应链。第4是为了让先进的架构有效地让22万名店铺员工简单使用，而致力于硬件与软件的开发。努力使这些工作与实际情况相符，从而使整体的成本得以下降。

举一个硬件开发的具体事例。7-ELEVEn从1978年的第1次到2006年的第6次店铺综合系统的构建过程中，对店铺使用的硬件、软件全部以原创方式开发，以实现与业务的最佳匹配。7-ELEVEn提供确切的需求及业务方面的经验知识，制造商则致力于投入研究开发费用，开发最新、最适用的硬件，并以低成本的方式提供。作为前提，开发出的硬件与中间件作为标准化技术推向市场，允许其他公司使用。这是为了拓展业务范围，提高下期开发的可能性，同时也是为了确保制造商的利益。这种开放性的技术应用的思维方式，结果使得7-ELEVEn在流通业的世界中成为执牛耳的企业。而且，负责开发POS收银机的TEC（现称为东芝TEC）、负责开发店铺电脑及GOT的NEC也都在横跨6代的系统重建过程中成功应对了各种挑战，成长成为相应领域的先导型企业。这也是日本流通系统高度发展至今的背景之一。

例举一下硬件开发过程中的几个重视之处。第1个是POS收银机的设计。在便利店，为了重视对顾客友好的接待，为了使店员与顾客交流时不会被柜台所影响，就需要设计小型低矮的 POS 收银机，显示给顾客一侧看的显示屏也要使用大屏幕，不仅要让结账细算简单明了，还要努力提供各种信息及话题。

第 2 个例子是在 1991 年开发的第 3 代扫描终端。当时系统开发的概念是在工作现场导入系统及信息，在实现业务效率化、系统化的同时，力图在工作现场就处理完一切事务工作。这点已经在介绍扫描验货系统时提及过。这种扫描终端能在处理商品的同时，进行扫描或数据的键盘输入，其轻便小巧，重量适中，并且被设计成可以单手输入。很少有人知道这是比手机要早出现的可以单手输入的终端设备。其灵感来自于在条码扫码器上加上计算器及存储器，使得各种应用得以实现的创意。而日本电装（现称 DENSO）在 20 世纪 80 年代末为 7-ELEVEn 实现了这一技术。

卖场订货终端 GOT（图形订货终端机）也同样，就如其名，其发明的契机是为了应付在卖场参照图表信息的需求。这需要开发出搭载依靠电池驱动的图表处理专用 CPU（中央处理器）的彻底轻量化终端。当时是 1990 年，连笔记本电脑的技术都尚未成熟，为了开发重量不超过 1kg 的 GOT，NEC 对各种技术要素进行了彻底的研讨。技术人员的一个提案是，为了实现轻量化而改良机身的树脂材料，并使用新的构造。新的构造是指让机身的构造效仿鸟类骨骼。鸟类骨骼的内部是空洞结构，实现了轻量化与结构上的强度。GOT 的开发凝聚了这种仿生学的智慧，如今的 GOT 能让卖场工作人员毫无压力地应用包括视频在内的所需信息。

上面介绍了需要灵活思维才能解决的数个要点，接下来会对系统整体概要进行说明。 图 2 – 38 是系统整体概要图。其重大特征是提高店铺主体性，为了推进假设 – 验证而充实店铺系统，为了实现客户系统的标准化、统一化，由 7-ELEVEn 提供自身拥有的封装式系统。 并且构建起了使所有终端网络化的信息共享与业务合作的高效率系统，以及对其进行支援、促进合作的强有力的总部系统。

综合系统的特征如图 2 – 39 所示，通过此图可以确定系统概念的实现过程。

通过彻底应用 IT 技术，提高成本与时间的竞争力

在系统概念中也有提出，IT 技术的应用，必须要明确投资效果才能推进。 通过当前的开放架构对硬件、软件、网络进行技术革新，以及在开源、离岸开发（由海外的合作公司或子公司等进行软件开发）及外包之类的 IT 技术应用的环境完善及服务充实的背景下，即便包括对系统功能的某种程度的扩充及改善，基本上可以认为比现行的费用要低。 事实上，7-ELEVEn 亦是如此，对比第 5 次综合系统，其第 6 次综合系统实现了 30% 的成本削减。 像这样拥有坚定的假设及意志，拥有能够实现目标的合作伙伴及手段，也是“真 IT 经营”的重要要素。

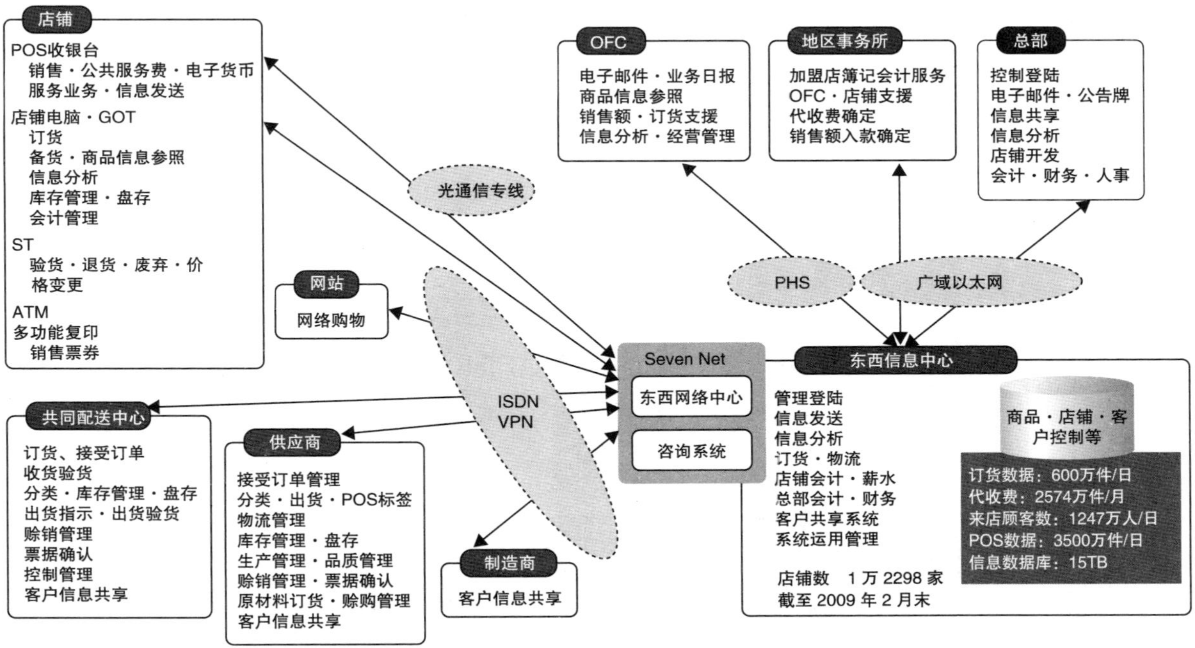

图2-38　7-ELEVEn的系统整体概要图

综合信息系统的特征

1. 综合网络系统
   - 大约11万台终端，通过光通信专线、ISDN、VPN、PHS（H″）等最适合的技术的应用，实现网络化
   - 终端能够通过网络变更控制、交换程序、管理状态、监控运行
   - 订货・会计等基础系统，在横滨—大阪完全备份，实现了广域灾害对策
2. 综合店铺信息系统
   - 以店主夫妇为中心包括20万计时工、打工者作为卖场负责人分担订货工作
   - 把订货所需的各种信息（POS信息、商品信息、天气信息、地域信息）在一个画面上进行综合应用
   - 运用多媒体信息的无缝信息系统
3. 客户（供应商・中心・制造商）综合系统
   - 作为独自开发的封装包系统，使业务合作与信息共享系统化
   - 把库存管理、生产管理、向原材料制造商订货的系统等各种流程进行综合性的系统支援
4. 信息经营
   - 细致应用以POS信息为中心的各种信息，支援商品开发・店铺销售
   - 支援【假设—验证】的信息共享系统、多媒体信息发送系统
5. 性价比与风险应对
   - 通过应用开放性系统/先进技术而实现服务水准与性价比的提高
   - 通过应用IT技术实现成本的降低与服务水准的提高，横滨—大阪的2大中心之间实现完全备份体制
6. 平台功能
   - 提供各种服务的平台功能　销售、结算、物流、网络服务等

     →代收费服务：3亿800万件、2兆9500亿日元（2009财年2月期）ATM 1万2917台 平均利用件数114件/台/日（2009财年2月期）

系统构建手段

- 以开放性系统为目标的系统全面迁移与多媒体在商务领域的正式应用
- 通过获取先进技术，实现服务水准的大幅提高与成本节约
- 通过对专用硬件、中间件等的共同开发，实现了信赖性、维护性、服务水准的提高
- 通过与合作制造商伙伴的协作，开发整合的综合系统
- 实际安装启用各种服务的平台功能

图2－39　便利店大企业综合信息系统的特征

对 IT 技术应用状况的评价，不应该陷入偏向 IT 投资额的误区，而是应该以应用的效果额来考量，这点很重要。 究其原因，这是因为优秀的 IT 技术应用产生的效果绝非仅仅能以与之前的比较来量化，而是会带来商业发展的可能性，起到开拓新时代的作用。

同样，为了开发系统功能而进行的 IT 投资，不同企业之间相差 3 ~ 4 倍的情况并不多见。 但如果从 IT 技术应用的效果额来考虑，出现 5 ~ 10 倍的差距也不稀奇。 并且，IT 投资对企业活动的效率及扩展性所带来的巨大影响，至少会持续 3 ~ 5 年以上，因此比起当时的投资额，需要更重视对效果额及扩展性的评价。 而且在系统构建中期的脚本与适当的开发阶段分类中，对投资与效果的平衡度及业务与系统的匹配度进行评价也是很重要的。

图 2 – 40 以之前说明的事例为中心，对此系统的效果进行了归纳。 即便只例举可以计算的效果，也产生了远远大于 IT 投资额的盈利。 自然，要计算订货及物流，信息应用的数值效果很困难，但效果是巨大的。 通过应用 IT 技术而产生的成本竞争力，除了带来的直接效果以外，其对业务的改善 · 改革、新业务及企业合作，包括提高对顾客的服务质量在内的服务 · 革新的领域在内，都发挥了巨大作用。

那么，最后对另一个重要的竞争力——时间竞争力进行说明。 所谓时间竞争力，除了速度快的含义之外，还具有使得时间充裕，使得工作人员有时间去集中精神从事机器系统

应用与利用IT技术	以前的系统	新IT应用系统	效果
电脑订货 （1978年）	●通过电话/FAX订货	●通过EOS订货实现实时订货	●供应商工作量的省力化（削减80%） ●防止订货失误与应用订货数据
POS导入 （1982年）	●收银机的商品销售额	●通过POS收银机收集单品信息与应用POS信息	●单品信息的应用效果 ●通过应用POS信息提高销售额、削减库存
SC·GOT导入 （1990年）	●通过手持终端订货	●通过SC·GOT实现与信息分析相联动的订货	●通过实现能在卖场参照各种信息，提高订货精度、增加销售额
店铺会计自动化票据系统 （2005年）	●以手工修正及手工记录方式运用进货单据、销售额日报、库存变更报告书等 ●通过纸张进行处理 ●从店铺回收票据进行处理，票据保存7年	●扫描验货 ●自动生成销售额日报 ●库存变更系统化 ●店铺会计业务自动化 ●废止进货票据等 ●积攒网站上的票据数据，使得店铺、总部、客户都能够参照	（以10000家店为基础） ●削减店铺成本　110亿日元/年 （每家店铺平均削减110万日元/年） ●削减总部成本　40亿日元/年 ●削减客户成本　120亿日元/年 取消双方当场验货
SC·GOT改良 （1997年）	●通过黑白画面进行GOT订货 ●商品信息、各种说明资料的分发	●通过画面彩色化提高操作简易度 ●通过应用多媒体信息实现无纸化	●假设—验证与订货精度的提高，分担订货工作 ●通过视频·图片获取商品信息、卖方及卖场布置信息 →实现每年节省14亿日元的无纸化效果（以7000家店铺为标准）
订货系统第2次开放化 （1997年）	●通过中央处理器进行批处理 （400万份订货单，65分钟处理完毕） ●主电脑在四谷—横滨备份（故障时的缩小化应用）	●通过开放性系统实现批处理、并行处理 ●800万份订货单在8分钟后，即可发送给供应商 ●UNIX服务器在横滨—大阪实现完全的备份体制	●成本的大幅下降与处理速度、服务水准的大幅提高 ●硬件成本比　旧系统：新系统=6.4：1 ●充实广域灾害等风险的应对能力与大数据量处理应对能力等 ●提高扩展性、灵活性，延长订货截止时间
ATM服务（Seven银行） 银行ATM：便利店ATM=3：1 （2002年～）	<现有银行服务> ●重新完善制造商的自主技术 ●结算、系统监控、警备以3条线路、3个系统进行集合 ●通过应用银行基础设施实现的高成本系统 ●每月总成本　较高	<便利店 ATM 银行服务> ●Windows、ATM、开放性技术 ●结算、系统监控、警备护送通过一条线路实现系统统合、运用最适化设计 ●应用便利店、基础设施功能与低成本服务 ●每月总成本是以前系统的三分之一	●使得应用便利店基础设施功能的24小时365日服务成为可能 ●低成本安全运营 ●通过网络统合（便利店系统与ATM系统）而实现扩展 ●创业第6年实现250亿日元的经常性利润，彻底扭转累积损失
行政服务（2002年～） 预约设施及发行证明书等 （发行证明书服务由于政策限制未实施） （60万人都市 8亿日元/年使节约成本成为可能）	●区政府、市政府等机关的人力办理手续 ●手续文件、处理成本、分部的人员配置等成本、效率的恶化 ●处理成本　1000日元/件	●应用便利店的多媒体终端及在线复印机等 ●应用网络、POS收银机等实现低成本服务 ●处理成本　300日元/件	●使得24小时贴近消费居民生活的便利店服务成为可能 ●通过应用便利店基础设施，使得包括手续、发行、费用出纳等的一站式服务成为可能 ●需要政策限制的放宽，以普及扩大该模式
通信购物的接受订单成本 （其他通信购物大企业）	●呼叫中心　340日元/件 ●传真（手工输入）　280日元/件	●传真（OCR）　140日元/件 ●网页2日元/件	●Web应用的成本效果 ●24小时低成本运营　●网络用户的扩大

图2–40　通过应用IT技术提高表现

无法做的事情，从而取得提高工作人员的主观能动性及业务品质的两方面效果。

为了实行“假设—验证”的方式，就需要在恰当的时机提供确切的信息，并能够花时间考虑的系统。前述的排除滞销商品的信息应用与工作流程系统等，就是具有代表性的事例。另一方面，提高速度的事例如图 2 – 40 所示，彻底提高订货处理的数据处理速度，之前要花费 1 小时以上的处理，通过 HP – UX 的存储器高速并行处理，能控制在 10 分钟之内，实现了在不推迟向供应商发送订货数据时间的前提下，使得店铺方面的订货截止时间延长了一个小时——从 10 点延长至 11 点。由此，在店铺上早班的临时工从上班时间到 11 点都能订货，而之前到 10 点为止的订货截止时间使得早上来不及订货，而必须得在前一天下午订货。现在就能够通过临近订货截止时间订货，从而省去了提前 17 ~ 18 小时订货的麻烦。

在急剧变化的时代，时间竞争力是服务·革新的重要要素，IT 技术应用的前景可谓日渐广阔。

花费了大量篇幅对 7-ELEVEn 的事例进行了说明，希望读者能对服务·革新有具体的形象认识，并同时对“真 IT 经营”的可能性有深入的理解。

并且，这样的革新没有终点，随着不断前进，会有新的可能性出现。这点心得，希望与读者共享。

并且，如果转换视角，就会发现革新在以各种形式进行。真可谓是“商品销路在外找”。从下面的章节起，我会分析除了7-ELEVEn之外的各种成功事例，整理共通的经验知识及手段，希望读者能更为深入地理解服务·革新的本质。

第 3 章

产业共同创造所孕育的服务 · 革新的扩展

1　服务产业的发展与价值共创型社会

在全球社会多级化的演进中，服务产业的成长是在任何国家都共通的发展现象。如图 3－1 所示，服务产业占名义 GDP（国内生产总值）的比例，各国几乎都在上升，其就业人口比例的曲线也呈现同样的走势。在日本，服务产业的比例，对比 1993 年与 2003 年，其占实际 GDP（实际国内生产总值）的比例从 66.2% 上升至 69.6%，就业人口比例从 60% 上升至 66.8%。

另一方面，服务业支出占家庭消费支出的比例，也从 1989 年的 37% 成长至 2004 年的 46%。很早就有人提出制造业的服务化、服务业的制造业化的概念，从那时起，占据经

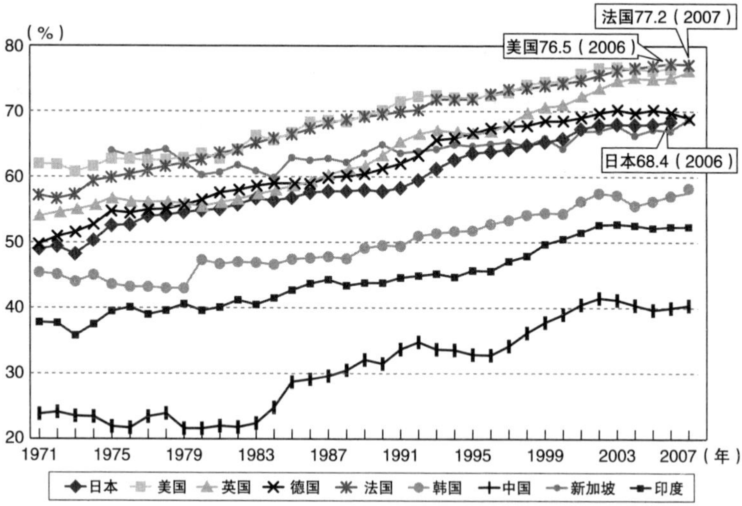

资料：世界银行『World Development Indicators』

图3－1　服务产业占名义GDP的份额

济发展相当大部分的服务领域明显呈现扩大势头，在老百姓眼中，提供商品的行为也存在价值，比起商品，从其中衍生的服务才更有价值。

农业技术综合研究所的吉川弘之前理事长提出的“制造业生产的产品是服务的放大器”理念很早就指出了这样的本质。按照这样的思维方式，制造业与服务业互为一体，或者说包含在服务业中的说法也绝不过分。

在观察服务产业的成长时，有两个要点不能忘记。一个是对服务产业的生产性的讨论，另一个是要看清服务的方向。关于第一个要点——服务产业的生产性，劳动生产性是最普通的，但是测定服务水平的标准自不用说，国家及文化所造成的价值观的不同，光凭劳动生产性的高低，是无法对服务的好坏进行简单评判的。比如说，在本国及中国取得巨大成功，拥有强大竞争力的美国企业沃尔玛及法国家乐福的经营方式，在日本就未必奏效。这里存在服务所附带的国内的环境特性及作为前提的文化习惯的巨大差别。

对饮食文化及嗜好的不同，使得日本人·中国人与欧美人的味觉等许多要素都无法共通，这是实情。但是我认为，不管哪个国家，对食物的美味、卫生、用餐愉快且价格合理的要求是共通的。这里就存在可以挖掘的服务深度及作为商业模式的可能性。

本书对于这种生产性的课题，并不会尝试进行体系化的整理，但如果说到共通的认识，则如图3－2所示，服务产业的生产性的增长比制造业的生产性的增长还要低，尤其是日本，其服务产业的生产性的增长率比欧美要低，这是实情。但是，考虑到如今世界性的经济不景气，或许会有不同的结果。

	美国	英国	德国	日本
制造业	3.3%	2.0%	1.7%	4.1%
服务业	2.3%	1.3%	0.9%	0.8%

注：2005年日本由经济产业省制作

图3－2 各国之间制造业与服务产业的劳动生产性上升率比较(1995—2003年)

事实上，根据最近的数据，有报告指出，日本的服务产业的劳动生产性考虑到裁员及雇用临时工的趋势影响，与

2003 年之前相比，反而比欧美要高。那么接下来，在对各种服务进行说明的同时，介绍提高生产性的对策及参考事例，并对共通的研究过程进行整理。

那么让我们来对第 2 种观点——服务的方向进行研究。

首先如何对服务进行分类，这是个大课题，但为了便于了解服务产业的规模及其变化，只能遵循现有的业种分类。这些分类终归会按照产业的观点及普通消费者的观点需要进行整理、分类，而服务本身，比如为了实现健康生活的服务、为了度过愉快周末的服务等，以普通消费者的观点扩展服务分类。

关于服务的详细分类，如图 3－3 所示，把第三产业细分为服务业及其他第三产业，十分简单明了。同样，纵观经济产业省的《关于服务产业的革新与生产性的研究会》报告书（2007 年 4 月）的数据，就能知晓服务业发展的方向。

纵观 1990 年与 2000 年的增减对比，按照行业种类，通信、广播为 234%，面向企业的服务为 138%，批发、零售为 125%，金融·保险为 125%，增长率很高。如图 3－4 所示，信息服务及租车服务的增长率也很高，而电影院及包车·出租车则呈现减少趋势。另一方面，从家庭消费支出的角度来看，如图 3－5 所示，对比 1991 年与 2007 年，保健医疗为 145.4%，交通·通信为 124.7%，煤电、自来水为 121.1%，与其相对，服装及鞋类为 54.3%，家具、家务用品为 72.4%、食品为 83.4%，服务业相关支出的增加显而易见。基础的衣食住领域则呈现减少趋势，消费更加偏重于服务化。

毛附加价值额（1995年固定价格评价 实质表）单位：兆日元			1990	2000	全产业内百分比（1990）	全产业内百分比（2000）	2000年/1990年
农林水产业			9.7	9.4	2.1%	1.9%	97%
制造业·矿业·建筑业			161.0	146.2	34.3%	28.9%	91%
第3产业	其他	不动产	45.8	55.5	9.8%	11.0%	121%
		水电煤气·废弃物处理	15.8	16.1	3.4%	3.2%	102%
		金融保险	20.8	26.0	4.4%	5.1%	125%
		运输（货物运输等除外）	12.9	12.3	2.7%	2.4%	95%
		通信·播放	7.3	17.0	1.6%	3.4%	234%
		其他·分类不明	1.6	1.2	0.3%	0.2%	75%
	其他合计		104.2	128.1	22.2%	25.4%	123%
	服务	医疗·保险·社会保障·护理	17.4	18.2	3.7%	3.6%	105%
		教育·研究	24.0	24.1	5.1%	4.8%	100%
		以个人为对象的服务	32.9	32.4	7.0%	6.4%	98%
		以企业为对象的服务	33.8	46.6	7.2%	9.2%	138%
		流通（批发零售）	56.4	70.3	12.0%	13.9%	125%
		物流（货物运输·仓库·打包）	11.2	10.5	2.4%	2.1%	94%
		公务	15.4	16.8	3.3%	3.3%	109%
		其他公共服务	2.8	2.7	0.6%	0.5%	96%
	服务合计		193.9	221.5	41.4%	43.8%	114%
第3产业合计			298.2	349.7	63.6%	69.2%	117%
全产业合计			468.9	505.3	100.0%	100.0%	108%

★

医疗包括国立公立、公益法人、医疗法人机构。社会保障包括社会保险事业、社会福祉
物流包括铁路货运、道路货运、货物运送处理、仓库、包装
以个人为对象的服务包括娱乐服务、饮食店、旅馆及其他住宿设施，以及其他以个人为对象的服务
以企业为对象的服务包括广告调查信息服务、物品租赁服务、汽车及机械修理，以及其他以企业为对象的服务
出处：经济产业研究所《长期衔接产业关联表》
※《面向服务产业中的革新与生产性的提高报告书》（事务局：经济产业省 商务信息政策局）2007年4月

图3－3 【服务】详细分类与行业之间发展情况的差距（根据2000年/1990年的附加价值额比例进行计算）

食品支出比例的下降非常大，但如果对其倾向进行观察，会发现像便利店盒饭这种买回家马上能食用的方便菜的份额在增长，而把食材买回家自己烹饪的情况则在减少。

而方便菜的内容也根据消费居民的生活方式在发生巨大变化。根据大型批发企业菱食（现名为三菱食品株式会社，以下简称菱食。——译者注）的分析，各种主妇的形象如图

3－6所示，通过被分类群集为7种人群，来分析其各自的消费特征。所谓人群，是虚构的顾客形象。这样的顾客形象在负责人之间共享，从而统一市场营销的方针。比如，作为顾客形象之一的“聪明的节约妈妈”的饮食生活特征为“为了节约伙食费，用便宜的食材来做饭”。而“享受生活型的年长者”的饮食生活特征则为“孩子都已独立，各自成家，夫妇二人和睦，讲究饮食，并且注重健康”。以这样的方式来设定顾客形象。

※以企业为对象的服务中，劳动者派遣的附加价值额比例为167%，呈现大幅增长。而以个人为对象的服务中，电影院、剧院的附加价值额比率则分别减少为58%、82%。另一方面，美容业、婚庆殡葬业则都增加至142%，各行业种类呈现参差不齐的发展趋势。（2000年/1990年的比率）

不同行业种类呈现的附加价值额比例（2000年/1990年）

附加价值增加的行业种类例		附加价值减少的行业种类例	
信息服务	417%	电影院	58%
租车行业	323%	不动产租赁业	67%
物品租赁业（不包括租车）	233%	包车・出租车	70%
劳动者派遣服务	167%	不动产中介・管理业	75%
批发	143%	铁路货运	75%
美容业	142%	剧院・剧场	82%
婚庆殡葬业	142%	公交	86%
金融	111%	仓库	91%

资料基于经济产业研究所的《长期衔接产业关联表》
※《面向服务产业中的革新与生产性的提高 报告书》（事务局：经济产业省 商务信息政策局）2007年4月

图3－4　从附加价值额中呈现的服务发展

这样的研究，通过对零售业者提供的积分卡中的消费数据进行分析，加上消费居民的属性及购买商品、选址及竞争、外部数据，从而推算出各家店铺自身的顾客人群分布，从而采取与之相符的备货提案。 作为批发业者的菱食已经在分析各店铺的数据，也是一种以消费居民的日常生活为原点的研究。 中野社长所说的“今后批发业的目标，不仅是批发商品，还应把目标定在信息及软件的销售”，在对新服务的动向做了思考后，更让人觉得印象深刻。

本图表以2人以上的家庭为对象归纳而成（注：2000年之后的数据包括了农林渔业家庭，之前的未包括）

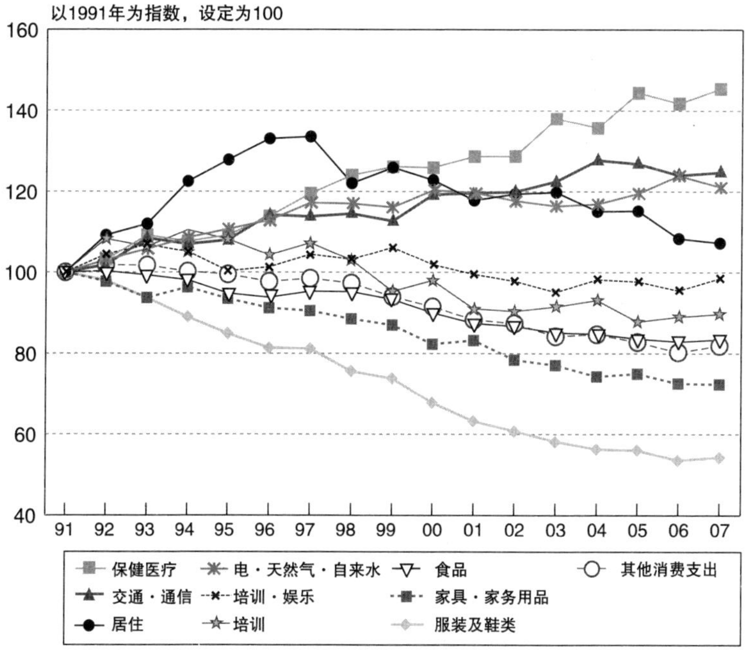

出处：家庭收支调查年报

图3-5 不同家庭消费支出品目的变化趋势

作为菱食【R-WAVE】核心的 7 种消费居民形象的概略

① “聪明的节约型妈妈”
为了节约伙食费，用便宜的食材做饭。不购买给人印象价格高昂的方便菜及冷冻食品

② “干练！工作型妈妈”
由于忙于工作·育儿，经常购买方便菜及冷冻食品

③ “教我！挑战型妈妈”
作为专职主妇时间上有宽裕，但不擅长做饭。依赖店头的食谱卡等信息

④ “爱用网络型妈妈”
与③相反，其对做饭拥有自信与意欲。经常收集网络上的食谱信息及使用产地直送服务

⑤ “中段年龄型忙碌妈妈”
孩子已经成长到一定程度，而自己则忙于打计时工等。经常购买加工完成的食品，但却对食品安全敏感

⑥ “空巢症候群”
孩子都已经各自成家立业，夫妇2人独自生活。夫妇关系不佳，对烹饪的意欲减退

⑦ “高龄享受者”
与⑥相反，夫妇关系和睦。对烹饪的意欲高涨，同时也会考虑到饮食健康

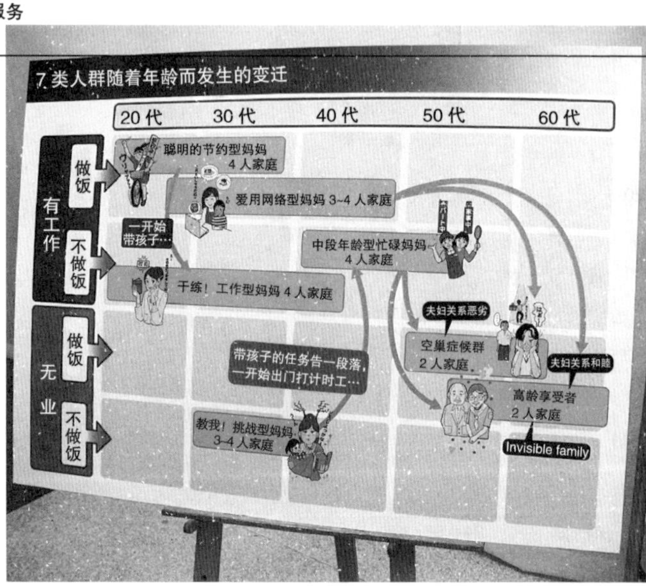

出处：菱食 R-Planning 部门的生活调查资料

图 3-6　7 种人群

从这点也能看出，消费居民的需求及消费行为日趋多样化，从卖方市场社会的“十人一色”到买方市场社会的“十

人十色”，而在今后的价值共创型社会，也许会进一步转变为“一人十色”。在考虑服务的方向时，把从消费居民日常生活出发作为关键词，是范式转变所需要的。

在经济状况日趋严酷的环境下，顾客的购买行为变得愈发多样。有时按照价格指向，根据各超市的促销日而去不同的超市进行购物；有时按照价值指向，果断买下名牌商品。

零售业者以顾客的观点进行备货，力图通过促销及待客来获得顾客的支持。在待客型服务中，通过与顾客的直接对话及关怀式服务、店内氛围、提供便利性来唤起顾客的购买意欲。当需求性与人共鸣、期待、满意感与价格相平衡时，顾客就会决定采取购买行为。也就是说，价格在很大层面上，是由顾客的价值观决定的。

在难以捉摸顾客需求的买方市场社会中，服务提供者自身需要站在顾客的观点上，以顾客的立场进行思考，满意顾客的价值观，这是服务的基础。并且不仅仅把自身的顾客视为服务对象，包括有可能成为顾客的人群在内，应该把全体消费居民视为服务对象。

因此，今后的服务型社会，不仅要从消费居民日常生活出发进行思考，通过服务提供者的提案及通知来实现多样价值的充足性，更要嵌入消费居民的意见及需求，从而使社会成为直接、间接的相互共同创造型社会。这是一大理想。而这也是调整由于之前那种从供应者到需求者的单方向研究所产生的供需分歧，开拓在产业与消费居民之间产生适量生产、合理消费的共同创造型、甚至是循环型社会。

而这样的次时代社会被称为价值共创型社会，接下来我会以新服务的创造、服务生产性的提高及革新的推进为基本思维方式，对其进行整理。可能有的读者会认为这只是一种观念、一种理想化的构思而已，但其实价值共创型社会已经开始发展了。前述的7-ELEVEn的商品开发及服务开发，是以消费居民具体的需求为基础而成立的，其基本的思维方式是实现消费居民的潜在需求。

以其他业种为例，在服装行业，从销售动向到符合需求的新商品的开发·备货，在许多情况下只要数周时间。持续关注街头时尚，由此迅速看清潮流走向，从企划—设计—生产—销售的周期最短只要3周左右，并且在全球范围内备货的制造零售型服装企业，也就是所谓的SPA（Speciality store retailer of Private label Apparel，自有品牌服装专业零售商，以下简称SPA），其业绩呈增长趋势。

再举个身边的例子，超市购物使用环保袋，也是顾客与商家通过相互理解所实现的服务变更。共同创造型服务，并非一定是提高服务水准，或者提供更好更贵的服务。

有时也会通过降低服务水准，来实现成本与资源利用的合理化、减少化；有时也需要对服务水准本身进行再研讨。

对于向着从消费居民日常生活出发的方向进行转变的重要性，已经做了叙述，那从消费居民日常生活出发的社会会是怎样的呢？包括愿望在内，如图3－7所示，是从消费居民日常生活出发，主权的价值共创型社会的形象。所谓价值共创型社会，是指超越了原来的供给者与接受者的关系，在相互的价值观共享及作业与行为的协作·合作中创造商品及服务的社会。这是以供给方和消费居民之间的共生·共创为基础的价值创造型社会，也是超越了经济价值的，同时平衡地存在多样性价值观与不过于偏颇的合理价值观及社会价值观的社会。

图3－7的横轴把社会的进化以卖方市场社会、买方市场社会、价值共创型社会的方式表现；纵轴则以价值观与流程·渠道、资源分配这3点作为构成社会的主要要素；下面部分把IT技术、技术革新、经营手段整理为推进变化与革新的基本技术。

从这里可以明白一点，那就是“所谓社会的变化，即是价值观的变化”，期待今后会从现在的经济价值及竞争社会的偏倚，转变为追求安心·安全及环境、文化层面的充实的共生·共创型社会。

第2段的流程·渠道革新，是指对之前属于服务提供者范畴的产业·行政·社会的框架革新。比如，以居民的日常生活为主轴，为了使其健康生活的服务统合·一站式化，并创造出新的框架等。现在的医疗保健服务的横向联动很困难，从制度上来看，医疗、护理、福利、保健的各种制度也处于彼此分割的状态。对此，消费居民期待一种包括增进健康在内的一条龙医疗保健服务，可见供需之间的差距之大。这就需要服务提供者的合作与从消费居民日常生活出发的流

	卖方社会		买方市场社会		价值共创型社会
质量·价值	改善生存状况、生活 勤劳社会、国家 利润=价格–成本 血缘、地缘、职缘 十人一色	大量消费社会 高度消费社会	提高经济价值 地域·全球化、国际竞争力 利润=市场价值–成本 十人十色	一人十色	安心·安全与经济·环境·文化的充足 服务社会 循环型社会 国际共创力 利润=充足的多样化价值与适应正确化 好缘、缘的开放化·多样化
流程·渠道	供给者占主导地位 产业·行政·社会的各自模型 渠道与阶层型流程 现实渠道、恐龙头① 垂直型阶层管理社会		市场原理、消费者占主导地位 产业·行政·社会的服务化、开放化 现实+虚拟 开放发展中竞争社会	长尾 （The long Tail）	消费居民主权 新地域社会 产业·行政·社会框架的革新与流程的横向联系化与合作 现实×虚拟×全球 参加交流型、共创共生社会
资源分配	限制与保护管理 “自办主义”与集团经营 对经营·社会资源的管理与限制		限制放宽与竞争原理的扩大 横向·垂直合作 经营·社会资源的分布不均与全球化	劳动市场国际化 工作与生活的平衡 官→民	价值指向的革新 全球·跨行业合作·NPO 经营·社会资源的开放与再分配
IT·技术·手段	规模·标准、结果管理型管理方式 行政·企业的自主系统 大型主机时代（高价、专用） 汽车、电机 IT在业务效率化中的应用 服务指南化与属人差异化	电脑 半导体、通信、能量	市场原理、竞争理论、假设—验证型管理 网络、宽带 IT开放化 为了实现经营战略而应用IT技术 共享服务经验知识与智能化管理	电子商务 实时化 模块化	价值共生、合作·共创、流程支援型管理 现实与网络渠道·服务·流程的合作与廉价革命 Web X.0 普及化 生物、素材、人工智能人、能量、机器人、环境等新技术 通过IT技术革新实现经营改革·社会改革 技术化经营 以服务革新为目的的科学·工学研究

图 3–7　价值共创型社会的形象

程革新与共同创造，参与交流型共生社会则是关键词。

对资源分配的重新审视，需要致力研究制度及规定的改革、劳动力及预算的分配、开放性竞争及差距的合理化、社会保障及出生率下降、人口老龄化的对策等诸多课题。这其中也包含着以共创·共生的思维方式为基础，从消费居民日常生活出发，对既存社会的大量浪费及过量与不足进行重新审视，从而实现改革的巨大可能性。

社会光靠价值观及期待是无法变化的。而此流程及渠道、资源分配正是改变社会结构的原动力，而此改革正可谓是构造改革。而为了让这样的价值共创型社会不仅仅是一张画中之饼，就需要革新。只有通过革新，才能展望具有多样、充足的价值的共生·共创型社会。

图3－7的下面部分，显示了各种社会中的技术应用流程。技术革新在广泛的领域中强有力地发展着。应用这个引擎，把新的价值观以何种形态设计到流程·渠道与资源分配这样的社会构造中，这是一个课题；而这项研究的基础，我认为是从消费居民日常生活出发的思维方式。

为了整理服务的方向，以及整理服务·革新的概念，重要的是共享对于即将到来的社会的形象，我希望价值共创型社会的概念在此项验证中起到抛砖引玉的作用。

经济产业省的《平成20年度服务工学领域技术路线图研讨委员会》中也把其作为次时代社会的形象引入，把服务视为一种结构，并且研究以此观点建立与顾客接触时的关怀及接待，这已经是推进服务·革新时要面对的重要课题。

而所谓新服务，是指横跨产业·行政·社会框架的革新，是结构层面的改革，在考虑这点进行设计规划时，要注意其并非一定伴随经济性的等价报酬，而应该在血缘、地缘、职缘、好缘社会（好缘社会是前经济企划厅长官——堺屋太一所创造的词语。该词语用来概括血缘社会、地缘社会、职缘社会，描述“同好人士”的联系纽带要素较强的社会）。之中，在老龄化社会与地域差距之中，融入更为重要的互相关心体谅及互帮互助的精神。

2　从消费居民日常生活出发的服务和革新

服务·革新的研究课题

对于从消费居民日常生活出发的概念已经有了一定程度的理解，但是致力于服务·革新的从消费居民日常生活出发的思维方式应该是怎样的呢？纵观以前的研究过程，让人感觉其以供给者的立场，试图加入顾客的观点。所谓从消费居民日常生活出发，即是改变立场本身，并非供给者对顾客采取重视的态度，而是以当地所有居民的视角去思考。

由此，重新整理自身应该提供的价值，挖掘潜在顾客，进行必要的选择及集中，从而使得与顾客形成新的关系与信赖。7-ELEVEn 以顾客的立场，把商品供应计划的所有流程都进行横线联系的改革，此事例已经做了介绍，在此，为了让读者能普遍、广泛地认识现状，我想对服务·革新的研究课题进行整理。并且通过介绍7-ELEVEn以外的成功事例，使读者加深对于从消费居民日常生活出发的服务·革新。

如今，对服务和革新的研究，已经开始成为政府的一大重要战略。我期待以此为契机，服务产业自身的革新及企业独自进行的自我革新能够成为一大潮流合作推进。

然而为了达成此目标，服务产业自身的内部革新与作为政府措施开始开展的外部研究助力，必须作为从消费居民日常生活出发的研究，进行协调·合作。在这里，首先对由外至内的服务·革新研究课题与研究的立场做一个概况性介绍。

首先，先来确认一下提高服务产业的生产性及服务·革新研究的开端——《经济成长战略大纲》（2006年7月）及《殷实的方针2007》（经济财政改革的基本方针2007）中提及的对于服务·革新的观点。为了使占GDP及雇佣率7成左右的服务产业与制造业成为并驾齐驱的两驾马车，服务业需要应用制造业累计的经验知识。此论点很重要，但更重要的是解除制造业与服务业的对立关系，把两者重新设计为从消费居民日常生活出发的综合产业，超越服务的品质、产业分类的条条框框进行重组，从而追求提供方法及低成本化的论点。

在零售业者与食品制造商的共同商品开发及服装业界的

制造零售等方面，已经有许多类似的成功事例，重要的是如何把这些事例升华为经验知识，并成为标准使之开展普及。

第2点，服务产业的重要性不仅是70%的份额，其属于与生活密切相关的日常领域，通过谋求此种革新，通过实现参与交流型的共生·共创社会，能够同时提高服务水准及生产性。这就拥有了改善·改革服务产业的社会影响力及与居民直接的生活联系的密切性。对于既存的服务，从消费居民日常生活出发的方式进行重组，通过对协作劳动型服务实现成本削减、适应高龄者自身情况的就业形态及包括女性在内的潜在劳动力的应用，就可以打开促进地域活性化的道路。服务·革新的目的，并非只是提高服务产业的生产性，而是通过这样的方式来提高社会的生产性及服务水准。

第3点，出生率下降、人口老龄化及地域活性化，各种差距及保护弱者的问题，按照产业及行政是供给方的观点的话，解决起来就有困难了。对于消费居民自身拥有主观能动性，互帮互助，相互照顾的社会地域性结构的制定，应该通过产官学（the Combination of Industry, Official and University。日本政府及学者专家与企业通力合作，实行产官学三结合的体制，是日本战后经济起飞的重要经验）的合作与预算分配，从而力图实现支援与协助。

老龄化、小家庭化，以及单身人士的增加，也使地域的纽带变得脆弱，但地方自治团体的形成及对志愿者活动的支援等，也是重要的课题。

第4点，服务·革新的研究，重要的是摆脱不同产业分类，不同行政组织这样的垂直领导结构。考虑到服务·革新及生产性提高的产生源头很多情况下是横向合作、垂直合作、不同行业间合作的产物，就能知道扩展研究结构的合作有多重要。再加上还需要通过从消费居民日常生活出发进行服务的统合与共创，从而实现在现实生活中具有有用效果的需求。比如，医疗、护理及康复可以被总括为一种服务。

第5点，考虑到上述的不同产业、不同行政的垂直领导结构不会马上消失，因此需要强化整理·共享改善从垂直型结构中产生的服务的技术及系统、方法论及经验知识的活动，并使服务模块化。在此基础上，通过把从消费居民日常生活出发的服务模块在生活中统合应用，来促进超越组织的框框，创造出能够合作的领域，这点也很重要。

这也是服务产业生产性协议会及服务工学研究中心的职责之一，希望能跨越垂直结构的壁垒。

第6点，是科学·工学研究的重要性。特别是通过SCM（供应链管理）及DCM（需求链管理）这种业务流程的革新及信息应用、待客渠道的系统化，网络化等IT技术的综合应用所实现的效率化与效果性的提升，这样的研究既重要，又能产生成果。就如同第2章中已经介绍过的，通过在与消费居民直接联系的服务领域使用IT技术，能提高IT技术本身在生活领域的应用率、实践的进化，以及与社会的适应性。然而，日本服务产业的这种IT技术应用的标准化及横向扩展，与欧美相比也明显落后，需要综合性的研究。服务的领域过于广泛，涉及多方面，因此以顾客作为连接点的待客与着眼于社会结构的服务构成，很多时候是在未充分整理完全的情况下就同时描述的。其双方都是重要要素，但需要整理服务的构架，推进体系化的研讨与共享，以加速革新。

另一方面，也有过于强调科学·工学，而摒弃人的经验与直觉的想法，但服务·革新则是研究人与技术的合作·联动与从消费居民日常生活出发的重新组建方式，而以何种程度把人的要素模型化，也是工学的研究项目之一。服务产业的经营，需要重视员工与顾客接触时的服务能力，“顾客的满意程度取决于员工与顾客接触的满意程度”的观点占主流。把这样的思维方式体系化的“服务利润链”，这会在后面介绍，可以说，服务的发展还伴随着学术领域自身的变化。

第7点，是推进与彻底施行环境问题、资源问题与行政、企业、普通居民的合作研究。对回收与再利用体系的组建，作为重拾日本文化传统美德之一的“浪费可惜”的行动，也是大有前景的，包括环境技术、回收技术在内的全方位融入社会的研究，也是服务·革新的一大主题。在鹿儿岛县大崎町，全地域范围在推进垃圾分类与回收，回收率达到了80%，是全国平均回收率的4倍。不仅限于供给方的物流，还通过构建回收、再利用的循环，从而面向循环型社会，力图构建普通居民自身参与及共同创造的系统，这对告别“一次性使用”的社会，转变为适当适量的价值观，也极为重要。

第 8 点，则是其学术领域，人才育成。现在，在文部科学省进行的“服务・革新人才育成事业”，其主题是革新人才育成的教育程序的开发，以及产学协力的教育项目的实施。新的教育程序，是以横跨文科与理科的跨学科型、产学结合型教育为目标。可以说，社会终于开始注意服务产业革新人才的培养了。

并且，我对此项研究最为期待的是大学与地域的合作。要促进地域的活性化与缩小地域间差距，需要使得处于同一生活环境的大学与地域、地方行政、当地产业进行合作，并且强化地区自治团体的形成，这两点很重要。

然后，企业内部教育及社会人员教育的体制远远落后于制造业，按照实际情况，恐怕需要从教什么、如何教之类的体系及课程开始整理。顺便提一下，美国企业与日本企业的研究开发费用相比较，美国的总额为 1908 亿美元（2002 年），日本为 1095 亿美元（2004 年），但纵观两国非制造业的研究开发投资额的比例，美国为 43%，820 亿美元；日本为 12%，131 亿美元，不到美国的六分之一。

如上所述，把服务产业由外到内的研究的观点与课题整理为 8 大要点，但就如第 1 章中所述，服务产业自身的自我革新当然也是一个巨大课题。在服务产业中，从消费居民日常生活出发及科学・工学的研究，以及对环境・资源问题的意识及努力，许多企业一直在不断进行着，但综合化的整理及标准化、共享化，还得看今后。在这样的过程中，服务产业作为把自身融入生活的产业，从消费居民日常生活出发的转变是必须的。

OK Store 与消费居民共同创造之所见

作为解决此课题的具体研究案例，我将对食品折扣超市——OK Store 的事例进行介绍。

OK Store 在东京近郊地区发展店铺，到 2009 财年 3 月期，其店铺数为 51 家，成为销售额为 1680 亿日元，经常性利润为 79 亿日元的高收益超市企业。OK Store 所考虑的对顾客的最主要服务是价格。这点与家电量贩店——山田电机（是日本最大规模的连锁家庭电器零售商，近年亦进军中国大陆家电零售市场。——译者注）相同。OK Store 开展以食品为核心的 EDLP（veryday Low Price 的缩写，中文的意思是：每日低价，或天天平价。——译者注）服务。打出了廉价销售品质优良、口味、鲜度、健康等各方面优秀的商品的方针，并在店头大作宣传。

首先是价格的设定，OK Store 采用 EDLP 模式，而且比附近的任何店都要便宜。“如果有比其他商店贵的商品，本店就会立刻降价”的宗旨在店内标示，成为一种价格保证制度。顾客不需要比较超市广告单来寻找卖得便宜的店。由于是 EDLP 模式，其对价格的设定足以对抗竞争店铺的拳头商品，针对竞争店铺每一次分发的广告单，上面宣传的10件左右的特价商品，OK Store都会采取以更低廉的价格销售，从而对抗竞争对手，OK Store采取这种天天低价的商店运营策略，提高了自身的认知度。

那OK Store是如何实现低价格的呢？ 如图3-8所示，其销售管理费为14.9%，与美国的沃尔玛及法国的家乐福处于同等水平，比普通的食品超市低10%以上。 通过采取EDLP模式，广告单的促销方式每周进行一次，并且把简洁的信息在店头散发。 对商品物件数量进行精简，通过大量陈列的方式给顾客以货物数量充足的感觉，同时也减少了补货的频率。 软饮料也采取常温销售的方式，免去了冷冻的工时与费用。 而且，其信息系统中包含了生鲜食品的自动订货系统，通过此系统的应用，已经能够无疏漏地实现减少缺货及快速补货。

此系统还能够分析过去13周的销售数据，考虑到节日与活动、天气、陈列场所等，从而预测订货数量。 对订货流程的改进及系统运用，都由领导层直接管辖的年轻团队进行，努力提高精确度。 EDLP模式不存在促销特卖，销售的变动较少，因此即便系统在逻辑基础上设计，也能与自动订货相适应。

而且其对降低进货成本的思维方式也非常明确。 精简作为客户的制造商，增加进货量，从而努力实现降低进货成本的目的，并且能改善交易条件。

以靠近首都圈——东京地区为选址中心的 51 家（2009 财年 3 月期）折扣超市

<特征>

①EDLP（天天平价）、充实4类生鲜食品与高品质商品、精简商品・制造商

②废止特卖与自动订货→销售管理费减少至14.9%（沃尔玛、家乐福在15%左右）、计划性订货

③销售额 1680亿日元 是上一年的116%，经常性利润 79亿日元是上一年的119%（2008财年3月期）

④毛利率19%（食品超市 23%~30%） 空间效率达2倍

⑤通过诚实卡实现互相理解

诚实卡
本店现在在售的葡萄柚为加利福尼亚产。
与佛罗里达产的相比甜度稍有下降，
敬请理解。

诚实卡
由于连日大雨，本店现在在售的莴苣比
平时销售的品质要差。
如果不急于购买，可以等下一批货。

- 预测需求型自动订货系统　生鲜食品也采取自动订货方式
- 基于过去13周的销售数据，加上对活动・天气・陈列场所等方面的考虑，进行订货预测
- 提高订货精度、提高鲜度
- 通过对不同时间段的销售预测，提供熟菜

即便比大牌食品超市的毛利率低6.6%，仍实现了高收益

	大牌食品超市	OK Store	
毛利率（%）	26.2	19.6	价格竞争力强大
销售管理费率（%）	26.4	14.9	高于全球水准
（内部人工费率）	11.8	9.2	自动订货的成果
（内部房租费率）	15.3	7.6	店铺建筑大多数为公司自有不动产。总资产利润率也高达10.5%
（内部促销费率）	7.1	1.1	少量宣传单
经常性利润率（%）	2.3	4.7	压倒性的高收益
1㎡的平均年间销售额（千日元）	835	2,000*	一坪（3.30378㎡）产生的效率几乎提高一倍。达到了大牌便利店的水准
1人的平均年间销售额（千日元）	26994	49,208	人的生产性达到1.8倍
库存周转（次）	28.5	57.6	库存周转率非常高

根据2007年度结算数据

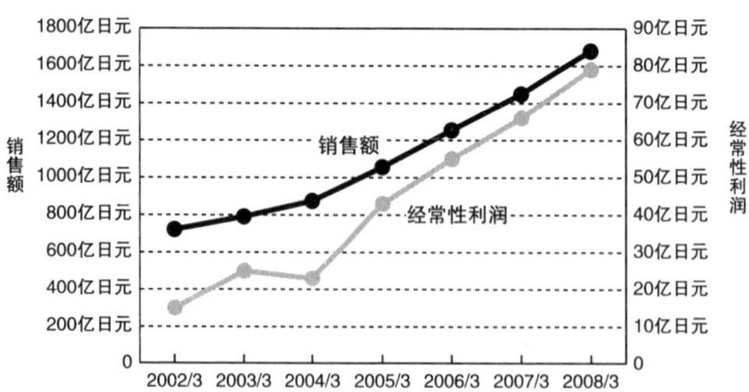

图 3－8　OK Store 的概要介绍

比如，酱油只进 YAMASA 酱油株式会社（YAMASA CORPORATION）的货，酸奶只进森永的货、小麦粉只进日本制粉的货。并且不局限于进龙头企业的产品，而是以性价比较高的优良品牌为优先。比如，在啤酒的卖场，会有如此的情景。标有“麒麟啤酒的下一次销售日为 3 月 16 日”的 POP（店头促销海报），上面显示着麒麟商品的销售价格。而旁边的大型 POP 则注明“通过与麒麟啤酒制造商的交涉，一年之中只有 18 周会进行特价销售，为了避免客户对本店失去信任、给顾客造成困惑，本店只在能够特价销售麒麟啤酒的 18 周销售此商品”的通知，上面还有董事长的署名。以此能让人感觉到 OK Store 作为购买代理型零售业者的立足点。

即便总毛利率降至 20%，其经常性利润率却是知名食品超市的 2 倍多，达到了 4.7%。其在市场潜力巨大的国道 16 号线的范围内集中开店，每平方米的年间销售额也上升至与知名便利店企业同等水平——大约为 200 万日元。有轶闻说沃尔玛的 CEO（首席执行官）在访问日本时，曾视察 OK Store。继株式会社 Daiei（The Daiei,Inc,日本大型连锁超市企业之一。——译者注）及 AEON 株式会社（日本大型流通集团——AEON 集团旗下企业。——译者注）之后，连伊藤洋华堂也在再次挑战的折扣店模式，OK Store 却先人一步地实现了成功。让人感受到它与其他企业所不同的经验知识与技术，以及为了赢得顾客信任所付出的事无巨细的努力。

OK Store 的另一大特征，是把这样的备货及进货的思维方式传达给顾客。对于涨价的事先告知，及对商品处理方式的变更，为了让顾客能够理解和接受，在卖场以 POP 及“诚实卡”（Honest Card）的形式向顾客告知。图 3 - 8 中有“诚实卡”的实例。对葡萄柚的说明，在让顾客能够接受的同时，也对通过信息共享而形成的信赖感有重大作用。

OK Store 为了形成与顾客的信息共享及信赖感而所采取的方式是，当把顾客当做自己的家人时，务必想传达的信息是什么？只要如实地传达这样的信息给顾客就可以了。这是其思维方式的立足点，而这种思维方式通过事无巨细、具体的工具，从而呈现在卖场中。图 3 - 9 归纳了这样的信息共享一览表。纵贯此图，可以感觉到其中心思想是从消费居民日常生活出发的思维方式，对 EDLP 树立明确目标，产生相互理解，适当地调整顾客需求，从而使共同创造的功能也得以实现。此外，其中还加入了 IT 技术应用及人才教育的明快思维方式及提高生产性的要素。

在经济景气时，价值诉求及附加价值战略被人追捧；在经济不景气时，PB 商品及折扣店路线被人称道，但顾客的需求却永远是“物美价廉，便利舒心”。要以哪个为优先，则需要从消费居民日常生活出发的对话中不断保持平衡，同时进行提案·共同创造，这可以认为是变化时代中的服务形态。

因此所谓服务，是指根据价值观的变化、从消费居民日常生活出发的商品供应计划、商品·服务提案、共同创造关系的组合，并且在结果验证及极为科学的流程中活动，这里的业务流程与 IT 应用，给人的服务活动提供了极大的支持。

顾客接触点	内容
经营方针 <展示在店头>	•对于国产品牌商品，保证在该地域最便宜。EDLP（天天平价） •品质、口味、鲜度良好的商品。保证食品安全，不使用人工色素是基本 •通过诚实卡，向顾客提供对店铺不利的信息以及能让顾客理解的信息 •对于荣誉俱乐部会员，除了酒类之外，所有食品以9.7折提供。只要顾客支付100日元手续费并提供邮政编码，就立刻寄出
价格卡 <展示在各种商品上>	•所有商品都以制造商建议零售价加上折扣率的方式来表示 •表示商品特征及降价理由 •通过表示【一起买更合算】等方式来进行促销
POP <展示在卖场>	•以图与表的方式来比较表示商品的特点及成分。如鸡蛋（口味及成分）、水（硬度、矿物成分）、啤酒（度数、口味） •商品说明及烹饪方法 •对于特别价格的说明 "为了对抗竞争店，特此降价特惠"、"厂商特别提供商品 售完即止"
诚实卡 <用商品的POP来标注>	•站在顾客家人的立场，对于需要传达给顾客的信息等，诚实地与顾客共享 •由于天气不好、产地而导致商品口味及品质的差别，推荐顾客替代商品或给予顾客能够理解的说明 •对于降价理由及时期等，采取事先告知的方式
OK商品信息（传单） <在店头分发>	•把150件左右的节日商品、新商品、促销商品信息打印在1张B3纸上提供给顾客 "由于一时进价便宜，所以特别优惠" "厂商特别提供商品，售完即止"
应对环境、支持环保	•拜托顾客自带购物袋。店内提供的购物袋实行有偿化 •提供空纸板箱 •对于生鲜类商品，从托盘包装改为保鲜膜包装（试行中）

图 3－9　重视与顾客的接触点与信息共享(OK Store)

那么，最后介绍一下服务产业的全球化。此领域，日本与欧美的动向也存在巨大差异。图 3－10 中，横轴显示了服务产业占 GNP 的比例，纵轴则是服务产业占对外投资的比例。

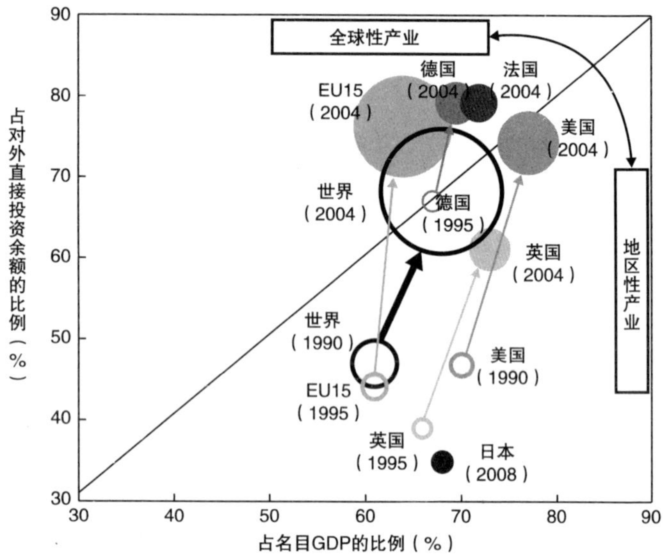

备注：1. 以日元体现直接投资余额的金额。

2. 占日本、美国名目GDP的比例，由于参考数据的制约，采用的是2003年的数值。

3. EU15，包括区域内投资。

资料：来自世界银行WDI、UNCTAD、IMF、财务省 日本银行的《本国对外资产负债余额》、美国商务省经济分析局网站、EUROSTAT相关数据。

出处：通商白皮书2007

图 3－10　各国服务产业占名目 GDP 的比例及占对外直接投资余额的比例

横轴所示的服务产业占 GNP 的比例为 70% 左右，这点各国都类似，但纵轴所示的服务产业占对外投资的比例，只有日本为 35%，仅为欧美的一半水准。日本的对外投资总额本身就较低，服务产业的对外投资结余占名目 GDP 的比例只有 4%，是欧美的三分之一到八分之一，并且在这 10 年中，与欧美大幅增加对外投资不同，日本的对外投资呈现停滞趋势。

图 3－12 显示了日本服务产业的对外投资结余，可以看

到，都集中在金融·保险业、批发·零售，全球化的业务开展极为迟缓。同样，欧美的对日投资也极少，使得日本在国内外的全球化竞争经验都很贫乏。而当时正好是零售市场的缩小及出生率下降、人口老龄化的影响增加的时候，在这样的背景下，AEON集团及Seven&I集团也加快了在海外开店的速度，这使得老龄日本的服务产业也迎来了正式参与全球竞争的时代。

服务产业的对外直接投资额占各国·地区的总体对外直接投资额及名目GDP的比例

	占总体对外直接投资余额的比例 2004年（日本的数据为2006年）	占名目GDP的比例
日本	35%	4%
美国	74%	13%
EU15	76%	—
英国	61%	36%
德国	79%	27%
法国	79%	32%
世界平均合计	68%	27%

备注：EU15，包括区域内投资。
资料：来自世界银行WDI、UNCTAD、IMF、财务省 日本银行的《本国对外资产负债额》、美国商务省经济分析局网站、EUROSTAT相关数据。
出处：通商白皮书2007

图3－11 服务产业的对外直接投资概要

	服务产业	金融+保险业	批发·零售业	服务业	通信业	不动产业	运输业
直接投资余额（亿日元）	188,752	96,251	59,859	16,223	6,332	5,923	4,164
构成比例（%）	100.0	51.0	31.7	8.6	3.4	3.1	2.2

资料：出自财务省 日本银行的《本国对外资产负债额》。
出处：通商白皮书2007

图3－12 我国服务产业的不同行业类别的对外直接投资额(2006年末)

美国的 7-ELEVEn 重建事例，可以成为今后重要的参考资料。 历经 1991 年倒闭（《美国联邦破产法》第 11 章）（《美国联邦破产法》管辖着美国公司如何停止经营或如何走出债务深渊的行为。 当一个公司临近山穷水尽之境地时，可以援引《破产法》第 11 章来“重组”业务，争取再度赢利。 破产公司，也就是“债务人”，仍可照常营运，公司管理层继续负责公司的日常业务，但所有重大经营决策必须得到一个破产法庭的批准）之路的美国 7-ELEVEn，在重建过程中，其致力于转变为以顾客立场为准的经营思想，及以速食为首的商品开发及服务开发。 再加上对物资供应所（速食工厂）及冷藏物流的构建、店铺 POS 系统的导入等等，其基本措施与日本一样，以同样的方式推进业务改革及系统构建，到 2004 年，已经成为全美国排名第 25 位的零售业者，成功地“复活”了。

在重建中，Seven 集团高层的经营思想及基于顾客立场的改革与日本相同；而在对改革项目的实务推进方面，其业务流程的组建及系统的设计思想、系统模块的转用等等，也与日本的方式相同。 并且，通过考量针对美国的政策落实手法，以事实验证了日本方式在美国也同样十分适用。

在服务·革新中，从消费居民日常生活出发的方式很重要，这点已经做了说明，在面对新挑战的同时，整理既有经验手法，使之标准化并共享，从而努力使得服务产业的生产性提高，这点也可谓很重要。

3　服务和革新要跳出各种条条框框

服务和革新的源泉是强化与消费居民的合作，向从消费居民日常生活出发的方式转换，这在前面已经做了叙述。 并且对应价值观的变化及多样化，通过改变业务流程及交易渠道、资源分配，从而确认了革新经济及社会的重要性。

在此，我会对为了产生变革，如何改变业务流程及渠道、资源分配进行说明。 为了让说明简单明了，我会应用迈克尔 · 波特的价值链模型进行说明。 此模型在前面章节的 7-ELEVEn 的事例中详细阐明了，这里我会对价值链进行简单说明。

图 3 – 13 是商品化计划程序，也就是从原材料开始到商品制造、物流、销售，直到把服务提供给顾客为止的流程，这就是价值链图。 为了考量跳出既存条条框框的革新，这里显示的并非一家企业的价值链，而是商品供应计划全体的流程。

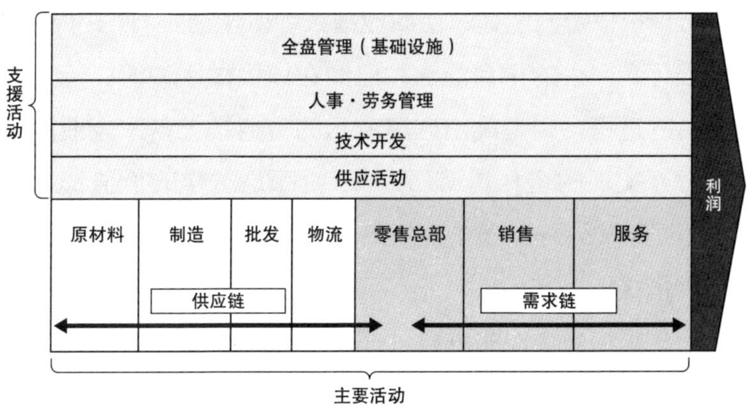

图 3 – 13　商品供应计划流程整体的价值链

图下部的主要活动部分，由数家企业分担负责。 一般情况下，零售总部与店铺的销售及服务，由零售企业负责，而左侧的供应链部分则由不同企业各自分担负责。 这样的情况较多。

图上部被称为支援活动，是支援主要活动的共通功能，为了让主要活动有效的联动，而控制业务流程及渠道的设计、人与信息、制度与规则之类的资源的功能，信息系统也包含其中。 支援活动本来存在于相互联动的各企业自身内部，即使无法让主要活动部分统合在一家企业中，但只要致力于功能合作、增强最适用化，就能使得功能共通，从而实现共同进行支援活动的情况。

服务产生，其产业化得以推进，从而使得分工及合作大范围、大规模地推进，在此背景下，价值链各区块的分担责任产生变化，统合与合作得以推进。 通过不同行业的价值链合作及新价值链的组建，使商业模式得以创造。 对于价值链功能强化而产生的平台经营，已经在前面做了说明，而形成此平台的过程，则是跳出这里所示的价值链上各家企业的条条框框而实现的合作。 服务·革新即是这样的价值链的革新，也是跳出这样的条条框框的新结构。 而此发展过程，则有数种模式。

一种是横向合作的进展。 日本的服务产业，企业规模较小，寡头垄断化程度较低。 但如业内前 5 位的家电量贩店企业的市场份额占行业内总市场份额的 48%，业内前 5 位的便利店企业的市场份额占行业内总市场份额的91%，业内前5位的日用品·医药品的批发企业的市场份额占行业内总市场份额的60%等等，在部分行业中，其寡头垄断化在持续推进中。然而，业界全体直到现在仍在追求规模的优势，这是在研究的共通课题。像百货店及食品超市等同行业的合作·统合，以及像AEON及Seven&I这样的包含广泛范围的行业的合作·统合都在推进中，在消费低迷、生育率下降、人口老龄化等背景下，我认为这样的倾向会更为加强。

然而，大幅提高服务水准及经营效果，则是今后的课题。日本企业的特征是，每家企业各自的业务流程及信息系统具有很强的特性，对此特征的执着在很大程度上阻碍了统合的推进。行业的不同，导致对其处理商品范畴及商品企划、商业流通及对客户的集约迟迟难以推进，从而使得进货及商品开发的加成效果并不显著。对于这样的实际情况，包含这些的支援活动的结构弱点也与此大有关系。

横向联合的效果，是在创造出企业相互的加成效果的同时，使得与顾客的接触面得以扩充，并形成密切的渠道。然而考虑到一部分的限制问题，通过形成渠道而与顾客共享信息及向顾客提供有效服务的横向联合实例并不多见。而对于此渠道是能使从消费居民日常生活出发的服务有效实现的工具这一点，人们对此的认识绝对说不上很高。

图3－14所示，是零售业中为了扩大与顾客的接触面的渠道扩充模型。把实体店铺的商品销售作为最大渠道，通过积

分及行业合作扩大与顾客的接触渠道，作为网络系服务，通过与地区的信息共享及电子商务来扩大商务领域。并且作为金融服务，通过提供各种结算服务及银行业务服务实现从消费居民日常生活出发的便利性供给，从而推进服务一站式的模式。

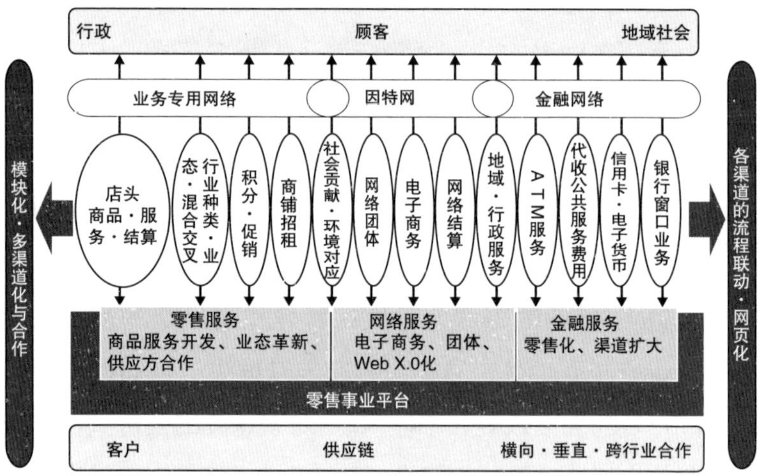

图 3-14　与顾客接触点的多渠道化

这种模型的代表实例就是英国的乐购（TESCO）。该公司以超市业务为中心，其零售的销售额为大约 6 兆 7000 亿日元，在国内的市场占有率高达约 25%。其中与电子商务的相关销售额则为大约 2200 亿日元，旗下银行的金融事业的税后利润大约为 320 亿日元，是一家多渠道的零售商。此模式在日本，像 Seven&I 集团这样的企业就有很大的实现可能性。

至此，向各位读者展示了包括横向·垂直合作在内的大规模的多渠道拓展情况，而渠道拓展是可以期待立竿见影效果的方法。比如，既有拓展零售业者的包括实体店铺在内的电子商务渠道的方法，也有应用传统媒体及手机、网络来进行服务业广告及促销宣传的方法。

在零售业中，一般情况下，同时光顾实体店及使用电子商务的顾客所贡献的销售额，是仅光顾实体店的顾客的1.5倍以上。据我的采访调查，某休闲服装大牌企业的销售额达到了原来的2倍，效果十分显著。银行服务亦如此，在储蓄服务的基础上增加信用卡及按揭服务，通过应用网络扩大服务渠道的话，就能在很大程度上扩大交易量及持续性。

像这样在渠道合作中加入客户及合作伙伴企业的垂直合作及不同行业之间的合作的模式，我称其为平台经营模式，我认为这是从消费居民日常生活出发的共同创造服务的基础。此例会在接下来的章节（3-4）中说明。

那么，让我们来研究一下与横向统合相对的垂直统合模型。所谓垂直统合，是指位于主要活动领域旁边的区块间的统合。日本的流通的特征是，位于价值链左侧的供应链参与者较多。不但数量多，而且阶层复杂。虽然图中没有显示，但商社及大批发商、小批发商的多阶层构造仍有残留。

但是，没有必要因为与欧美相比参与者众多、阶层复杂就认为这是一个问题。反而可以认为通过各自的任务分担及利益分配努力提高服务水准及维持雇用的话，可以把这样的构造转化为优势，这也是一种对策，我觉得把这个作为课题，是十分有价值的。

也就是说，提高各个参与者所分担的功能、服务质量与生产性，从而致力实现服务模块化、通过按照需求自由组合的方式，组建与商务及服务需求相符的流程及渠道的话，就能产生灵活且最为适用的服务价值链的构想。关于模块化，会在后面叙述。让我们把话题先回归到垂直统合。

AEON 的物流改革及服装业 SPA 的跃进

垂直统合的动向有两方面，一是需求方（零售业者）把供应方的功能归为企业自身的功能；二是供应方扩大其领域，从而进入需求方领域。作为前者的代表事例，我将对 AEON 的物流改革进行说明。如图 3－15 所示，AEON 把原先通过批发商进货的商品进货方式，变更为直接向制造商拿货，在以此谋求企业自主物流化的同时，通过店铺及物流中心的单品库存管理及推荐订货功能、自动订货功能的嵌入，实现了如图的效果。

企业自主物流化的组建，包括设立一个周转缓慢的货品的库存中心、8 个商品库存型中心、26 个中转中心（交叉转运方式），革新物流管理系统，并使运行管理、温度管理及生产性管理效率化。通过与 50 家服装制造商的直接交易，2005 年实现了 4% 的总毛利率改善与 22% 的库存削减。而与 61 家日用品杂货制造商的直接交易，则在 2006 年实现了 39 亿日元的成本压缩。

资料摘录自杂志《日经情报 Strategy》2008 年 3 月号 特集

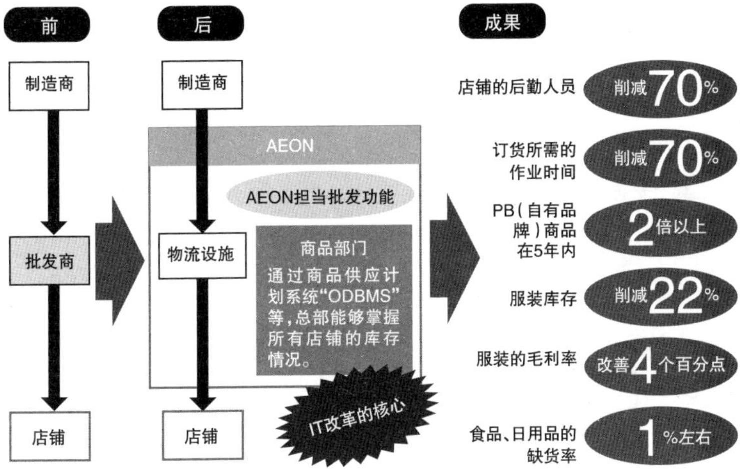

图 3－15　AEON 的物流改革概要

通过应用系统而产生了巨大的省力化效果，自动订货系统削减了 70% 的订货时间，通过对店铺的会计业务及考勤、各种申请·报告业务的标准化及集约化，削减了 7 成的后勤业务。推动了包括集团企业在内的系统共享化。后勤业务的改善效果也很显著，店铺后勤业务担当人员就从 18.2 人/店削减为 6.5 人/店，471 家店铺实现了大约 80 亿日元的成本削减。

AEON 的业务改革与系统革新，可以分为 IT 物流项目与商务流程改革两大块。对于项目的概要如下所述，其概念明快，并把“在 2010 年进入全球零售商十强”设立为目标。

图 3－16 是对此项改革的内容归纳。

项目从 1997 年开始进入讨论阶段，2001～2004 年开始导入，2005 年开始贯彻应用。虽然急速的导入导致工作现场的抱怨，自动订货的温习功能需要继续重新审视，但其对销售成本的缩减及人员费用的削减效果巨大，2006 年开始导入到集团企业中。

其 IT 投资额到 2005 年度为止，5 年间高达 700 亿日元。其中三分之二投入到 IT 物流项目，三分之一投入到商务流程改革。2006 年度的销售额成本为 71%，比 2003 年度的 74.7% 有了巨大改善。此数值与伊藤洋华堂的 73.8%，沃尔玛的 76.6% 相比，可谓是巨大的改善。对商品成本的削减功不可没。

1. 系统概念

（1）目的

- 早期导入最佳实践（管理学概念，认为存在某种技术、方法、过程、活动或机制可以使生产或管理实践的结果达到最优，并减少出错的可能性。——译者注）→应用、改造PKG，只定制没有的功能
- 导入世界标准→实现EDLP与EDLC的结构
- 采用开放架构

↓

- 效率化经营
- 提高性价比
- 提高商业品质

↓

<技术开展>

- 开放标准　微软、甲骨文
- IP网络
- 强化中间件　网页基础（Web Logic）、门户（Broad Vision）、EAI（Web Method）、工作流程（Intra Mart）、电子邮件

（2）系统方式

网页基础

- 业务软件与数据保存在中心服务器中
- 从店铺发出的收据数据每隔1小时就发送至中心。每隔2小时更新中心库存
- 集团企业可以通过浏览器连接

网络

- 故障时自动迂回的网络二重化与处理中心的3区分散
- GMS（1M/秒）、SM、配送中心（512K/秒）的频带保证
- 对各终端机器的远程监控、对系统监控中心的集约、统合。变更在线程序、实现遥控维护等功能

（3）对系统构建的研究

定义业务流程→业务可视化→信息共享→营业与商品部门的合作→扩大范围至集团企业

2. IT物流项目——降低商品成本
（1）企业自身物流化
- 长周转期物品的商品库存——关西1处
- 商品库存型中心——8处
- 中转中心（交叉配货）——26处
- 服装制造商直接交易——改善4%GP 50家企业（2005年）
- 与61家日用杂货制造商直接交易——降低了39亿日元的成本（2006年）

（2）物流改革应用软件
①库存信息实时化
店铺库存　2小时前（每隔1小时收集店铺日报信息）、使得确认其他店铺库存成为可能
流通库存　每日更新
②物流管理系统
- 订货联动车辆调配处理系统
- 车载系统　运行管理、温度管理、交货时刻管理
- 中心业务的作业流程及作业进度管理
- 各业务的生产性管理系统

（3）MD（商品供应计划）业务的改革、商品补充业务的改善
①ODBMS（MD计划、总部把握单品库存）
- 以总部为主导，实施备货、店铺分配、库存准确适应化
- 基于总部商品计划，实施商品供应、集团供应（35家企业）
- 需求预测与实绩管理，把握店铺、物流中心的单品库存
- 2006年　与5年前相比　衣料库存减少22%，GP改善4%
- 促销、降价、处理评价系统

②货架分配、空间效率
- 货架分配计划的MD制作→店铺应用（陈列指示书+商品调整单）
- 使得在总部确认货架分配的实施状况、销售变更状况等成为可能

③CPFR（Collaborative Planning Forecasting and Replenishment 协同式供应链库存管理）
- 健康&美容商品、Non-Food的TOPVALU商品
（TOPVALU全体为2000亿日元，集团35家企业所占比例为40%）
- 通过1400SKU预测之后24周之内的物流中心出货数
参加CPFR的制造商：TOPVALU 80家企业　NB制造商 3家企业
- 自动补充型订货，店铺只能增量
- 加工食品的交货时缺货率 2%~4% →改善为1%

3. 商务流程改革（BPR）项目
店铺系统的改革——销售管理费的根本性改革
①自动订货
- 单品实际库存的应用与推荐订货、自动订货（店铺只能进行增量修正）
- 如果低于库存最小值，就补充至最大值。系统在持续改善
- 店铺负责库存精度与货架分配
- 订货时间削减70%

②通过手持无线终端改善卖场业务
- POS信息参照、卖价变更、POP作成、库存确认、订货完成状况、其他店铺单品库存确认
- 之前卖场负责人拜托事务负责人，并于第二天实施的展示物印刷及价格变更等业务，现改革为当日实行、当日完成、卖场完成、当人完成

③后勤部门的业务改善
- 会计业务标准化与工作流程化与无纸化
- 会计处理与财务信息的标准化与集团统一化
- 业务处理的共享服务化　设置共享中心
会计处理、电子申请（迁居、结婚等）、考勤管理、薪水的集团共通化与集约处理
在57家企业导入封装包软件，实现会计处理标准化
集约呼叫中心业务

图 3－16　AEON 的物流改革与商业流程的改革

然而，在消费环境的变化与价格竞争激化之中，要实现持续的利益贡献，在现实中是困难的。 2008 年度的最终赤字为 27 亿日元（总收益与总费用的差额），且关闭了 60 家综合超市，大约占其综合超市总数的 15%，可谓处境严峻，为了寻求新的合作伙伴，与三菱商事加深了合作。

如前文所述，AEON 在谋求垂直统合的同时，以集团各企业间共享系统的横向统合为目标。 然而，此项推进工作如果没有在集团企业之间共享的、广泛的经营战略的细致分析与业务流程的共通化的业务改革，是很难成功的。 符合开放标准的系统构成也好，以及为了实现该系统而进行的研究工作也好，追求多家制造商的软件产品的联动效果，如何能引领今后的具有整合性的发展，这都是重大课题。 战略研究虽然处于刚刚起步的阶段，但可以看作是非常有价值的挑战。

在 AEON 的事例中，主要介绍了其把物流及批发功能归为企业内部功能的垂直统合工作，但其目的并非让功能归为企业内部，而是广泛地开展、推进对既存的客户及新的合作伙伴与供应链的垂直合作。

前面章节所述的 7-ELEVEn 的商品开发及物流革新的事例，其目的并非是为了通过统合这样的垂直合作而使得功能归为企业内部，而是为了推动与合作伙伴企业的合作关系。

作为跳出条条框框的服务 · 革新的事例，AEON 及 7-ELEVEn 的事例是销售方，也就是从商品供应计划的下游到上游的垂直统合 · 合作的过程。 对此，我将会继续介绍统合与合作领域更为广泛的，并且更加全球化的，从企划·生产到销售的企业内部功能化，或者说是在强有力的合作关系之下，谋求垂直统合的服装产业的SPA（制造零售）的事例。

纵观家庭消费支出（总务省家庭收支情况调查年报）可以看出服装及鞋类占总支出的比例的推移变化，如果把1990的同类支出值设为100，则2005年的值为58.5，与其他的商品相比，呈显著下降趋势。在如此趋势的背景下，世界市场急速增长的是SPA型服装企业。在日本被翻译为制造零售，据说其原本是美国的GAP公司为自身的业态所取的名字。

在日本，服装用品销售中占据首位的优衣库及时尚系的World等最为有名。在服装休闲化及价格竞争激烈化的背景下，SPA通过企划·生产·销售一整套的系统，从而实现成本削减及迅速应对市场变化的成果。尤其是商品对于时尚流行趋势的反映，不仅限于销售数据，而是先人一步地参照运用欧洲的流行趋势、原宿的街头时尚，这点很重要。休闲、时尚、价格合理，能迅速地在全球范围内做到这三点的企业，就会取得巨大成果。

图3－17是销售额第一位的GAP、第二位的INDITEX、第三位的H&M以及第七位的迅销公司之间的简单比较。INDITEX与H&M自从在西班牙、瑞典成立以来，其在全球市场一直在急速成长。

这两家企业的特征如图3－17所示，呈现在当季中观察销售动向、投入新商品的商品供应计划的速度上。纵观ZARA

等A模式的数字，可以发现其每个季节的新商品的生产，在季节到来的半年前完成季节总量的15%～25%，在季节开始时投入45%～55%的新商品，在季节中也会继续投入45%～55%的新商品。使得整个季节中，店铺总是有新的商品陈列，其应对销售动向及流行趋势的商品更替很快。因此，不得不降价销售的商品也控制在15%～20%左右。

企划—生产—销售的联动

		设立	总部所在地	店铺数	2007年度销售额	2007年度海外销售额比率	2007年度营业利润	2007年度营业利润率	市值
A模式	INDITEX（ZARA等）	1975年	西班牙	4089店（2008/10/20）	1兆4906亿日元（世界第2位）	62.5%	2618亿日元	17.6%	3兆1442亿日元
	H&M	1947年	瑞典	1630店（2008/9）	1兆3084亿日元（世界第3位）	92.6%	3070亿日元	23.5%	3兆9145亿日元
		“平价潮人”“不快点去买的话就要卖完了”“时尚如水果，每天变换”			多品种大批量、新商品数为1300件/日　50万件/年，所需时间为3周，30个国家700家工厂				
B模式	GAP	1969年	美国	3167店（2008/2）	1兆7024亿日元（世界第1位）	16.4%	1457亿日元	8.5%	1兆5660亿日元
	迅销公司	1963年	日本	1958店（2008/8）	5252亿日元（世界第7位）	3.3%※	650亿日元	12.4%	1兆2602亿日元

注：销售额与营业利润采取集团企业合计方式。以“1美元=108日元，1欧元=158日元，1瑞典克朗=16.7日元”的汇率进行计算。
以2008年9月4日当时的市值为准。

※迅销公司的海外销售额比率根据海外优衣库事业与全球品牌事业（一部分在日本国内开展）的销售额合计计算得来。

<生产与投入的时机>

	季前3~6个月	季节初期一次总括投入	季节中间追加投入	降价应对
A模式	15%–25%	45%–55%	45%–55%	15%–20%
B模式	70%–80%	85%–100%	0%–15%	15%–35%

图3－17　服装产业中的制造零售（SPA）的开展

H&M每天平均开发1300件新商品，提供给30个国家的1600家店。其使用IT（信息技术）计算出每家店所需的商品数，实行每日配送制。同款商品不进行重复生产，采取“数量有限，售完为止”的策略，因此成功地向顾客植入了“不快点去买的话就要卖完了”的印象。World也是这种类型，拥有90多个品牌，采取多款少量策略，通过参照流行趋势的设计提案及高价商品国内生产等方式，建立了实时的供给体制。

另一方面，作为B模式的GAP等，季节总量的一半以上都在半年前生产，在季节初期完成85%～100%的生产任务。在季节中几乎没有新商品的投入，在销售情况不如计划的情况下，其降价销售商品占所有商品的比例为25%～35%，占据较大权重。

UNIQLO（优衣库）也基本属于B模式。在季节前进行大量生产，在季节中少有变更，但发热保温贴身衣“HEAT-TECH”及在女式无袖短贴身衣中加入胸垫的“BRATOP”等，通过对素材开发及新功能开发的极度执着，实现了差异化。其基本政策是不进行降价甩卖，而是通过强力的促销宣传来完成销售目标，但一成多的商品会降价打折。

把上述企业品牌分为两组进行了比较，而SPA的一大特征是企划、生产、物流、销售的一气呵成与通过应用IT技术而实现效率化及商品供应计划的提速。而属于A模式的IN-DITEX及H&M则通过把这种能力在全球铺开的方式，呈现出了高收益性及高成长性。

纵观 INDITEX 及 H&M 的营业利润率及海外销售额比率，可以发现它们的成长性大大超过 GAP 及迅销公司。即便在这些优良企业中，其从消费居民日常生活出发的应对力的差别，也会体现在业绩上，这点耐人寻味。

4 新 IT 技术的应用与平台的构建

应用新 IT 技术的要点

至此，对 IT（信息技术）的应用的课题及 IT 投资的问题点进行了指出，并叙述了新的研究方式。在这里，我将会讲解作为应用新 IT 技术的研究方式，如何使商务与 IT 技术有效联动，并如何推进服务和革新。

所谓应用新 IT 技术，是指受到信息技术大幅度发展的影响，其所处的地位、应用 IT 技术的效果都与之前大不相同。IT 技术是革新的源泉，其支撑着各种技术，并且嵌入到了汽车及家电制品等许多产品中。在日常、通用范围内，IT 技术所支撑的部分众多，如图 3－7（第 188 页）所示，其已经发展成为与价值观及流程·渠道、资源分配这些社会的整体要素密不可分的事物。

人的生活、社会与 IT 技术如此紧密相关，从另一方面来看，也显示了 IT 技术已经在很高程度上具备人的要素。然而，虽然 IT 技术无处不在，但能毫无疏漏地了解 IT 技术，并付诸运用的人则少之又少。

在进入应用 IT 技术的正题之前，我想试着整理一下，了解 IT 技术的人性化的一面作为技术的解决方案是如何与业务的解决方案相联系的。

图 3－18 显示了按照发展过程所排列的 IT 技术所拥有的功能。IT 技术已经从被单纯作为计算及处理的业务工具而使用的时代，进化为把业务处理的结果数据化存储、通过分析和加工完成记录及分析任务的时代。接下来则是通过在线化的发展，开始企业内外之间的交流，通过网络及宽带的普及，迎来跨越企业及个人壁垒的自由交流时代。并且其共享和交换的信息从数值及图表之类的定量信息，进化为包含文本、声音、视频之类的定性信息，支持人的眼睛、嘴巴、耳朵、头脑的作用，覆盖所有生活领域的技术。

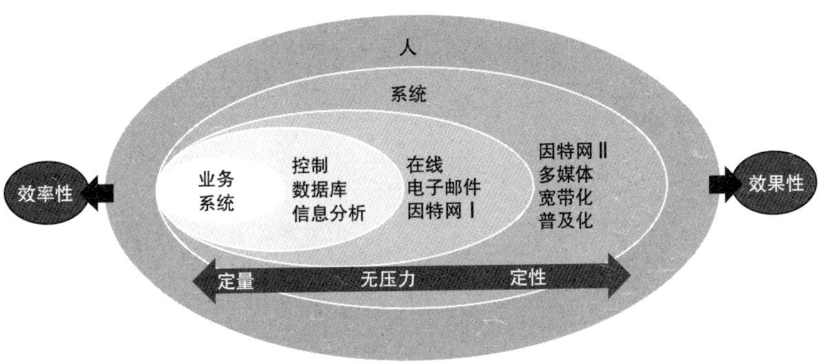

图 3－18　IT 功能的进化

因此，对企业业务流程的重新审视与使其作为日常业务运用而具体实现的系统构建工作，都迎来了发挥新 IT 技术的特征，能实现首尾如一的设计的时代。可以说，人与系统联动的新IT技术的应用已经开始。

图3－19显示了业务流程设计的方法论与系统构建的方法论的推进过程。就如此过程各处所体现的那样，对作为技术的新IT技术解决方案与其带来的业务解决方案进行普遍应用，通过同时实现业务流程及系统构建，使得取得重大成效成为可能。对IT技术不擅长的读者，只要纵观IT技术所带来的业务解决方案的可能性就可以了。

例如，图3－19所示的作为IT技术解决方案之一的多媒体，在业务解决方案层面上，就是带来了表现形式的自由化与信息应用、理解的简单化。7-ELEVEn应用了这个解决方案，把之前不属于系统应用对象的店内洁净度基准，也就是清洁水准通过地板擦洗程度的图片来体现及共享，并使用视频及静态画面来说明维持、提高洁净度的清扫方法及诀窍。

也就是把业务与IT技术的各自构成要素及课题、可能性等等进行整理并熟知，并且作为综合的业务流程，以具有一贯性与整合性的方式进行问题解决方案的设计，其能带来的效果和效率与局部的业务流程改善及系统化不可同日而语。

那么，我将进一步讲解应用新IT技术的要点，以下4点是要点：

1. 通过开放·实时·系统实现业务改革与系统革新

结果管理型管理

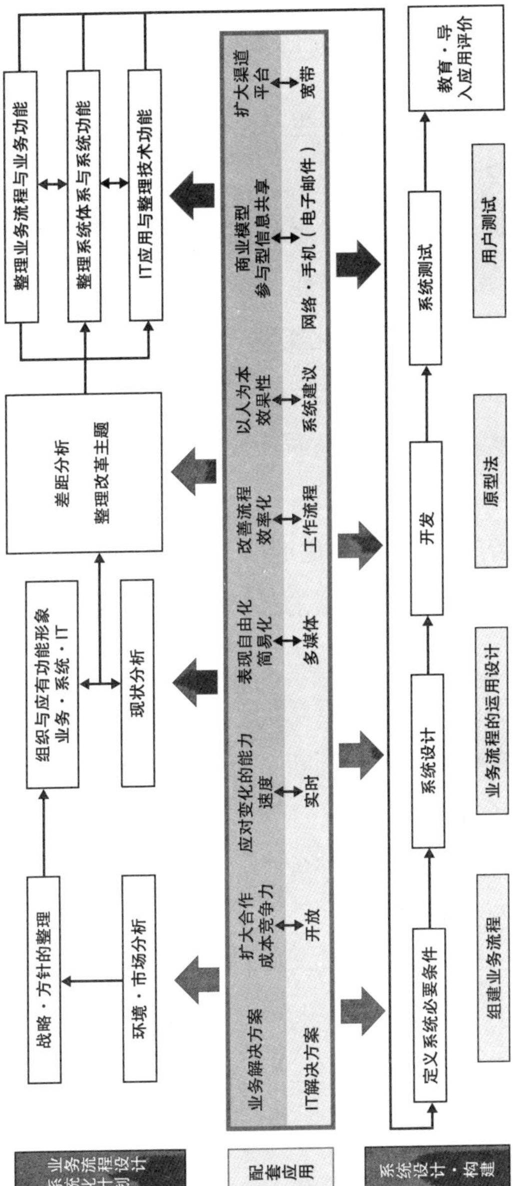

图 3-19　新业务流程把 IT 技术与业务解决方案配套应用

→流程支援型管理、共享及应用实时信息

企业独自系统

→标准化、开发合作、生产性提高、企业·顾客合作

中央集权·敦促型系统

→搞活现场、顾客服务水准的提高、双方向流程

系统费用的削减及扩展性、衔接性的提高

2. 通过工作流程系统化实现一贯性及省力化

同时实现业务的省力化及信息化

业务进度管理、业务品质管理的系统化，流程的管理与支援的组合

通过业务的工作流程化而实现标准化、效率化、自动化；通过提高业务处理数据的品质而实现信息数据库的自动生成

3. 系统支持、系统推荐功能的高度化

通过系统实现的经营判断、业务品质·备货判断等支持性功能，告警功能的高度化

通过自动订货、推荐订货等实现的对业务精度的提高及对省力化的支援

信息应用、业务系统与决策、交流工作的联动及课题导出

4. Web X. 0、普及环境与商务的嵌入融合

通过网络、手机扩充与顾客的接触面并形成渠道

通过网络实现的外部合作及对多媒体的应用，从而实现

企业信息系统的开放化及信息应用、操作性的提高

通过对开放源码、网络服务、封装包等的应用，实现与外部服务的联动、廉价革命。

首先，对于第 1 点——开放 · 实时 · 系统的应用，我已经在各个方面对其进行了阐述，而最大的经营效果则是从结果管理型管理转换为现场流程的可视化，最终成为流程支援型管理。与服务 · 革新相同，其通过组建双方向的共同创造型流程，使得业务改革与应对变化的能力得以大幅提升。

而开放 · 实时 · 系统，与已经是主框架核心的批处理型系统相比，不仅扩展性及衔接性更高，并且使得构建更为低成本、高自由度的系统成为可能。

图 3 – 20 是开放架构的特征。

应该注意的是，以前的系统如左下方的“以往的系统形象”中显示的一样，不同业务按照垂直领导关系各自地、并且按照不同电脑制造商进行构建。与之相对，新系统形象则不依存于制造商，而是广泛地应用标准化、共通化的开放性技术基础，彻底地共享可以共通化的部分，对于不同业务的各自独立的系统部分采取极力小型化的构建方法。

这点在集团企业统合进货等事例中可以看到，与有效地、高效地组建集团企业及客户之间的合作方式时的思维方式是共通的。即便在这种方面，企业经营的革新与新 IT 技术的应用的方向也是完全一致的。

关于第 2 点——通过工作流程系统化而提高一贯性及省

系统基础方针	实现手段	内容
灵活性	开放化	利用基于标准化规格的制品（硬件・软件），根据开放的连接性与竞争原理，谋求降低供应成本
信赖性	分散化	通过多台硬件的分散化处理，使得提高发生故障时的可靠性以及灵活应对结构上的追加・变更成为可能
扩展性	模块化	把构成系统整体的软件按照功能进行分解，通过组合模块及再利用部件，实现系统的灵活性及高品质・低成本化
连接性	实时化	在数据产生时便进行处理，以谋求实时化及自动化处理。并且，把集中处理的数据量压到最低，从而分散系统的集中性负荷
低成本	网络化	推进系统与业务互相贯彻的合作与自动化。通过对内外数据处理的一元化管理，实现包括追加、变更简易化在内的统一化系统管理

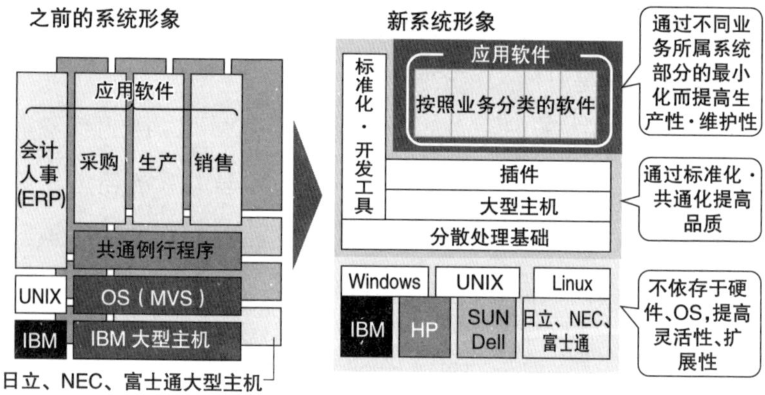

图 3－20　开放架构的特征

力化，通过在几乎所有的业务领域融入 IT 技术的应用，从而产生前所未有的、源自工作流程化且具有一贯性的价值，这是要点。在工作流程系统中，通过系统引导工作流程、实现进度状况的可视化及 To Do 管理也成为了可能。由于流程可视化，对于流程的支援也得以在工作现场进行，也得以摆脱之前那种事后再处理的结果管理型系统。 而且，业务一旦实现标准化、品质一旦提高，作为结果所得到的数据就会自动被收集，工作流程化越是推进，越会有更多的有利数据被积蓄，使得应用新信息的道路得以开拓。 在前面章节提到的7-ELEVEn的会计业务的自动化等，都是典型的事例。

第3点则是对这样积蓄起来的数据的新信息应用。 数据的精度与速度的提高及大量数据处理能力的提高，使得如多角度分析及店铺与地域、与地域内同类型店铺的比较分析，对顾客的特性及商品的销售动向的分析，对问题点的告警、经营及备货的判断，对于订货的推荐等等，各种系统支持功能得以实现。

这样，数据得到了完善，商业经验知识得到了逻辑化，系统化也得以推进。 由此使得人与系统的合作关系越来越深，系统作为人的得力助手发挥功能的时代已经来临。

第4点——对于网页系统、网络的应用，则通过应用网络“另一端”所出现的规模庞大的服务模块，从而在世界范围内而生成通过与别人的合作所创造出的新商业模式及以极低的成本实现不特定多人之间进行的自由双向通信的环境。

并且，以“开放源代码”一词为代表的OS及软件模块的公开及无偿化、共享化自不必说，连硬件及服务都可以实现共享·共用化，并提供最适用服务的云计算的发展等也会拓展巨大的可能性。 所谓云计算，就是只要有可以运行浏览器、连接网络的终端，就可以使所有电脑功能得以使用的构想。这一概念由美国谷歌等公司倡导并推进。

就像这样，对应用 IT 技术的新流程进行了说明，但许多读者或许没有特别的不协调的感觉，或者没有感到有任何新意。那么哪里是新的部分？这在前面已经做了叙述。以普遍、彻底、具有一贯性的方式，不断重新组建基本的基础业务、全面地对 IT 技术进行应用，这就会产生新的实质成果，而实质成果又会进一步地相互连锁交叉，从而与革新相联系。那种半吊子的 IT 应用及不整合的技术选择、不完善的系统更新计划、不彻底的业务系统联动及工作流程，这种似是而非的系统，我们应该与之诀别。并且如何摆脱自以为计划成功、自以为计划落实的错觉，也是一个课题。

还有一点，说到应用新 IT 技术，往往会与一对一营销、电子货币、RFID（射频识别技术，一种使用无线技术识别商品及包装箱等个体的技术。——译者注）、数据可视化、IT 工具及软件封装包的应用等相混淆。应用新技术及系统试行固然很重要，但更为重要的是融合这些要素进行联动的业务流程自身的革新与系统品质·IT 应用水准的整合性。应该把业务流程的革新与系统构建看作是同步进行且内外合一的工作，从而进行推进。应用 IT 技术，重要的是完善工作流程的一贯性、系统构建、IT 战略路线图及规划，并以战略方式推进。

惠寿综合医院的整体保健服务

在 7-ELEVEn 的实例中，已经对应用新 IT 技术的思维方式及通过这种运用而形成的事业平台进行了介绍。 接下来，将会介绍在以医疗为核心的保健领域中，通过应用 IT 技术及重新构建业务流程，从而形成保健服务的地域性平台的惠寿综合医院的事例。 医疗改革已经成为了巨大的社会问题，如果没有包括健康管理、护理及康复在内的整体保健服务以及各相关机构的合作的话，医疗改革是无法实现的。 当思考这些课题时，应用 IT 新技术在实现目标中起的作用真可谓非常巨大。

致力于推进构建可谓是面对这种挑战的先行模式的，是以能登半岛的惠寿综合医院为核心的集团企业及地区机构。能登半岛全长 100km、其面积可以与东京都相匹敌。 人口只有 22 万，人口稀少的现象日趋严重。 能登北部的老龄化率（65 岁以上人口比率）为 36. 6%，而惠寿综合医院所在的能登中部的老龄化率则为 28. 1%。 考虑到日本 2025 年的老龄化预测数值为 30%，能登可谓是出生率下降、人口老龄化与人口稀少的先行地域。 惠寿综合医院集团经营范围包括医疗、康复、护理、身体残障者支援、特别养护敬老院等，此外还承接七尾市的名为“惠寿 Athlon”的温泉疗养馆的健康支持运营委托工作。 其负责运营社会医疗法人财团——薰仙会的 4 家医院 594 个床位、护理服务等 8 家设施，总计定员人数 358 人。 以及社会福利法人——德充会的残障者支援设施、康复、养护敬老院等设施，收容人员 447 人。 包括其他的产业在内，是能登地区最大的事业集团。

在具体说明之前，首先对围绕着医疗·护理的课题做一个概述。出生率下降、人口老龄化及社会保障费用的削减、医疗·护理体制的疲敝、医疗机构的收支及经营能力等等，在这个领域，存在着各种课题，在改善服务水准之前，要处理的基本问题很多。日本的医疗费用占 GDP（国内生产总值）的比例为 7.9%，与 OECD（经济合作与发展组织 Organization for Economic Co-operation and Development，简称经合组织。——译者注）的平均值 8.8% 相比，属于较低水准，且还有全民社保和医保。与有 5800 万无社保医保人员，并且医疗费用支出占 GDP15% 的美国相比，有很大差异。然而，在公费保险医疗及计件制的官方定价制度长期持续的环境下，医疗机构只要增加诊疗量，就能得到官方的费用支付，于是导致了过剩的诊疗及用药的问题，而基于竞争原理的效率经营及提高顾客服务水准的工作，则被放在了次要位置。

显示医疗机构的收支状况的厚生劳动省的资料如图 3－21 所示，表示最终盈亏状况的总收支差额对医疗事业收入比率为：国公立医院－6.4%，其他医院为 0.3%，平均比率为－2.3% 的赤字。问题是在这样的情况下医疗的疲敝不断加剧，经营改革及 IT 应用的效率化、顾客服务的提升则处于停滞状态。与制度问题并列，对 IT 应用的有效导入也成为大课题，在 2003 年的第 2 次 e-Japan 战略之后，医疗领域一直被作为战略重点，但却没有显著有效的进展。

	全体		国立、公立以外		国立、公立	
Ⅰ 医疗收入	236,929	100.0%	185,521	100.0%	419,397	100.0%
住院收入	161,115	68.0%	123,167	66.4%	295,808	70.5%
外来收入	67,123	28.3%	54,554	29.4%	111,738	26.6%
Ⅱ 医疗费用	250,087	105.6%	186,050	100.3%	477,382	113.8%
薪水	130,499	55.1%	98,281	53.0%	244,858	58.4%
医疗品费	34,886	14.7%	26,077	14.1%	66,152	15.8%
诊疗材料费·医疗消耗器具备品费	23,352	9.9%	16,390	8.8%	48,065	11.5%
委托费	16,383	6.9%	11,340	6.1%	34,286	8.2%
折旧费	13,710	5.8%	9,193	5.0%	29,743	7.1%
设备关联费	9,835	4.2%	8,517	4.6%	14,512	3.5%
经费	16,830	7.1%	12,779	6.9%	31,212	7.4%
Ⅲ 医疗收支差额（Ⅰ－Ⅱ）	−13,158	−5.6%	−529	−0.3%	−57,985	−13.8%
Ⅳ 其他医疗关联收入	14,030	5.9%	4,789	2.6%	46,828	11.2%
Ⅴ 其他医疗关联费用	6,344	2.7%	3,678	2.0%	15,806	3.8%
Ⅵ 总收支差额（Ⅲ+Ⅳ−Ⅴ）	−5,472	−2.3%	583	0.3%	−26,963	−6.4%

注：没有护理保险事业相关收入的普通医院的2007年6月的数据
资料：厚生劳动省·中央社会保健医疗协议会的《第16回医疗经济实态调查（由民间机构等进行调查）结果速报》
出处：信息经济研究《IT应用与服务 市场扩大之路》p.37图表3-20（社团法人 日本经济研究中心 2008年3月）

图3－21　医疗机构的收支状况(按照平均每家设施计,单位为千日元)

电子病历系统的导入，也比美国及韩国落后很多。根据厚生劳动省2005年的调查（医疗设施调查）结果，医院的导入率为6.9%，没有导入计划的占75.5%。以电子病历系统为核心的IT化评价，根据厚生劳动省的《平成18年度医疗IT化的相关成本报告书》所示，回答IT投资对成本控制有效果的医院仅有4.6%，回答效果不明及无效的高达83.6%。每年的IT费用则占医疗事业收入的4%，额度极高，也从侧面体现了对IT技术的有效应用处于迟缓的水平。

在这样的环境下，处理诊疗报酬的计算·申请业务的医药费明细书处理系统，虽然目前的实施率还不到一成，但面向中小医疗机构的 ASP 服务（应用服务提供商，Application Service Provider，ASP）等的开发·导入也在不断推进中。计划在 2011 年，向诊疗报酬的审查·支付机构进行申请时，实现 100% 的网络在线化。通过网络在线化，每年多达 7 亿件、费用高达 33 兆日元的医疗费的审查·支付业务的效率将会大幅提高，目前每年高达 700 亿日元的事务处理费用也肯定会大幅削减。最容易体现 IT 应用效果的对病情及医药费明细书申请的妥当性的检查及事务处理自动化等系统的设计，希望国家以此来展示 IT 应用的成功事例。

而护理现场的状况，在很多方面也依赖于护理员工作热情，而对护理服务的评价及重新审视机制也是依靠人为作业，这些都需要通过系统化而实现数据化、可视化、效率化。保健领域的各种课题，如医疗、护理、福祉、保健等各制度的分析，对制度自身的重新审视，医疗经营的技术及系统、受益者责任及服务需求供给者之间的相互协作的构建等等，也可以说是与社会保障整体相关的问题。

但是，在这里可以得出一点结论，那就是通过应用 IT 技术而提高效率与效果的做法是值得期待，也是具有可行性的，不应该采用局部的、半吊子的 IT 应用，而是要求通过同时推进业务流程的重建及系统革新来实现服务·革新。

在这样的意义上，惠寿综合医院投入的研究工作，值得着重描述。不仅面临前述的围绕医疗及护理的课题，能登还处于医疗崩溃与地区崩溃直接联系的状况，也体现了其与当地密切相关、作为命运共同体的医院经营方向。“正因为处于老龄化地域，就更需要不局限于资料，而是把作为其后续服务的护理及康复，以与地方诊疗所合作的方式打响保健的重要战略”。神野正博理事长的这番话，体现了医疗支撑地区的使命感的同时，也让人感到其希望通过经营改革与IT应用推进地区医疗的改革的明确方针及实绩的积累。

惠寿综合医院的整体保健服务的概要如图3－22所示，对患者·利用者的服务水准的提高与对IT技术有效的应用，同时实现了效率化及信息化，而由此创造能够专心致力于作为本业的医疗行为的环境，则是要点所在。医院于1993年着手IT化。由于对护理设施等的积极投资导致经营状况严峻，因此开始着手对作为经营改革的一大支柱的医药品及诊疗材料进行库存削减工作。1994年，率先在国内实行了所有医药品及诊疗材料的条码化，并且启用了SPD（Supply Processing Distribution诊疗材料及医药品供应管理物流）系统。1997年启用了统一指示系统。

由此，医药品及诊疗材料的订货、交货、使用与库存管理联动的统一系统就构建完成了。该系统的要点在于，在使用时撕下条码标签，由供应科进行条码扫描，从而使向供应商的订货及医药费明细书的计算自动进行。点滴等治疗用药剂，则通过扫描药剂、患者、护士三者的条码，进行与电子临床路径（Clinical pathway）的比对，从而防止医疗事故的发生。

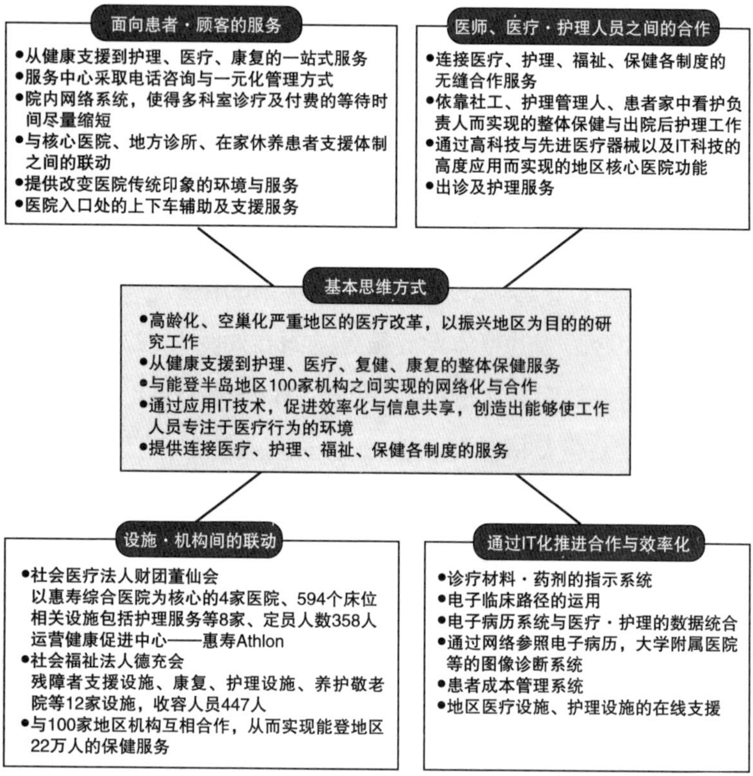

图 3－22　惠寿综合医院集团的整体保健服务

而供应商的配送，也采取直接配送至 20 个诊疗科的方式，库存管理也由供应商负责，消除了以前的库存过剩、存在未使用库存的情况。在系统导入后的 4 年 4 个月之后，削减了 3 亿 7100 万日元的成本，而诊疗材料占医疗事业收入的比例，也控制在了 7% 左右，与 9.9% 的医疗机构平均值相比，可谓是大幅度的改善。凭借条码而实现标准化与省力化的手段，与流通业中的思维方式相同，据说当初的软件是应用了知名大型批发企业——菱食的系统。

1998年，其致力于导入实现医疗手续标准化的电子临床路径，以使得治疗内容及日程表内在医师与护士之间共享，并且能让患者得到简单明了的病情说明。临床路径如图3-23所示，既是治疗作业指示书，又能通过输入作业结果而对照、覆盖已完成项目，从而实现防止作业失误及管理作业进度的功能，可以说是能够在其他行业通用的系统。医院有时会根据患者的病情改变治疗方式，把这种与标准临床路径相对的异变情况数据库化，以此数据为参考重新审视临床路径，从而提高诊疗的精确度，这是系统运用的目的所在。服务产业在业务流程的标准化、行为及进度的输入与反馈等方面有许多不到位之处，因此这样的系统及运用具有很大的参考价值。

统一指示系统及电子临床路径作为工作流程系统相互联动，产生了巨大的效果。统一指示系统不仅与检查及注射指示相关联，还与患者窗口的细算处理进行联动，在诊察完毕后，不需要等待就能进行细算，还能通过自动细算机进行支付。临床路径则与各患者成本管理系统相联动，成为医院经营的重要信息来源。

在2000年，从医院、护理、康复到福祉，都开设了通过共通的个人ID（身份证明号码）实现问询及预约的呼叫中心，从而使得整体保健服务更加深了一步。在致力于向患者提供一站式服务的同时，也产生了与合作设施之间的信息共享及业务合作的效果。

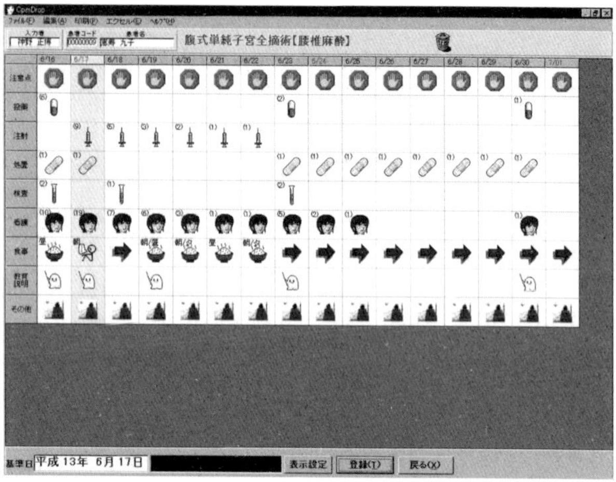

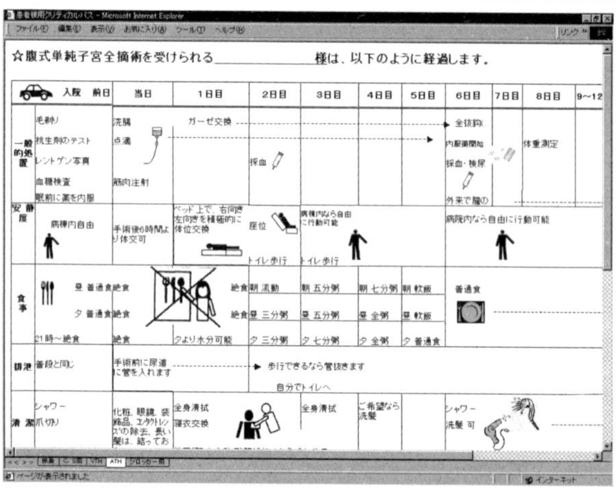

提供者：社会医疗法人财团董仙会

图 3－23 电子临床路径

2002 年致力于电子病历的导入，使得医师、护士、社工、护理管理人之间的信息共享有了大幅度进展。电子病历不仅包含医院信息，包括访问看护及护理设施、康复状况在内，都以一元化的数据库方式进行管理。而医院之外的信息，则由呼叫中心的接线员把电话受理的内容输入电脑，从而实现数据库化，并且避免了现场输入信息的作业负担。通过把患者的信息统合、共享，原本被医疗制度与护理保险制度、福祉制度、保健制度所分隔开来的服务通过护理管理人、社工及访问型康复工作人员这样的“黏合剂”而连接起来，从而实现了跨领域的保健服务。

如图 3 – 24 的电子病历系统的画面所示，可见其不仅是信息共享，还加上了与注射、检查之类的指示系统的联动，办理住院、营养指导及检查预约等等，可以理解为工作流程系统通过电子病历来指示下一步流程。当然，也包括了 MRI（磁共振成像，英文全称为 Magnetic Resonance Imaging。以下简称 MRI）的图像分析及作图功能，并应用开放性系统的标准界面。为了让患者能共享病历，以简单明了的语言实现“对医疗品质的意识、信息的透明性、共享化、信息公开、检索性，以及以通过网络实现的合作等作为目标”。

并且，基于网络的电子病历参照系统在能登的 100 家医疗相关机构中实现了网络化，管理着 22 万名居民中将近 20 万名的数据库。并谋求把电子病历系统作为 ASP 服务，从而实现业务化。MRI 等大容量图像传送及放射治疗的图像传送诊断系统也已经成功运行，开放性网络不仅局限于地区内的运用，还推进了地区间合作，而高度的医疗技术的导入工作也在积极进行中。

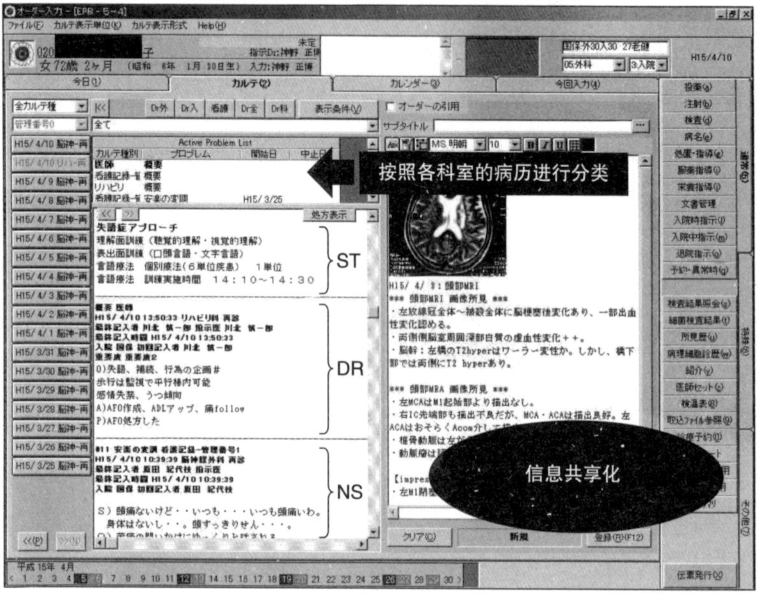

提供者：社会医疗法人财团董仙会

图3－24　电子病历系统

医疗系统已经不断发展成为包括健康诊断自动判定系统及防止误诊·诊断诊疗内容系统等，并且还支持告警及诊断的系统。对前述的应用新IT技术的4大要点不断进行有效利用，通过应用数据库及交流系统构建前后统一的工作流程化及彻底的信息共享机制。

如前面所述，在其他医疗机构的IT应用无法产生效果的情况下，惠寿综合医院运营如此规模的系统所花费的金额仅为其医疗事业全年收入——100亿日元的1%左右，大约为1

亿日元。并且在前述的指示系统的基础上，加上通过电子病历系统而实现的工作流程效果及共享的效率化，仅仅此部分，其实现的效率就比以前提高10%～20%，电子病历的输入也经过各种研究来努力实现省力化。

对于IT技术应用的思维方式及对于系统化的研究，也都与7-ELEVEn非常相似。整理业务流程，致力于实现订货及会计业务系统的效率化与高精度化，彻底共享并应用从其中得到的信息。并且把条码作为业务效率化的工具进行应用，而对于开放性系统的应用亦如此，1997年以Windows NT操作系统来运行统一指示系统，与7-ELEVEn的第5次综合系统改革的时期与技术都相同。就像7-ELEVEn把商品供应计划流程以横向联系的方式进行统合一样，惠寿综合医院则把患者的保健流程如图3－25所示那样以横向联系的方式进行支援。

许多系统都有共通之处，如日本最早的系统构造，并努力打破各种制度上和习惯上的常规。

正可谓业务改革与系统革新是内外合一、齐头并进的，通过跨领域的合作，产生了新的服务·革新。

以惠寿医院的系统化进程为核心，我们看到了应用新IT技术的4大要点，与7-ELEVEn的事例一样，被巧妙地有效利用。并且最重要的是，通过应用IT技术而实现的革新，对经营理念及向顾客提供价值的过程中，如何发挥了作用。纵观惠寿综合医院的经营理念，其经营理念引导着IT技术的应用，而IT技术的应用则支撑着经营理念，并使其得以具体实现。这一点十分明显。

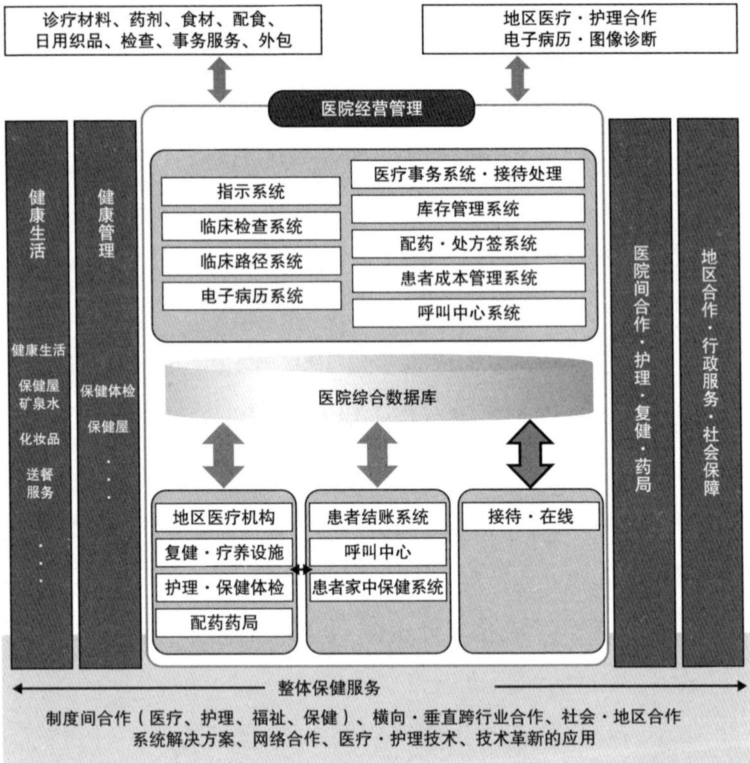

图 3－25　整体保健服务的形象

惠寿综合医院的经营理念的基本概念如图 3－26 所示。就如开头所强调的那样，其在努力实现“维持本地居民的健康（预防、诊疗、康复、护理）的同时，作为当地的核心医疗设施，对社会、经济、文化的发展提高做出贡献”，其为了维持健康而实行的广泛的整体保健的思维方式及对社会、经济、文化的研究，是以地域生活及从消费居民日常生活出发的构想。 而以此为理念的系统也成为有效率的开放性系统，如依靠地区合作、信息共享·公开、工作流程系统而实现的业务联动等等。

创业的精神

打造任何时间、任何人都能简单、安心接受诊疗的医院

标志的由来

以象征和平的鸽子为设计素材。鸽子头朝后，代表了母亲要保护孩子的姿势，体现了博爱。而其展开翅膀，则表示仁爱，体现了以宽广心胸，负责向地区内各位居民提供医疗服务的精神。

基本理念

站在尊重生命、身心健康第一的立场，员工在齐心协力，努力保障地区居民的健康（预防、诊疗、复健、护理）的同时，作为地区的核心医疗设施，对社会、经济、文化的发展提高做出贡献。

1. 信赖之心
   我们尊重患者、顾客的权利，通过优质可靠的医疗服务，为地区做出贡献。

2. 体贴之心
   我们努力打造体贴患者的医院、设施。

3. 健全经营
   我们努力维持收支结构稳定的医院、设施。

4. 员工幸福
   我们通过董仙会的发展，构建员工的幸福生活。

图 3－26　创业精神·理念

神野理事长所说的“IT 化的目的是为了创造能让医师及护士专心于本职医疗工作的环境”。 这样的思维方式，即是为了专心于本职业务而使业务流程及业务分担，以及通过与其相关联的信息系统及信息共享而得以组建。

社工及护理管理人的服务黏合剂功能及楼层服务专员对各楼层的患者的照顾、医院入口处帮助上下汽车的上下车助手及导医服务等对患者及利用者的贴心服务，在任务分担及合作中得以进行。

并且，为了提高对顾客的服务水准，重视健全经营及员工幸福的思维方式，也是形成可持续发展型社会的必要条件。导入最新的医疗设备及技术，基础设施及服务一扫医院过去给人的印象，还有中心食堂提供的热气腾腾、品种丰富的饭菜等，不仅仅局限于 IT 技术的应用，而是致力于提供综合服务。在此，经营理念与 IT 技术相互连接，力争使服务·革新的研究达到更多人的满意。

那么最后，为何构建如此支撑革新的系统能成为可能呢？这有几个原因。

其中之一，是神野理事长所具备的理论、领域方面广泛的构想，以及其领导能力。图 3－27 为业务改革的关键词。而其医疗改革＝地区改革的思维方式，是从消费居民日常生活出发的整体保健服务的基础，在地区内提供餐饮服务、销售 Keiju Healthcare 品牌的矿泉水及化妆水、在乐天市场开店、与和仓温泉（石川县七尾市）企划的集观光及癌症体检为一体的旅游项目，其视野以及拓展到了健康生活的领域。

第二个原因，是培养精通业务的信息系统人才，在充分探讨投资效果的基础上进行集中开发所需系统功能的工作。这其中为了重视效果额，也应用了 IT 技术。

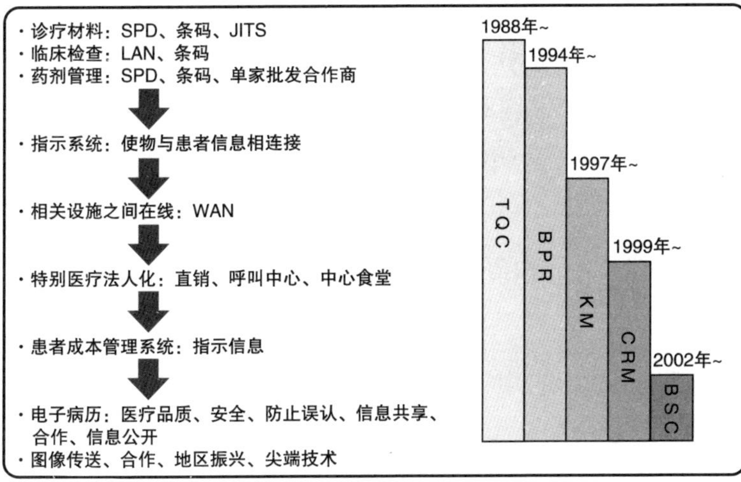

图 3－27　惠寿的业务改善关键词

第三个原因，是与目前多达200 家的医疗机构组织成立了系统用户会，并与系统开发合作伙伴的软件 · 服务组织进行开发 · 运用方面的合作。 200 家用户应用同一个系统，如果有式样变更，就会在用户会同意的前提下进行开发，并实现全员共享 · 应用。 用户会中还有系统负责人的小组会及共享成功事例的学习会，通过开放式地共享系统，而致力于实现系统费用的削减及效果的提高。

通过应用新 IT 技术而实现的服务 · 革新的事例，在惠寿综合医院的改革过程的介绍中已经做了说明，从消费居民日常生活出发、跨领域合作，绝非表面化或半吊子的改善工作，而是一气呵成的系统设计，这些都很重要，希望读者能够理解。

而且，惠寿医院的改革过程在实现地区医疗机构的合作及跨越每个环节的条条框框，扩展与当地居民的接触面的同时，还不断谋求保健服务平台的形成，并致力于创造地区性的、社会性的服务·革新。

5　领域广泛的新兴次时代服务

服务·革新的潮流，通过关注顾客及员工而得到大幅度进展。 在这章的结尾，我想对在各领域中扩展的服务·革新进行介绍。

新服务：服务之间的合作所孕育的“NAVITIME”

有效应用信息技术及网络，从而孕育出前所未有的服务。 NAVITIME 成立于 2000 年，确立了“导航服务”这一崭新的服务类型。 而其并非仅仅简单地提供行路方法的支持及信息，还包括搜索餐厅及电影院等等，应用了 GPS（全球定位系统）的功能，从而使得应用与地点相联动的信息成为可能。

NAVITIME 的基本理念为“对应从电车与飞机、汽车到徒步的所有行路方式的世界首创的整体导航服务”。 通过自有技术开发的路线探索系统及地图描绘系统，通过优秀的算法及表现力，使得实时的数据处理与轻量的数据库构建成为可能，这些都是依靠其自有技术构建的。 其技术被高度评价为

“引领世界的独一无二的系统”的同时，已经被世界上的23个国家所使用，而其服务器则只在东京设置及运营。

在这些基本技术的基础上，GPS的扩展应用提供了实时导航的便利性，以及使得地点与信息相联动的信息服务及类车载导航系统。

再加上餐厅及店铺、加油站、医院、电影院的向导指南等等，与合作伙伴合作的数据库及内容提供变得充实起来。不仅仅局限于信息参照，还包括预约及使用优惠的提供，使用高速道路时根据ETC（自动收费系统）的打折收费时间段而为用户计算出最适宜的出发时间之类的推荐功能等等，前所未有的复合型服务由此诞生。如图3－28所示，成为了内容充实的服务。

并且，其在收集数据库及内容时，不惜劳苦地亲自实地调查。终点站内部的地图信息及最短换乘路线，不容易被雨淋到的路线选择等，都是亲赴实地数次实测才得出的结果。据说为了调查新宿车站的内部情况，实测了400种行路路线。由此所得到的信息，能够细致地引导用户在换乘时从较为方便的车厢位置搭乘，并提供详细的车站出入口的信息，如果有需要，还能以语音徒步路线向导的方式提供服务。

纵观此种服务的结构，可以理解其是把自有技术与GPS及网络、内容管理技术、手机、电脑技术、交通拥堵信息、电车运行信息等实时信息进行组合，从而创造出复合型服务价值。

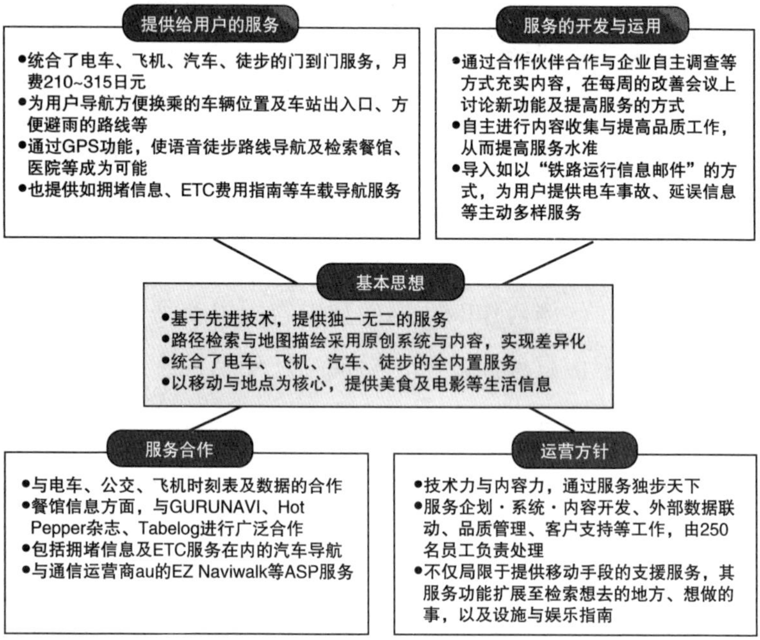

图3－28　服务间合作所孕育的“NAVITIME”

NAVITIME自身的作用是提供便于行路的导航功能服务，而其向顾客提供便利的理念与通过复合型服务使得与合作伙伴合作的附加价值在顾客、NAVITIME、合作伙伴三者之间以双赢的方式共享，组建了以此为目的的商业模式。

像这样技术的复合型应用及理想化的合作伙伴间的合作的组合，可谓是新时代服务的典型代表。特别是这种应用网页服务及网络的合作，被称为Mash Up方式（Mash Up，即糅合，是当今网络上新出现的一种网络现象，将两种以上使用公共或者私有数据库的web应用，加在一起，形成一个整合应用。——译者注），以美国的亚马逊及谷歌为首的企业对其大力倡导，在网络整体服务扩展的环境下，得以不断茁壮成长。

NAVITIME 自从 2000 年 3 月成立以来，收入和利润一直持续增加，包月费用为 210 日元及 315 日元的收费会员超过 250 万人。 我认为今后其会以移动空间及所在地的信息为基础，有效利用服务提供精确化的优势，从而使得确保促销宣传及预约服务等收益成为可能。

大西启介社长对我的提问的回答是，其今后的业务开展，会以“从家出发 2 小时能到达的晴朗的海滨”及“今天，1 小时路程之内能到达的烟花大会”的向导服务等礼宾型服务及地点诱导型广告、分析应用用户的行路记录数据等方式，大幅度扩展实时导航服务的领域。

餐饮业：通过 IT 应用实现跳跃性成长的“KURA 寿司”

在面对面待客服务领域中，占据四分之一份额的餐饮业正在发生新变化。 餐饮业整体的销售额在 2007 年为 25 兆日元，与 1997 年 29 兆日元的顶点相比，有减少的趋势。 2004 年，其已经转变为 74 万家店互相激烈竞争的小规模零星业者众多的行业。

其变化的预兆有三大共通点。 其一是对饮食文化的讲究，对食品的安心 · 安全，以及乐趣的追求。 其二是与从事食材开发及食材提供、食材加工之类对餐饮业而言属于上游企业的垂直合作与供货的自主化及领导力的行使。 在这其中，跨领域的服务革新也在推进。

而其三则是对新 IT（信息技术）的应用。 其基础是店头的流程支援型系统及把顾客信息应用到改善服务中的实时系统。 前后统一的对业务流程的改善及对业务自动化的导入之类的当今 IT 技术应用的要点，都非常到位地成功把握，这点值得注目。

不仅仅局限于餐饮业，我认为今后企业间的差距会日益扩大。 而这次要介绍的“KURA 寿司”所运营的 KURA Corporation（2008 财年 10 月期的销售额为 564 亿日元）及走同样路线的日本料理连锁餐饮企业——Gankofood Service 株式会社（位于大阪市，2008 财年 7 月期的营业额为 228 亿日元），在这些企业的动向中，我们能够看到以服务·革新为基础的人与技术的相互融合所实现的新服务革新的扩展。

我来介绍一下 KURA 寿司的事例。 回转寿司行业的总体市场额大约为 5000 亿日元，KURA 寿司的销售额为 564 亿日元，为业界第 3 位。 其销售额从 2003 年的 200 亿日元起，一直在顺利地成长。 KURA 寿司的革新价值，在于中止使用 4 大添加物。 其与之前的那种通过使用化学调味料、人工合成保存剂、人工合成甜味剂、人工合成着色料，谋求流通的省力化及口味的稳定、低价、连锁店增加的连锁餐饮企业的运营模式划清界限。

图 3 -29 是 KURA 寿司的系统流程。 落实到各处的鲜度

管理与系统的联动，防止了销售机会损失并减少了废弃损失的发生率。彻底应用以顾客为原点的数据，提高鲜度管理与生产性，并同时实现了 4 大添加物的排除及对顾客服务质量的提高。

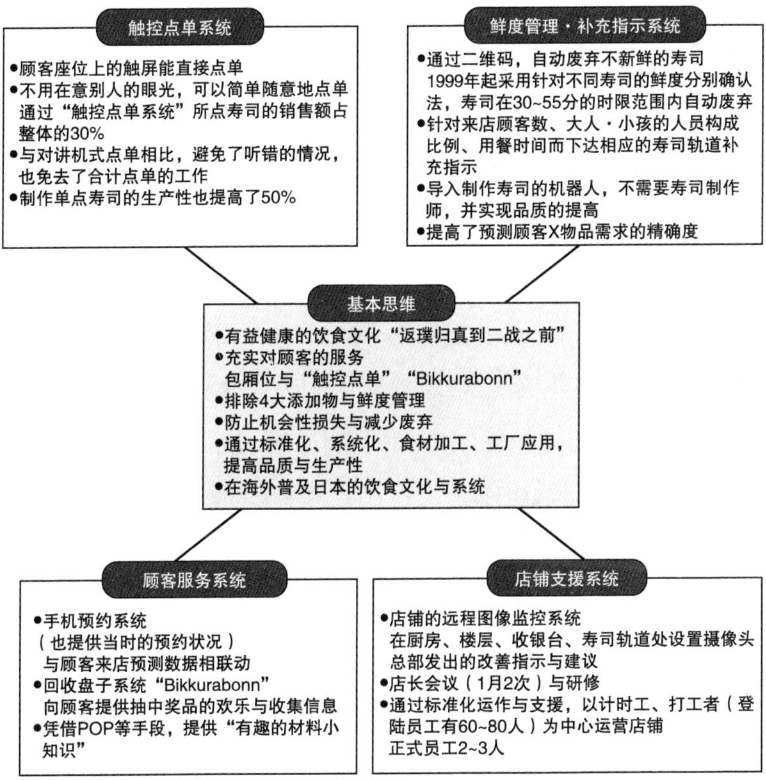

图 3－29 通过 IT 应用实现跳跃性成长的“KURA 寿司”

其最大的特征是“鲜度管理·补充指示系统”。通过寿司碟内侧的二维（quick response，快速反应）码，放入回转寿司轨道后经过30～55分钟的商品会被自动废弃。补充寿司到轨道的指示则根据来店顾客中大人与小孩的构成比例及用餐时间，从过去的分析信息中计算出来，从而在画面上显示。如果来店顾客中小孩居多，则多补充汉堡肉卷寿司及不掺芥末的寿司；如果用餐时间较短的顾客居多，就增加金枪鱼及小鰤鱼之类的人气寿司。

另一方面，“触控点单系统”使得顾客只要通过点击手边的触摸屏就能简单地点自己想吃的寿司。与以前的对讲机式点单不同，女性顾客也不需要顾忌别人的眼光，可以随意点自己想吃的寿司，店员也不会听错顾客的点单，并省去了合计的麻烦。与放入回转寿司轨道的寿司相比，顾客通过“触控点单系统”所点寿司的销售额占整体的30%，是以前的2倍，使得总体销售额增加。店员通过系统的支援，只要专心于制作寿司就可以，使得制作单点寿司的生产性也提高了50%。

并且，作为“顾客服务系统”之一的通过手机订位的系统也与预测来店顾客数相联系，而回收顾客吃完的寿司碟的系统——“Bikkurabonn”抽奖游戏也能让顾客开心一下。只要在回收口放入5个碟子，触摸屏上显示的轮盘就会开始转动，中奖的顾客能得到店铺吉祥物形象的礼品。这样的系统能迅速知道顾客刚吃了什么寿司，以便进行快速的信息收集，而且还与顾客离店时的结账金额计算系统自动地互相联系。

凭借这样的系统流程，寿司的废弃损失率（虽然在 1995 年导入自动废弃系统时曾一度上升至 10%）被控制在 6% ~ 7%，与便利店的米饭的废弃损失率持平。排除 4 大添加物及应用顾客信息、有效利用系统、实现业务自动化等方面，从服务和革新的观点来看，也与便利店有许多共通点，可谓是通过科学和工学的研究，切实地革新了回转寿司行业。

零售业界：通过积分卡抓住顾客的“Ogino”

对于在零售业的服务・革新中持续发挥重大作用的从消费居民日常生活出发的 FSP（FSP 即搜集分析顾客购买力，Frequent Shoppers Program，该方法从购买频率等购买详细数据出发对顾客进行分类，针对不同的顾客人群作出营业规划，快速适应顾客需求。利用 FSP 可以找到谁是企业最重要的顾客，可以划分顾客群体。利用 FSP 要求掌握大量的明细数据，对这些长期积累的庞大顾客数据资料进行分析依赖于大容量数据库和具有高速处理能力的处理软件。——译者注）与自动订货，我将做一个介绍。所谓 FSP，是根据顾客在店铺的购买频率及金额，相应地、有重点地向顾客提供积分及打折券等的服务。在此希望各位读者注意的是，这里的 FSP 分析方法及自动订货对数据的应用与以前的不同之处。

说到以前 FSP 中的对不同顾客群体的购买分析，其主流方式是以性别/年龄层、都市型/郊区型为突破口，对顾客的商品选择趋势及嗜好的特征进行分析。然而最近，这种根据这些属性而按照不同顾客类别、不同店铺、不同商品种类的分析已经渐渐不被使用，取而代之的是根据每位顾客的购买数据，把顾客按照各自的共通性进行分组归类，以此分组归类为依据，针对不同的顾客组别，看清其相应的商品销售动向的特征及倾向，从而使数据主导型的信息应用得到扩展。

其中极富代表性的典型事例，就是以山梨县为中心，拥有36家食品·服装超市的Ogino株式会社（甲府市）。拥有该公司的会员积分卡的顾客人数多达42万人，占山梨县居民总数——87万人的大约一半。其在县内的销售额占同行业总销售额的25%，其中90%以上的销售额都由拥有会员积分卡的顾客贡献。会员资料通过2006年的更换新卡措施而重新完善了会员的姓名及住址、出生年月日、性别、家庭成员等信息。以这样的基础设施的重新完善为基础，通过FSP方式的购买特性分析对顾客进行分组归类，定义了20种顾客集群。

举个例子，如名为“随意健康意向”的顾客分类。这个集群的顾客，是虽然饮料会选择健康茶饮，但却喜欢吃方便面的人群。

对于这种顾客的FSP方式，比如向其发送作为“Ogino·朝日饮料特别企划”而推出的“添加氨基酸的进化型饮用水”的直邮广告（DM），并赠送10点积分（相当于20日元的金额）。通过目标精准的直邮广告投放，与开始FSP的大约10年前左右相比，FSP的利用率为30%~40%，增加了5~6倍。

同样，在收银机打印出的收据中印刷有奖励积分及优惠信息的“附促销信息的收据”也显示出了效果。Ogino 把不同顾客的信息通过收银机与总部的实时连接而抽出，并打印在收据上。由于对 FSP 采取实时管理，因此顾客不需要持有优惠券等实体券，积分处理则自动进行，收银机的会计处理也实现了自动化。并且与直邮广告不同，收据不需要邮寄费。Ogino 的 FSP 如图 3－30 所示，通过与 Green Stamp 株式会社的协作，致力于发展与本地加油站等设施的合作关系，1 年的企划数量达到500 件左右，或者与制造商共同实施，或者与制造商以“FSP 研究会”的方式实施，其开展的业务范围非常广泛。

如果使用顾客的集群信息，就能按照各家店分别实施细致的备货及卖场布置，甚至能共享同一商圈内的单品。能以如此精度实施 FSP 的企业，即便在世界上，据说也只有十几家。Ogino 的 FSP 为其贡献了连续 8 个财年期的收入和利润双增长。

另一方面，彻底的信息应用在商品订货及物流方面也产生了精度提高及店铺作业减负的效果。Ogino 除了生鲜食品之外，其服装、家居用品及加工食品从 2 年前就转为采用自动订货的方法。其物流中心也与菱食共同运营，按照店备货架的陈列情况，以立即就能上架的方式进行交货，对防止缺货及削减库存也产生了效果。

凭借这种系统，之前需要 10 名左右的熟练店员操作的店铺的订货及商品管理，如今只需要1名老练的员工与5～6名操作人员就能胜任。获野宽二社长所说的“单品管理是美妙的，但为了能看清细节，需要培养熟练工，通过应用系统提高生产性，使得所有员工都能胜任”的思维方式，正好体现了跨越之前的IT应用领域的人与系统的新关系的扩展。

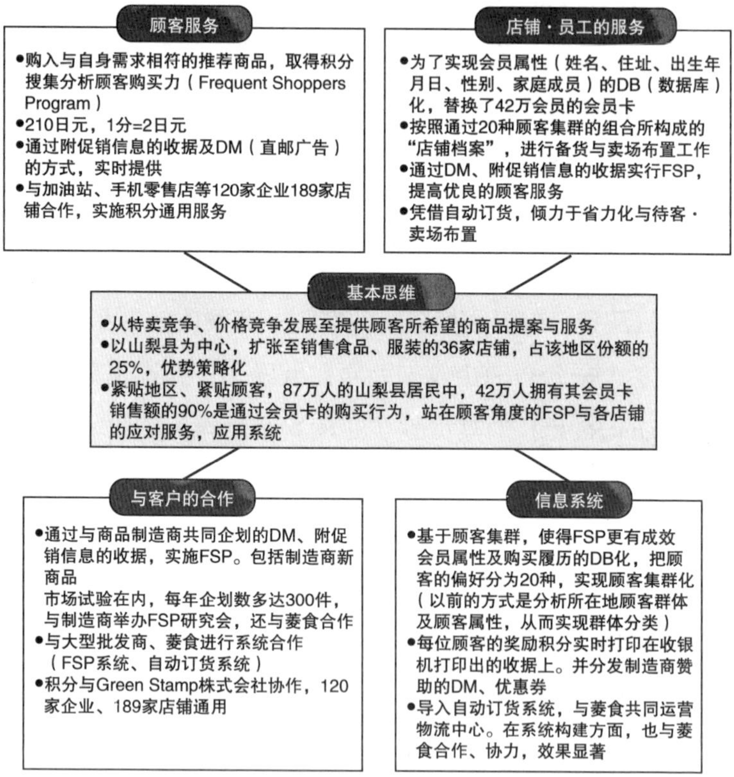

图3－30　通过积分卡抓住顾客的“Ogino”

观光服务：员工满意孕育的顾客满意“加贺屋”

让我们来看一下可谓是服务业一大典型的旅馆业。此行业的经营状况面临国内游市场的低迷及旅游形式的变化，形势严峻。旅馆的数量在2005年为5万5567家，3年内减少了10%，客房数也减少了7%，大约为85万间。而每家旅馆的平均客房数为15.3间，有微弱增长，可见小规模旅馆在不断倒闭。其客房利用率为38.7%，与宾馆平均60%多的利用率相比有很大差距。大约40%的旅馆的经营出现赤字，房地产泡沫时期的过剩投资在如今成为沉重的负担，其老旧化也在不断加重（摘自观光白皮书平成19年版）。

延长旅馆生命期的对策是集当地之全力，策划拥有风土人情的温泉街、安排有特点的服务，以及名胜古迹与土特产品的相关提案。对于温泉街的吸引人的宣传及活动信息的发布也要重视，让一日游的客人也能尽兴。这样的成功事例有大分县的汤布院及兵库县的城崎温泉、有马温泉等。

与其相对，不靠地域，而是旅馆个体的成功案例也存在。那就是位于石川县七尾市的能登和仓温泉的加贺屋。和仓温泉自身绝非热闹繁盛的温泉街，但有102年历史的加贺屋则是“专业人士选择的日本宾馆·旅馆100选”中连续28年位居第一的老字号旅馆。其客房数为246间，可接待客人数高达1400人的大型旅馆，每年有22万人光顾。其客房利用率高达80%左右。

住在加贺屋给人的印象，是宽敞的旅馆内有一个如假包换的温泉街。 小册子上的介绍写道“旅馆内是美术馆”，具有韵味雅趣的和风布局随处可见，并且还有销售各种名点心、名特产、工艺品的7家土特产店，以及酒馆、休息室、卡拉OK、专属歌剧团的表演、相声等每月变化的表演节目，温泉街的一切乐趣，只要在加贺屋旅馆内穿着浴衣就能体验到了。 每项服务都是高品质，待客及料理、设施及风景的平衡度也很好。 其高品质是让住了一晚的客人意犹未尽而想再次光临的原因。

以客房的用膳为代表，其待客时间很长，并且员工会观察客人用膳的情况，有时对于不爱吃鱼的客人，据说员工会当场为其撤下鱼类料理而换上肉类料理等，体现了服务的体贴。 对每位客人有针对性的照顾，其基础是细致入微的顾客信息。 对于顾客的嗜好及过敏物等信息，据说即便是第一次来旅馆的客人，旅馆方面也能在预约时把握5成、到达后把握剩下的4成左右。 在待客的同时收集信息，在全旅馆内共享，从而提高服务品质。 通过提高顾客满意度而力图增加对顾客的吸引力的服务业的基础，构建得非常之扎实。

加贺屋在20年前，其上菜与收拾餐具的工作，就通过连接厨房与全旅馆22处楼层的“搬运系统”而实现了自动化。依托此系统，客房服务员从原先每天需要花费90分钟左右完成的上菜·收拾餐具的工作中解放出来，从而能够专注于待客。 这是由提高员工满意度来提高顾客满意度的思维方式的典型运用。

其提高员工满意度的对策还体现在其他方面。那就是包括托儿所在内的母子宿舍的运营。从婴幼儿到小学 6 年级，根据女性员工的排班，实施从早上到晚上 11 点的委托照顾服务，37 名孩子在托儿所内健康成长。使得有孩子的客房服务员也能安心地专注于服务工作。旅馆运营对人的依赖度很大。正因为如此，更少不了对物理性作业的减负及通过应用信息来打下服务的基础。图 3－31 为加贺屋的接待服务归纳图。其接待的基础，是重视人与人之间像家人一样交流的经营理念。

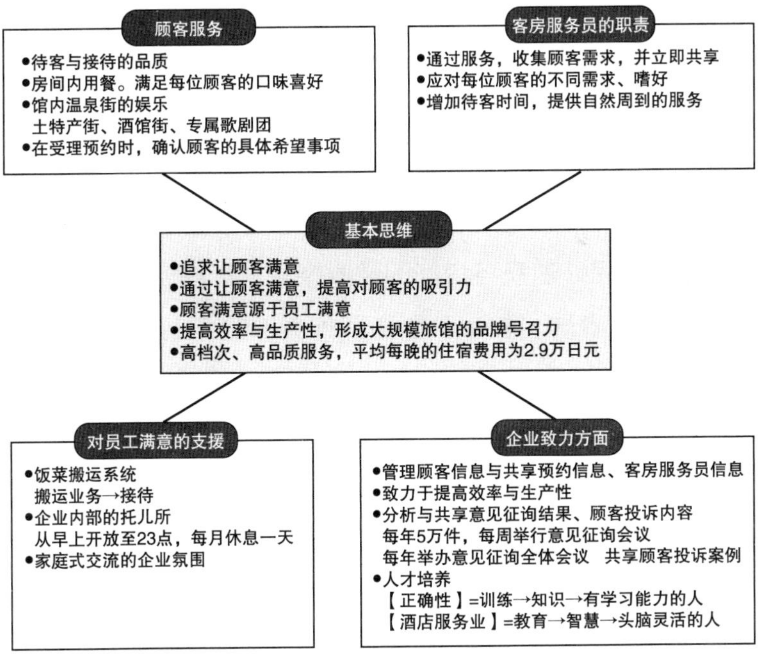

图 3－31　员工满意孕育顾客满意的“加贺屋”

住宿服务：以科学化处理睡眠及服务的“超级宾馆”

与重视接待的旅馆业，提供豪华氛围及餐饮、宴会服务的都会宾馆不同，有些宾馆为商务人士提供特定化的独特服务。1996 年创建，目前规模达 38 家连锁宾馆、大约 1 万间客房的超级宾馆，这是一个典型例子。

超级宾馆的前身是面向单身人士的单身公寓，同时也经营着商务宾馆业务。在房地产泡沫破灭后的转机之中，山本梁介会长所精简出的服务，是讲究安眠、快眠，提供宾至如归服务的高便利性商务宾馆。

商务宾馆的客人在宾馆内逗留的平均时间为大约 10 小时，其中 7 小时左右都是睡眠时间。超级宾馆的服务，首先是为客人准备软硬 2 种类型的大床及 6 种类型的枕头。只要在前台提出要求，就能当场选择枕头。其快眠的经验知识来源于与大阪府立大学的共同研究，为服务质量提供了保证。备有隔音工程处理及各房间的独立空调、低噪音型冰箱，提供“安全・清洁・安眠”服务，如果有客人提出没有睡好的意见，就会退还房费，这就是宾馆履行的“安眠保证宣言”。

宾馆的设备齐全，从而使客人能够宽敞舒适地度过。最美妙的是天然温泉，其中 4 成以上的连锁宾馆都配有这种温泉，在泡澡暖和之后，客人可以享受按摩及小菜，还能在宾馆内饮酒到深夜。早餐也很丰富充实，并且价格相当划算。

住宿费为 5000 ~ 6000 日元，性价比很高，客房利用率为

89%，据说每年的回头客占客人总数的70%。并且，入住与退房的便利性也让人称道。客房不配备电话，冰箱里也不预先放入商品，不仅入住手续通过自动机器办理，退房时也不需要再计算其他费用。

提供如此便利的同时，其实与自身的成本控制也有联系，网上订房的预约率也达到了43%，实现了前台人员的大幅削减。与系统化相配合，铺床及日用织品、餐饮服务都采用外包方式，即便靠人数不多的员工，也能实现高品质的前台服务。

对节省能源及环保对策的研究也一直在进行中，房间采用节电型电灯泡、节水型淋浴设备，而各种修理・保养的对应技术也由宾馆相关员工自己掌握、操作。令人吃惊的是，随着温泉设备的配备，在客房里入浴的客人大幅减少，从成本上来看，是一种投资金额回收的情况。

并且，以这样的系统化及效率化为基础，通过培养员工而提高人性化服务，则作为最重要的研究课题在进行。超级宾馆的思维方式是通过培养“自律人格”而促成员工的成长，并由此提高服务水准。其核心思想是“即便依靠操作指南化而使不周到及不满意减少，但要提供让客人感动的服务是高难度的”，并以各种形式付诸于实践。

其代表性的研究过程，是导入美国GE公司的教育改善手段——Work Out（可译为“群策群力。”）。由员工自身来思考改善计划及优先顺序，通过山本会长也会出席的计划实行项目启动会，及半年后的结果发表会的确认，从而扩展了主体活动。不仅是业务，还重视对员工自身的目标及对将来期望提供建议的“谈话”，并且重视上司与部下之间通过Rank UP（自我进步）笔记本的形式进行交换笔记本的交流行为。

超级宾馆对服务的思维方式如图3－32所示，超级宾馆的研究工作，其实不止这些。凭借经验知识学会如何把服务嵌入到设施及居住地中，以面对出生率下降、人口老龄化时代。如开始提供带有看护服务的养老院及高龄者住宅，其目标是达到关西第一的“安全·清洁·有活力”这一目标。

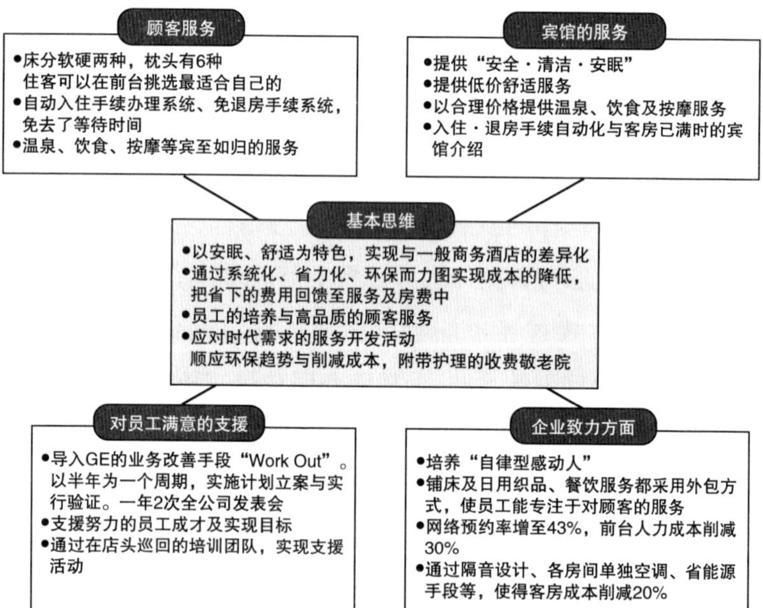

图3－32　超级宾馆的服务思维

运输服务：通过服务谋求地域改革的“越前铁路股份有限公司”

做为出生率下降、人口老龄化的冲击波在地方的体现，人口稀少化已经成为严重的问题。 在这里介绍的越前铁路也是位于这种地区的铁路公司。 越前铁路的前身是京福铁路，由于接连的事故而休业了两年半，在 2003 年作为日本的第三部门铁路（日本的第三部门铁路，日本原本最大的铁路单位日本国铁与分割民营化之后成立的 JR 诸公司，曾经拥有许多非常末端的地方铁路线，随着时代的改变这些线路利用率越来越低而造成严重的亏损，因此在营运效率的考量下被迫废线。但是对于偏远地区的居民与政府单位而言，这些末端支线很可能是日常生活的重要交通工具或地区发展的命脉，因此往往会由铁路沿线各地方行政单位再加上一些民间企业成立第三部门铁路公司，接手日本国铁与 JR（或甚至一些私人铁路公司）不愿经营下去的铁路路线，而成为除了 JR 集团与属于第二部门的铁路公司的私铁之外，最大的铁路经营业者群。——译者注）公司而再次运营。

在休业期间，巴士输送替代了原先的铁路。 但是存在拥堵及延迟、运费负担等问题，于是通过居民的铁路重开运动，作为新的企业理念，以“地区共生型服务事业”为旗号，成立了越前铁路。 此地区的高龄者众多，无人车站也很多。 但是其沿线拥有像永平寺及东寻坊等众多的观光地，增加乘客的潜力很高，对于激活该地区发展而言也非常重要。

越前铁路在这样的状况下，为了挖掘对顾客的服务内容，在车内配备了服务人员。 服务人员通过照顾乘客以及与乘客对话，努力把握每位乘客的情况及需求，对乘客进行上下车协助及提供观光信息的服务，重视与乘客的交流。

比如，在高龄者乘客上下车较多的车站增加扶手，调整与 JR 及公共汽车的衔接时刻，从而提高便利性。 并且，把从接待乘客中获取的信息用于业务改善及服务改善，还有效利用与本地企业及居民之间的协作。 观光信息及活动信息、餐厅介绍及地区促销等，信息也在其中发挥作用，甚至连无人车站的花坛养护及清扫等工作也是由当地居民协力进行的。

服务人员的作用不是售票，而是成为乘客与地区的信息桥梁，通过对顾客提供服务，把握顾客的需求，从而提高服务品质及扩大对顾客的生活支援。 其实这样的服务，宾馆的礼宾员及门童、旅馆的客房服务员、前述的惠寿综合医院中所配置的楼层协调员等也在进行。 对在与顾客的接触面中所得到的信息进行集约，发送至相关部门及外部合作伙伴，对各种信息进行整理后，再发送回与顾客接触的现场。 通过设立信息的司令塔，以致力于实现服务的扩展及服务品质的提高。

在越前铁路，接受每日报告的总公司发挥着如同宾馆及旅馆前台的作用，应用顾客数据及预约信息，并进行控制。

图3－33归纳了越前铁路的服务内容，越前铁路作为地区共生型服务企业开始改革的背后，通过铁路、企业、行政、居民共同创造铁路价值的行动发挥了巨大作用。

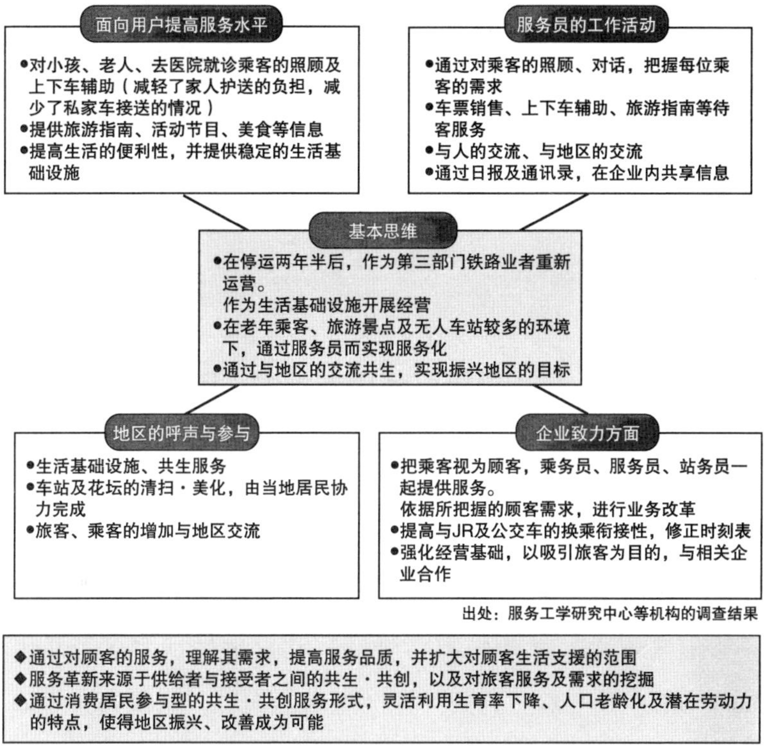

图3－33　依靠服务谋求地区振兴的“越前铁路”

如此的动向，在岩手县的第三部门铁路公司——IGR岩手银河铁道股份有限公司也开始了。银河铁道是工作日往返一趟的“地区医疗专线”。在上午9点到达盛冈车站的列车，以及完成诊疗后下午回家的列车都配备了服务人员，还为看病的患者乘客准备了优先座席。

通过这样的服务，使得高龄者及小孩能够安心地乘坐列车，家庭成员从陪同及汽车接送中解放出来，并且使高龄者的活动范围也得到了扩展。

这种与本地紧密联系的动向，可以期待其带来地区改革的服务·革新。事实上，越前铁路的乘客数量与京福铁路发生事故之后的100万人相比，2003年度为138万人，2006年度为291万人，2008年持续增加为320万人，在此基础上还要新开设2个车站。

循环型服务：开拓书籍再利用市场的“Book Off”

时代的变化，经历了大量生产、大量消费时期，开始追求适量生产、适量消费。这点在考虑环境及资源、能源及粮食的界限时，作为更加触及问题核心的社会系统，再利用、再回收的课题就引人注目了。

很早就关注这种新服务领域，并且持续成长的企业是Book Off。从“看完的人”到“想看的人”，据说通过Book Off循环再利用的书每年超过2亿册。从1990年开设1号店以来，到2008财年3月期，成长为拥有902家店铺，销售额达505亿日元（Book Off单体的销售额为372亿日元）的企业，成为仅次于纪伊国屋书店及丸善的业界第3位的书店。

日本书籍的市场规模大约为2兆日元，除去杂志之外，1兆多日元的大约7%为中古流通书籍，而其中60%多的份额为

Book Off 所占。根据 Book Off 的预想，到 2013 年，中古市场的规模将会达到新书刊销售额的 10%，估计大约为 1200 亿日元左右，并计划再增加市场份额。除了书籍和 CD 以外，还在大约 10 年前开始从事包括儿童用品、西服、运动用品、杂货、首饰等的再利用的生意。以成为“从事综合再利用的顶级企业”为目标方针。

Book Off 的整体服务框架形象如图 3－34 所示，其商业模式单纯明快。

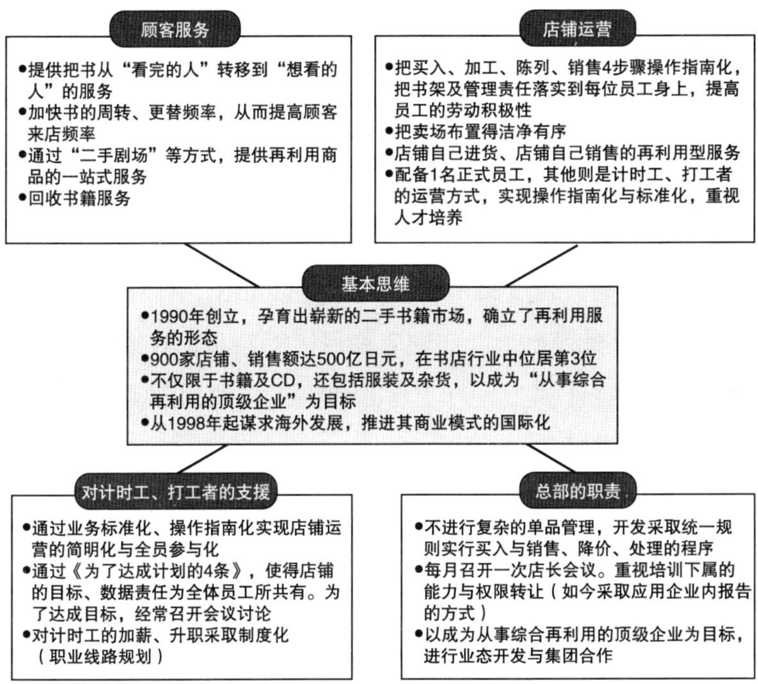

图 3－34 开拓书籍再利用市场的“Book Off”

采用店铺进货，店铺销售的模式，而进货价格为书本定价的10%，销售价格为书本定价的50%。进货后3个月以上都没卖出去的书及有5册以上库存的书就会留下其中的5本其余全部转移到100日元货架区销售。如果半价货架区放满了，就把书按照旧的程度转移到100日元货架区。陈列顺序按照作者名顺序，按照这种规则，任何人都能处理工作。

注重外观，只接收干净卫生的书籍，书架与卖场总是保持整洁有序的状态，一扫以前旧书店给人的印象。由于是店铺进货店铺销售，可以由自身来选择适应当地顾客阅读的书籍，剩货金额只有全部购入金额的3%左右，非常低。与新书刊38%的按金额计算的退货率相比，让人吃惊。

如此简单明了的运作方式，不需要考虑书本内容及个别价值的单品管理，也不需要POS系统等结构。使得买入、加工、陈列、销售通过简单作业而实现标准化，任何人都能进行操作。在此基础上，实现店铺目标的共享，并按照每个书架来分配决定计时工·打工者的负责人，致力于实现有责任与目标的店铺运营。

这样的目标管理及为了达成目标而强调重视会议的《为了达成计划的4条》与包括计时工在内的职业规划提升了员工的干劲，使得升职、加薪制度化，从而实现人才的培养。

进货及销售两方面都由自己包办的风格，本来就可谓是零售业的原点。因此其总毛利润率高达70%以上，与可以退货及自动进书的普通书店的22%左右相比，两者的差异巨大。 被再次销售价格维持制度所保护的书籍流通的退货率也有38%，在销售店的总毛利润率低下的情况下，已经成为了需要重新审视的低效率系统。 重新审视网络销售及再次销售制度，在再利用渠道扩大的背景下，消费居民的便利性及作为社会系统效率性，可能需要再次探讨。 目前，38%的退货书籍除了做成再生纸，其他再无用途。 作为应该改善的课题，需要对此进行研究。

循环型社会的构建，并非构思通过在现行的制造系统及流通系统中追加再利用、再回收就能实现的。 其是对制造、流通系统本身嵌入再利用、再回收，而进行的整体设计，对服务·革新的组建也需要在这种思维方式的基础上进行。

第 4 章
服务 · 革新的推进与展望

1　服务 · 革新的成功要因与“真 IT 经营”

到前面的章节为止，我对服务 · 革新的各种事例及模式进行了说明。 在本章，我会在再次确认服务 · 革新的成功要因的同时，在思考今后的服务扩展的基础上讲解重要的服务构造及领域、特征及分析方法等，也就是服务 · 构架。

首先，关于作为服务 · 革新的原动力的 IT 进化，我会确定其从经营角度及社会角度所处的位置及通过比较欧美现状所呈现的课题。

不把 IT 应用看作技术，而是看作一种经营来理解

在思考提高服务的生产性及服务 · 革新时，IT（信息技

术）应用的成功与否是一个大课题，这从多方面都可以得到验证。而且，考虑到服务产业其自身在不断加深着横向·垂直·跨行业合作及与制造业的联动发展，可见IT应用的有效性之高，且其成功与否也是产业全体的共通课题。在这里，不是把IT作为技术层面的问题来看，而是作为经营来理解并赋予其位置，此举的重要性，我将会进行说明。由此，能够理解应该如何利用IT技术，从而开拓“真IT经营”之路。

如今，IT技术的发展所带来的开放性连接的拓展，已经不仅仅局限于企业之间、而扩展至企业与个人、个人与个人、个人与社会、地区团体等各种领域。并且，技术与技术、人与技术之间，产生了相互自由的交流，并且已经呈现全球化趋势。

这表明，IT技术本身并没有停留在单一领域技术革新的层面上，而是像电气及内燃机一样，广泛地支撑了其他技术的发展，呈现了成长为高通用性及高发展性的GPT（General Purpose Technology，通用技术）的趋势。也有观点认为，IT技术已经日用品化，已经不是夺取竞争优势的重要要素。然而，IT技术通过开放化、标准化而日用品化，扩展了其触及的领域，也扩展了其应用的领域，同时，先进技术及应用事例也在广泛涌现。IT技术已经超越了仅仅作为经营道具的范畴，成为了推进社会变革的基础技术，如图3-7的“价值共创型社会的形象”所示，其位置已经升华为促进社会变化的革新引擎的位置。

在此，让我们来整理一下 IT 技术所拥有的特征。进入21 世纪，IT 技术自身的革新正在进化为 3 大特征。其一是提供开放性的连接性与系统环境。其二是对服务水准的无以伦比的提高，其三是对性能价格比的大幅提高。

让我们再详尽地审视一下其 3 大特征。首先其一，其提供了超越组织与企业之间、社会与个人框架的开放性的连接环境，使得非特定多人数群体之间的双向信息交换成为可能。并且此技术自身，也是由高相互连接性的开放性架构所构成，而公开技术信息，使得相互的自由应用成为可能的开源技术也渐渐得到共享。顺便提一下，所谓开源，是对相当于程序设计图的源代码实行公开政策的软件，通常以无偿的方式提供。比如作为 OS（操作系统）代表的 Linux。

其第二个特征，是包括实时服务及视频、声音在内的多媒体服务等，使得服务水准大幅提高。以及使得这些技术能够毫无压力地被应用宽带通信及高速手机通信技术的普及。并且这些技术被操作使用方便的网络技术支撑，与扩大普及环境相关联，使得服务水准日益提高。

第三特征，是大幅提高的性能价格比。硬件及软件、通信、网络服务、内容全领域的廉价革命正在进行中。通信的性能价格比按照 1M（1M 为 100 万比特）/秒进行计算的话，5 年间提高了 33 倍。纵观记忆媒体也是如此，与纸媒相对的 DISK（电子记录媒体）的成本降至二十分之一不到，并且可覆盖、可检索。

纵观这3大特征，IT技术的进化，其自身就可谓是革新，由此可以理解，应用IT技术可以说是革新的引擎。IT技术的特征如此明确易懂，但问题是如何应用。纵观最适应自身的IT应用方面，日本现实状况，尤其是企业的IT应用情况，还存在着很大课题需解决，与美国的差距明显。图4－1是日本·美国·韩国IT应用发展阶段图。如图表所示，企业的IT应用最适当化，或者是跨企业的最适应应用的比例，与日本的26.1%相比，美国为53.9%，韩国为25.7%，日本所处的地位绝对不容乐观。

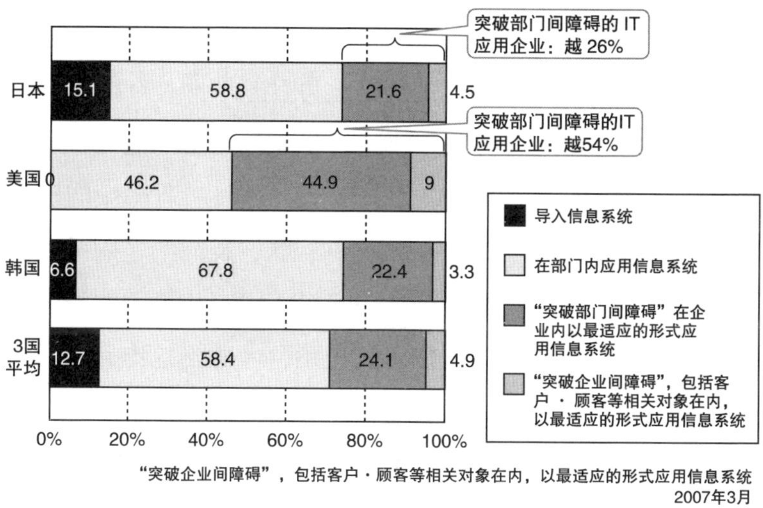

图4－1　日·美·韩的IT平台现状

那么在整理企业IT应用课题的同时，来探讨一下其突破的方向性。最大的问题是，面对IT技术的开放性进化，日本企业已经落后了，系统的标准化也未有进展。在企业“自成一套”风格的 IT 技术应用的推进中，企业之间的偏差日益扩大。 因此 IT 技术越是发展，企业之间的差距反而越大。

对于企业面临的这种危机，我会例举几个要点。 第 1 是面对在消费者市场及社会系统领域中扩大的网络技术应用，企业系统并未充分对应。 在电子商务及网络服务、手机应用软件中，共通及操作便利的网络技术被应用。 但是，企业所导入的 IT 技术中，很多是基于不同的电脑制造商不同技术体系的系统。 企业内部系统协作的自由度低下，与企业外部的协作环境更是举步维艰。 大约一半的企业系统属于非开放性技术环境，同样，无法轻易从企业外部接入的系统也占系统数量的大约一半。 即便纵观制造业与服务产业中的 IT 应用，IT 应用对生产系统而言较为熟悉，与海外的贸易业务，一直与系统标准化相联系的出口型制造业，这些产业与倾向于人海战术的服务产业存在差距。 这种现状，反而给了服务产业巨大的 IT 应用的可能性，日本的 7-ELEVEn 及美国的沃尔玛成功的巨大要因就是对 IT 技术的应用，考虑到这点，今后对此领域的期待自然很大。

第 2 是经营层对于 IT 技术应用的理解及现场的研讨方法的危机。 直到现在，日本人还在强调“IT 技术是工具，使用它的人及管理能力更重要”。 重视人的要素是理所当然，但正因为如此，才能说重要的是谋求信息武装及系统应用的省力化及支援新战略、战术开展的 IT 应用。 就如同织田信长通过装备步枪而使战国时代的战略 · 战术 · 军队编制焕然一新，革新手段中的一大要素便是技术革新。

另一方面，日本企业重视工作现场的特点，决定其对于 IT 技术应用而言，也有灾难性的一面。 各现场各自的效率化及省力化被作为优先事项，现场之间、部门之间的业务流程的重新审视及业界内、与客户之间的业务及系统界面的标准化却迟迟无法推进。 结果即便实现改善，也无法到达革新的程度。 各家企业各自开发似是而非的系统，而系统制造商也没有意识到这个问题，企业“各自为政”的系统一个个地被开发出来。

本来应该支援以全公司的改革、与客户的合作、提高对顾客的服务品质为立场的业务流程及渠道革新的 CIO（首席信息官）的地位并不高，其权限、责任也各有偏差。 根据《日经信息 Strategy》杂志 2008 年 3 月号的 CIO 调查数据，专任四分之三以上业务的 CIO 约占总数的 45%，兼任居多。 50% 以上 CIO 的级别位于执行董事以上，但发挥事业改革、战略立案的领导作用的 CIO 只有大约 35%。 从 CIO 原本的作用来看，其地位是不够的。

此调查的对象企业为上市企业及未上市的优秀企业，考虑到 4129 家公司中的 357 家公司的有效回答，CIO 的地位及作用在现实中还有很大的改善余地。

第 3 是标准化的迟缓。 回顾日本企业的成长，业界内独自的交易常规及强势制造商所主导的代理店流通及系列化大幅发展。 因此，交易业务的标准化及业务经验知识、系统经验知识的共享化无法推进，可谓在各自的业界中按照垂直领导关系的结构成长。如今 EDI（电子数据交换）的标准化终于得到推进，以商品控制信息的标准化为基础，以业务应用软件之间的衔接为目标的 GDS（Global Data Synchronization，全球数据同步）等解决方案正在不断完善中。

第4是IT投资的优先顺序与平衡度。IT投资的优先顺序因企业、行业及国家的不同而不同，但在日本，如今终于开始谋求“会计管理”、“销售管理供应链”之类的基本业务的完善与效率化，迈入了“决策支援”、“营业支援”、“提高顾客满意度”之类的进攻性 IT 投资阶段。但是，如图4－2所示，其“进攻性”的 IT 投资，不可否认，落后于欧美。IT 投资自身也如图 4－3 所示，占 GDP（国内生产总值）的比例不到4%，与美国、英国的百分之十几相比，极为低下。

为了有效利用 IT 投资，其实重要的是与 IT 投资自身同步并行的对业务流程改革的推进、研究开发投资、流程及系统的标准化及人才培养、教育等无形资产的积累。

至于无形资产等占 GDP 的比例，日本为 7.8%，与美国的 11.7%、英国的 10.9% 相比，也属于低下的水平，而在研究开发投资较少的服务产业中，其水准就更低了。

20世纪90年代在美国出现的新经济，被有形·无形资产的均衡投资所支撑的同时，通过在社会、产业中广泛应用的开放性架构及网络技术，实现了可持续的发展。日本虽然晚

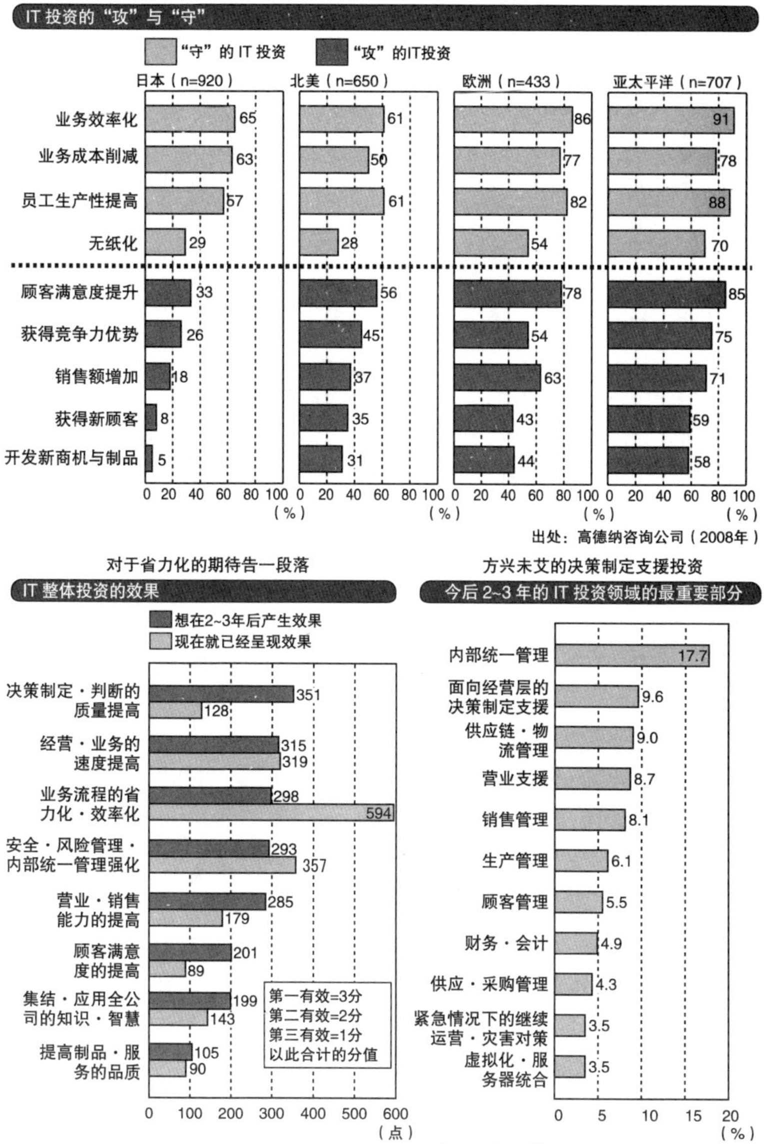

图4－2　IT投资的方向性

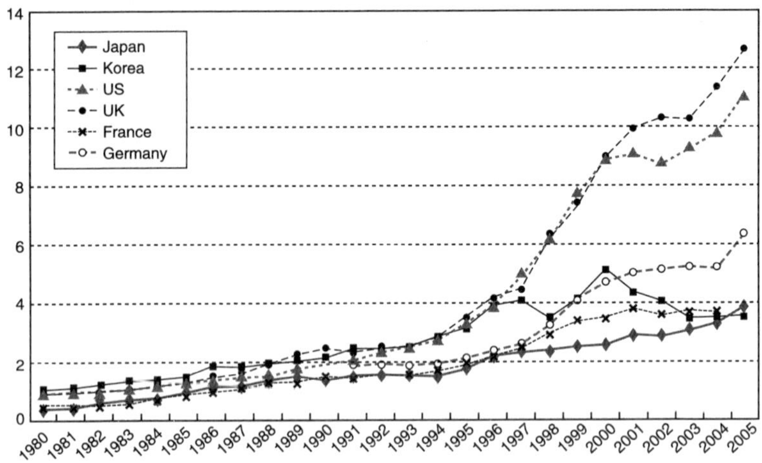

图 4 - 3　各国 ICT 投资占 GDP 的比率

了别人一步，但并不需要过于悲观。IT 相关投资占 GDP 的比例考虑到房地产及设施费等固定费用比美国要高的现实，其低下的数字是不可避免的。相反，在仅有的费用中组合各种要素，从而取得巨大成果的事例则很多。因此，在进一步提高 IT 发展的可能性的同时，通过谋求其战略性的应用与正确的领导，从而大力拓展日本服务产业生产性的提高及革新的可能性。

所谓日本该领域的正确领导，是以高品质的诚心服务及在从消费居民日常生活出发的共同创造之中产生的多样的服务的适当化与充实化为目标，更加有效地研发 IT 应用方式、有效发挥日本的优势，以此向世界展示日本的力量。希望把这样的研发工作作为新的革新，给予其应有的地位。

综上所述，我把企业应用 IT 技术的危机与课题浓缩为了 4 点进行了叙述。就如各位读者所知，要有效地利用 IT 技术，重要的是超越企业与企业、企业与个人及与社会的框架。同样，如果能成功超越技术的框架、人与系统的框架、有形 · 无形投资的框架，那就与服务 · 革新的方向完全一致了。

然而，这样的论点的范畴实在过于广泛，因此在考虑收集 · 分析信息、综合组建与共享，以及进一步的应用的时候，就需要整理研究探讨的方法。考虑到提高工作成果的基本做法中的普适方法，在这里，作为零售业中的基本手段的“精简”思维方式很有作用。

所谓“精简”，是指在多样化的需求及商品中，集中并备齐“当时、当店、当店顾客所需”的商品，通过精简商品种类，力图提高品质及防止缺货，即时顺应天气及需求变化而进行商品替换的实时手段。如果以事业战略来表达的话，则与“选择与集中”的思维方式相近，把自身的立场放在从消费居民日常生活出发的位置，敏感地导入新商品及变化，把这项工作作为日常性的工作，这点至关重要。

让我们来看一下通过应用 IT 技术而使此工作发挥作用的研究过程。如图 4 - 4 所示，以 IT 所拥有的革新能量为主旨，把商业领域所发生的变化及顾客与企业关系的变化，有关 IT 技术及系统的重要技术动向等分为商业、IT、系统、顾客的技术环境 4 个领域，整理应该预先注意的课题，并研究分析其变化。

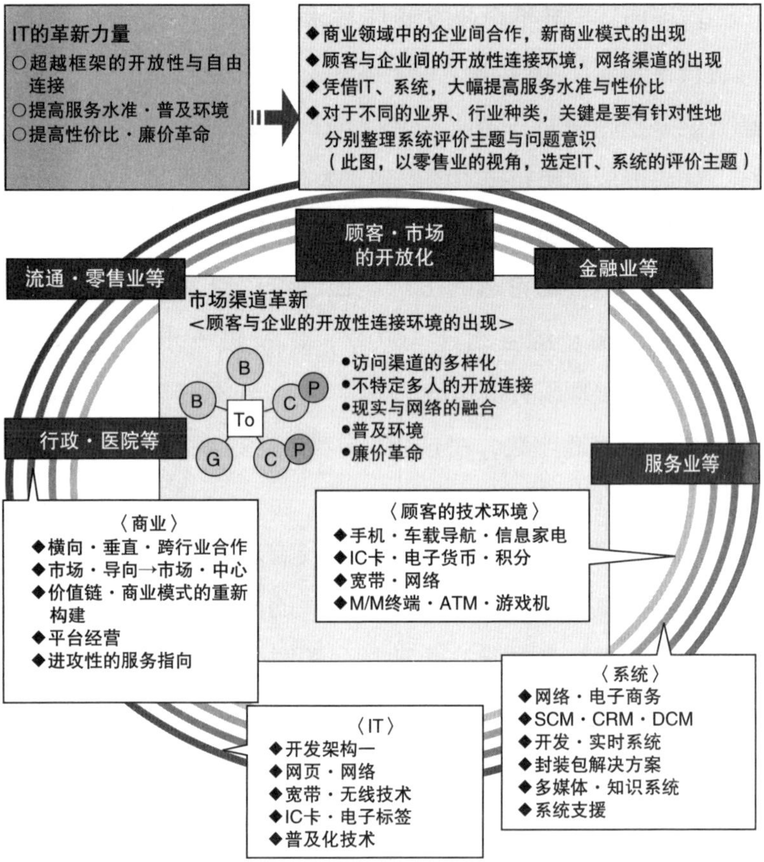

图 4－4　IT 应用的研究

而应用 IT 的目的，是把握社会变化及顾客需求，找出商业环境的变化与课题，从而知晓应该关注的 IT 发展部分，以及知晓通过利用 IT 技术构建系统及对其应用，应该如何得到顾客的支持、实现与竞争企业的差异化。因此，把应用 IT 的研究过程分为这样 4 个领域中的重要课题的选定与集中性的分析，并且发现解决问题的方法与致力于推进其组建，是非常有效的方式。

此处以零售业为例，在商业领域，持续关注横向 · 垂直 · 不同行业间合作等动向；在系统领域，分析网络应用、SCM（供应链管理）、DCM（需求链管理）、CRM（客户关系管理）等系统动向，一直保持能为企业自身的商品供应计划流程的改善 · 改革有利的观点，这点非常重要。

在 IT 领域，要理解对社会及商业带来强烈影响的技术，并且对今后的应用有个大致的构想，这点也很重要。 而更重要的是，顾客 · 市场的变化，以及通过网络开放环境、实体店与虚拟网络的融合，扩展顾客与企业的新关系及产生服务的接触点 · 渠道。

应对环境变化及技术变化，在更换各自区块的课题，以较好的平衡性精简并进行探讨 · 分析的同时，不断组建、提案新服务。 前述的 ATM 服务开发事例等，正是综合关注这些变化、并在探讨的基础上所取得的成果。

而另一点，作为革新原动力的重要要素，社会与产业的模块化流程不可不提。 模块化的思维方式，可以表达为“把价值链及商业流程的功能及作用按照能够独立的业务功能分解为细分化的模块，谋求拥有这些模块的组织间的分工 · 协作，把产业及社会的流程按照更为有效率、更为有效果的方式进行组建”。

在制造业及技术（架构）的世界中，经常会提到模块型

（组合型）架构与完整型（整合型）架构这两种方式。模块型是指高作业要素的组合，分工型的技术方式、生产方式；而与之相对，完整型是指提高附加价值的智慧型协作及使得品质提高的工序之间、制品功能之间的互补及合作。

笔者在解释通俗化的同时，想说明的是，在服务产业中，不管何种模块，都需要努力嵌入服务附加值；笔者还认为，当要组建服务流程时，完整型的要素已经事先包含在内，而不需要刻意区分模块型与完整型。并且，今后包含制造业在内的服务产业，会进一步加深相互的协作·合作及与当地居民的共生·共创，而在这样的过程中，模块所拥有的功能的品质及服务水准、开放的连接性会提高，产生新的附加值的模块之间的合作会应运而生。也就是说，随着模块的成长，就会产生完整型的合作。

那么，我来介绍一下模块化社会的形象。如图 4－5 所示，是社会变化及模块化的流程。产业模块化的概念，更通俗一点来讲，也包括分工化及承包、销售代理店制度等任务分担形式。而对这些任务分担，要求更加有效率、有效果地运作的契机，是20 世纪90 年代从卖方市场社会向买方市场社会转变的时候。制造商占主导的 Push（推动）型的分工体系，已经无法应对消费者需求及嗜好的变化，顾客与制造商、批发商、零售商的关系及企业相互之间的关系发生了变化。

之前一直在叙述的零售业的业态变化及服务产业的成长

过程。在零售业及新服务中，更为专业的专门量贩店在成长，以租借的形式，集合了专门店模块及医疗保健及美容、文化培训机构等的大型购物中心得到了成长。包括制造及物流的外包在内，从制造到销售的垂直统合型服装产业得以成长，也是在这一时代实现的。

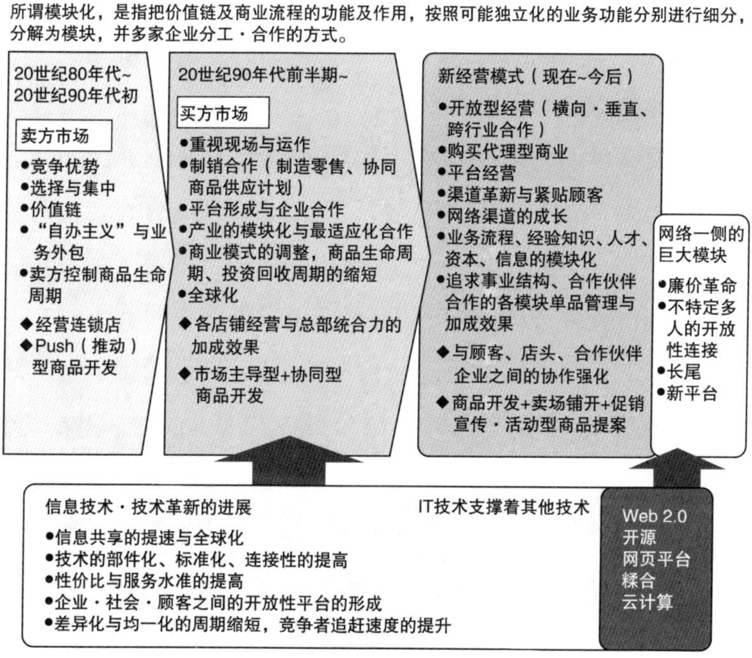

图 4－5　IT 革命与产业模块化

在产业模块化发展推进的背景中，存在着竞争激化、商品 · 服务生命周期的缩短、全球化及多极化促成的对多样性的应对，而各种模块的品质及功能的提升也对此有巨大的推进贡献。

对推进模块化贡献最大的，是图的下段所示的信息技术与各种技术革新。20 世纪 90 年代的产业模块化，是分工化、协作化与外包的扩大，尤其是20 世纪90 年代中后期开始的开放性技术、网络化及系统的低成本化，对此做出了巨大贡献。

进入21 世纪后，此潮流由于网络的普及而更增加了速度。由于包括当地居民在内的开放自由的通信环境的出现，模块化社会急速地扩展开来。

其具体表现是以在网络上出现的巨大的商业平台为代表的，以更为有效率地组建商业及地区社团为目的的庞大的模块提供环境。谷歌的服务模块是知识及信息的巨大图书馆，并免费提供软件及内容的下载服务及交流服务。

美国的亚马逊网站把企业自身的系统及服务、图书及 CD 的商品库存等内容都进行无偿公开，与其他企业的网站连接，开展提供能够经由其他企业来进行亚马逊公司的商品的销售及结算、物流等功能的服务模式。如果用户把此种服务作为模块来使用，可以把与自身网站的商品及内容相关联的图书及 CD 作为自家店铺的备货进行销售，能从亚马逊公司得到手续费。

整合多个网站的信息及服务，提供一站式服务及新服务的 Mash Up（糅合）系统方式（系统构建方法）也在扩展中，并且在网络世界，不仅是企业对个人，SNS（Social Networking Services，即社会性网络服务）集中了数千万名会员，并且也与企业网络相连接。

在这样通过网络、经由网路的模块合作的基础上，产业模块自身也呈现了巨大变化。之前的模块，主要是实现业务功能的各种模块的合作。而如今，产业活动全体的模块化则在不断推进发展中。

现在的模块化，不仅仅局限于业务流程，还扩展至人才及资金、信息、经验知识领域，通过研究如何以最适合的方式整合模块，来孕育出事业革新及新的商业模式。如图4－5右上部分的新经营模式一栏所示，通过跨越传统框架的各种模块之间广泛的合作·联动，可以预见，今后的商业及社会活动的组建中也会产生变化。

如此的模块化发展，依靠的是IT及各种其他技术、经验知识的支撑，这点不言自喻。但是，为了达成这一目标，需要把握IT技术自身也在模块化的重要事实。为了多种模块有效联动、提高加成效果，就需要以实现开放性连接与提高模块功能为目的的最适当的技术的进化及共享。

如图4－6所示，IT技术自身的模块化，已经触及软件、硬件、通信、网络各领域。如今软件已经从自己开发的时代，转变为购买封装包等的时代，并且有并不需要拥有所需软件，而只要通过网络使用的时代潮流趋势，使得各种模块的整合成为可能。然而，理想与现实还有很大差距，各种方向的发展都被人所看好，但作为基本的传统模块化，是开发最适应自身情况的模块，进行评估并习得使用模块的能力，从而使其为我所用。

把企业的业务流程分解为名为“服务”的零件单位，从而进行大规模信息系统设计的手段——SOA（面向服务的体系结构，Service-oriented architecture）及经由网络向顾客提供应用软件的服务——SaaS（软件即服务，Software as a Service）为人瞩目。这种思维方式的基础，是基于业务流程设计，整理业务功能并落实到系统功能中，应用作为构成功能的软件模块而预备的服务单元，以模块整合的方式进行系统开发及提供软件服务的思维方式。这在产业模块化之中，与流程及功能、模块的组建发展相同，是IT技术与产业内外合一地推进着模块化的明证。

但是，企业是否都能享受到此种恩惠呢？现实却是自主开发部分与购入的封装包之间的协作不顺利，其复杂程度与修修补补的构造使得成本提升，而封装包软件自身的应用也存在各种问题。把业务适应于ERP（Enterprise Resource Planning，企业资源计划）及封装包软件，按照原样使用的比例，与美国的30%～40%相比，日本只有10%左右。与之相对，日本的追加、修正开发繁多，不仅降低了自由度，成本效果也比美国要低。

随着IT模块的发展、技术环境的变化，是自主主义还是以封装包为准，有必要摆脱这个二律背反。模块化时代的系统开发，应该把业务流程整理至模块水准，并与软件模块进行对比，从而使之适用。开发原本没有的模块也是很重要

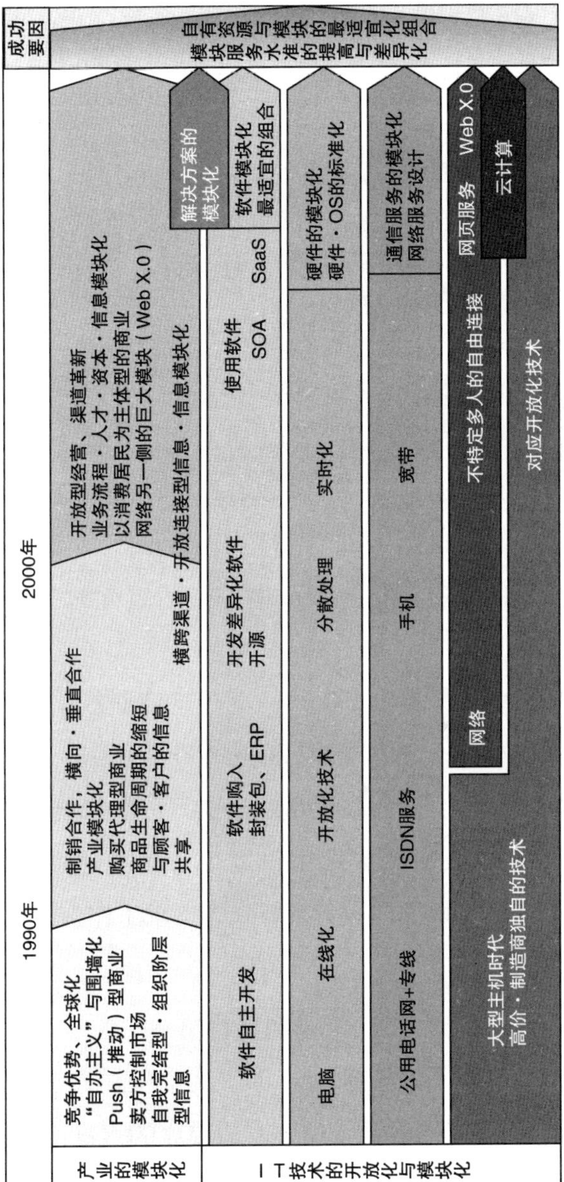

图4-6 产业与IT的模块化与最适宜组合

的。不仅仅执着于单一的封装包及自主开发软件，而是选择最适用的模块进行整合。此方法可以称为 SOA 的混合式开发。

IT 投资，在如今成为商业主战场的顾客接触点及强化营业能力、支援销售额的提高的导向之下，企业的重点领域是自主主义与差异化；另一方面，以效率化及标准化为目标的部分则使用封装包，这样干脆明确的方法也是一种思维方式。为了构建高竞争力及高效的系统，“业务流程设计 = 业务改革 = 人与系统的一体化”的思维方式很重要。所谓系统化并非简单的最适应化或者整齐划一，而是追求具有灵活性的最适应的整合，这点希望读者能有再认识。所谓模块化的时代，应该理解为扩展这种灵活性与最适应化的选项，以及可能性的时代。

如上所述，可以看出，模块化时代的商业战略与 IT 战略在这里仍然是如此一致。应用 IT 技术的课题很庞大，但以服务 · 革新为目标的突破方向则是明确的。通过把精简与模块化这两种研究方法从消费居民日常生活出发的主轴进行展开，就能更为具体地推进服务 · 革新的探求工作。

与服务 · 革新共通的 4 大成功要因

我们学习了服务产业中的各种研究事例，其研究规模及方法的不同，改善程度的水准及改革程度的水准同时存在等等，从服务 · 革新的整理角度来看，似乎对事例的分析还应该更进一步。然而，服务所处的位置，包括了企业对企业、组织对组织，但最后还是与服务当地居民相联系的。在考虑到这点时，应该想到生活自身在改善与改革的一体化进程中进行着，应该把这点作为基础。也就是说，观察服务的观点，应该不仅仅局限于改善还是改革的看法上，而是要看能否颇有实效地发现商业及生活领域的成功要因，以这样的观点思考服务·革新也是很重要的。

如果从企业的观点、制造业的观点进行思考，改善与改革、TQM（TQM,全面品质管理的管理策略。——译者注）与新技术开发、对之前模式的改善及量的层面上的扩大与新模式的创造及新事业、研究的思维方式及实行方式也有相异之处。然而，就如同从事物到事件的变化一样，服务化的发展进入了一个更为重视把事物作为事件提供的服务流程的附加价值的时代。这种现象在从所有到使用、从大量消费到适量·适当消费、从制品功能及服务的高度化、高功能化向合理化及最适化变化的过程中，能明显看到。

也就是说，身为服务的消费者的当地居民决定了服务的价值。改善还是革新，由当地居民来决定的时代也已到来，因此以新视角来观察这种变化，可以说尤为重要。我在第1章的第18页，对何为服务·革新进行了整理，而其前后一致的思维方式，便是从消费居民日常生活出发；而服务则是在社会中、结构中、对人的研究中谋求革新的行为。

那么，何为4大成功要因呢？首先是我一直在强调的从消费居民日常生活出发的思维方式。7-ELEVEn 的购买代理零售业及开发提供便利性的商品、服务就是具有代表性的事例。越前铁路及加贺屋通过对顾客直接的支援与接待，收集顾客需求，以进行细致入微的对应工作。Ogino 应用 IT 技术，了解需求与消费模式。而提供集团化或个别化服务的研究活动也是共通的事例。应用积分卡等的 CRM 的扩展及依靠电子商务等进行的一对一服务也是从消费居民日常生活出发的致密研究。

第 2 个成功要因，是框架的革新。就如第 3 章第 3 节中我所讲述的，商品供应计划流程中从原材料到销售・售后服务的垂直合作及垂直统合事例。AEON 株式会社及服装产业的 SPA（制造零售）的事例已经做了说明，美国的沃尔玛及法国的家乐福等跨国零售业中也在普及此方法。与垂直合作相对，横向合作的扩展也可以说是今后的一大潮流。在第 3 章，对于英国的综合零售业者——乐购进行了介绍，而横向统合各种零售业态及银行服务、电子商务等行业，其销售额总计达将近 7 兆日元。在英国，一成的损失保险业务由零售业者经营。我认为，横向统合在金融服务领域也一样，超越银行及证券、保险、信用卡等框架的服务的开展速度会变得更快。通过超越框架的研究而孕育出新服务的 NAVITIME 的事例也很新鲜。在自主技术与 GPS（全球定位系统）中整合设施及活动、电影及观光点等内容，达到了提供生活行动导航及礼宾型服务的高度，创造出了超越框架的崭新服务领域。

第 3 个成功要因，是对基础设施型、平台型服务产业的组建。惠寿综合医院的保健平台的形成指明了时代需求的方向。在谋求超越医疗、护理、保险、福祉之间的壁垒及制度上被分割开来的保健服务的联动的同时，向着地区合作及社会基础设施的形成而迈进的保健平台在不断产生，其社会意义也非常巨大。服务是以与顾客的接触点为层面进行凝缩提供的，但支撑其质量及性能价格比、售后服务等的基础设施的完善也起了重大的决定作用。在这个意义层面上，我认为连锁餐饮企业为了追求食品的安全与品质、成本的改善而自行负责、从事流通及原材料办置工作的动向，以及像 7-ELEVEn 那样为了提高小规模店铺的服务与竞争力而广泛地强化平台经营的动向，都具有广阔前景。

而第 4 个成功要因，则是参与交流型、共生共创型、共鸣理解型服务的重要性。服务不是被给予的，而是自我选择，有时还会参与、共同创造，从而决定服务内容及服务价值，这样的意愿，我认为今后会愈发高涨。前述的越前铁路的事例中，当地居民协助清扫无人车站及建造花坛、努力实现地区繁荣的现象，是今后共同创造型时代的缩影。

这种思维方式，即便没有逐一进行的共创性现场活动，但如果能维持让顾客产生共鸣及信赖感的说明及品质的话，就能形成共创型的服务。而最简单易懂的例子，就是 OK Store 的 EDLP（天天平价）。“总是做本地最平价的店”的提案，省却了顾客货比三家采购的工夫，“诚实卡”中对商品的说明及在所有价签上标示的折扣率，提高了顾客的共鸣及满意度。通过谋求与顾客的信息共享而形成信赖感的研究，是服务的基本；并且产生共创关系的行为与服务的最适化与生产性的提高相关联。

共创的思维方式，不仅在顾客与企业之间产生效果，也提高了提供服务的员工自身的满意度。“没有员工的满意就没有顾客的满意”的思维方式，在日本也开始普及，后面将会讲到的“服务利益链”的思维方式也可以作为参考。如果进一步深度确认员工满意度，就能发现其中包括对于业务本身的共创、共鸣、协作的满意度，同时还有与人性及人生观相关的细微的关怀。

超级宾馆致力于改善业务手段及培训员工，但对于能够以自主性行动的“自律性感动人”的培训，则认为重要的是员工拥有自己的人生目标，自觉努力地激励自己成才。山本梁介会长说道：“这是员工对自己该怎么活的思考，我不打算把员工在公司的条条框框中限制死。”不仅是业务上的课题，对于员工自身的目标，上司也会作为“谈心”课题予以采纳，并进行支援。这点很重要。

而且，九州的“平价销售王”——Lumiere 的方针也非常明确。“总之就希望顾客能从自己这里买到平价的商品而开心”、“12% 的总毛利率是很低，所以要彻底地抑制经费”。但消费税从 3% 升至 5%，增加了 2% 时，却采取让卖方消化增加成本的方式，而并不涨价。12%的总毛利率是一般超市的一半。店铺并不美观整洁、批发商的利润也不高。即便如此，顾客仍然支持店铺，批发商也与店铺合作的原因是店铺并不考虑自身赚钱，也不以企业规模及销售额为目标，而是以“让顾客开心”为目标的对经营的执着。顾客及批发商也由此产生了共鸣，共创的商业模式得以成立，员工即便在较高强度的劳动环境之下，也在“企业家族主义”的经营理念下发挥主体性地工作。

同样，加贺屋员工满意的基础是员工之间以及与企业之间的相互交流，干部对员工的关心体贴，与对顾客的关心体贴位于同一层次。这其中并非上下级的关系，而是共同创造服务，并且重视员工自主自立性的形成及其成长过程的思维方式。

在服务产业的革新事例中，能让人感同身受的，是这种共同创造及孕育其的共鸣。而且，产生这种共鸣的基础扎根于“为了让顾客开心”的主旨中，也是其共通之处。

而在服务产业现场诞生的，这种重视与顾客的共鸣及共同创造，以及员工满意度的思维方式，与以前的迈克尔·波特的竞争优势战略中的此消彼长概念及蓝海战略中的作用矩阵的思维方式中并没有充分进行说明，但我认为这是在服务·革新领域中尤为重要的要素。

以“真IT经营”来实现开放性革新

作为服务·革新的成功要因，我列举了从消费居民日常生活出发、框架革新、服务的基础设施及平台的形成、共创与共鸣服务4点。在第1章，作为“真IT经营”的假设，例举了以下6点：

①通过系统化来追求信息化与效果，对自动化及效率会进行均衡组合，把支援人工活动及提高人的主体性作为IT应用的主轴。

②理解IT所包含的意义与可能性，广泛采取能够积极有效地应用科学技术的能力、体制及方法论的经营方式。

③以确立经营基础设施为目标，研究如何让业务流程改革与系统革新同时进行，并与社会和产业的流程·渠道革新相联动。

④从“各自为政”主义经营、封闭的IT体系中自我解放出来，采取能实现开发革新与开放架构的经营方式。

⑤通过强化投资效果与生产性、优化资源分配来实现能够推进社会与产业的服务革新的IT经营方式。

⑥应用能够孕育形成为即将到来的价值共创型社会而准备的基础设施，包括居民与社会在内的开放型网络环境及与各种技术联动·协作的IT技术。

支撑、发展这4大成功要因的IT技术的应用正是新IT技术的应用，嵌入这些应用的经营正是“真IT经营”，对比这些项目，正是基于这样的思维方式。那么，让我们来对服务·革新的成功要因与“真IT经营”的基本项目进行配对。

实现从消费居民日常生活出发的 IT 技术的应用，通过 POS 数据及积分数据、电子商务的顾客数据的分析·应用、CRM、FSP（搜集分析顾客购买力）等；以提供符合顾客需求的备货及服务的开发，对顾客提供服务及优惠等；了解顾客，重新审视服务，提高与顾客的关联性。 这样的系统结构正在被不断广泛应用，同时网络的双向性也是重要的要素。

超越框架的合作也与订货、发货系统及物流系统、信息共享及会计系统的合作、无票据系统等；业务流程的改革与系统的革新互相联动，推进横向合作、垂直合作、不同行业间合作的方向性已经开始呈现。 企业与消费者的开放性直接连接的框架也在扩展。

服务的基础设施、平台的形成也同样，企业系统与行政系统、社会系统的合作的不足及垂直领导关系的产业·行政的壁垒虽然存在，但在不断普及的新 IT 应用与开放性网络环境中，其基础在不断被夯实。 在制度问题及预算分配、各种环境完善方面还留有障碍，但在日常生活的服务场景中，联动所需服务，在实质上减轻垂直领导关系的障碍的研究成果，也在人与 IT 技术的联动中得以实现。

IT 应用虽然具有很高的投资效果，并且对生产性的提高做出了巨大贡献，但很遗憾，其并非在所有领域都展示出了成果。 存在恶意使用网络的负面部分，这也是事实。 而在作为第 4 个成功要因的共创及共鸣领域，对 IT 技术的应用方法及使用者的道德也有较高要求。

对于金融工学所运用的“欲望的商业”、个人信息的滥用及通过应用 IT 而过度的省力化及省人工化，需要进行充分的牵制与检查。

如在事例中所述，越前铁路及 Lumiere 的经营重视人的力量，IT 应用则作为今后的课题被搁置。这两家企业也在对主页上的沿线导游及推荐订货功能进行探讨，但其通过致力于人的活动而取得了今天的成就。IT 应用如果要进一步地成长为能产生共创与共鸣的系统，就需要拥有更为人性化的界面，成长为通过对人的工作的支持及提案、告警及自动化而进行有效支援的系统。这点很重要。

而另一点，则是有必要在今后整理开发·革新的概念。IT 应用及业务改革中的开放性合作的事例，可以例举出很多，但作为支撑 IT 及技术、经验知识及知识财产的管理、模块的应用及商业模式、合作中的领导能力及主导权的行使等等，在“真 IT 经营”的定义中提高的④中所例举的从自主主义经营向开发·革新的转变之道，绝非一路坦途。而正如前述，在这其中也需要精简的思维方式及为了实现最适化的不懈努力。

最后，虽然在本书中几乎没有触及，但作为重要的时代主题，不得不提到环境问题。服务·革新的定义中所述的可持续发展社会的组建及社会生产性的提高、循环型社会的形成中，IT 所发挥的作用非常大。合理、适量生产及提高计划性与效率性，分析·共享信息及业务合作、效率化，以及缩短所需时间，这些都是系统擅长的领域，7-ELEVEn 的物流系统及生产管理系统的成果被广泛共享。紧接商品供应计划循环中的原材料、生产、物流、销售、售后服务的流程，在体系中嵌入回收、再利用、重新设计产业与社会的系统。这点也很重要。

关于服务·革新的成功要因与“真 IT 经营”已经进行了确认，之前未作充分探讨的部分我会在这里进行整理，作为今后研究的课题进行追加。

首先，关于服务·革新的成功要因，面向可持续发展社会的研究及循环型社会的形成来进行服务设计与商业活动的开展，这点很重要。我想把它作为服务·革新的第 5 个成功要因进行追加。

接下来，对于“真 IT 经营”，我也想追加如下 2 个项目。

⑦提高与人的界面交互，通过提供支持及提案、自动化及告警功能等系统信息与有效率的建议，产生出专注于本来应该专注的业务、发觉问题、关心关怀及时间上的宽裕与活性化。

⑧面对可持续发展社会与循环型社会的形成，支援信息应用与业务合作，提供及应用广泛且标准化地被共享·共用的系统。

我希望通过增加这两点，完整定义“真 IT 经营”，并作为今后 IT 经营的基础轴心。

2　服务领域的扩展与构架

以领域与对象的方式整理服务

关于服务，已经从各种角度进行了叙述，但服务这个概念，是范围广泛且高深的。服务与社会变化一同成长・扩大，通过产业及社会、各人与各人之间关系的变化而改变其位置，而以不同的立场讲解服务，对其看法也会随之改变。从产业・企业的角度，从提供者与接受者的关系的角度，从顾客・消费者・当地居民的角度，从社会与个人的关系的角度，观察服务的视角多种多样。

但是，无论以何种立场，只要服务的最终目的与对象归属于人，那就可能以共通的看法来讲解服务，并且也是必要的。为此，把这所处范围过于广泛的服务按照几个论点层面进行整理，为了让不同范围的不同说法能在共有前提的基础上进行讲解，就需要整理服务的构架。所谓服务的构架是指对服务领域及种类以及其构造、功能的整理，从而组建起相互的关系。由此，服务的整体形象与部分之间的关联才能得以明确，对应各个部分的流程及功能以及支撑其的服务模块就能呈现。

对于构架的整理，我认为今后需要大量的研究及探讨，虽然目前还是部分的、不充分的，但我想作为一种假设及基础方案，对我的个人想法做一个说明。

对于服务，有各种不同的观点，其实对于服务本身的定义，也还没有达成共识。在这里我会基于在第1章中叙述的定义进行说明。其如下所述。

“所谓服务，是以人·物·金钱·信息为对象，把这些要素按照需要达成的目标进行处理，而提供其支援及相应产生的附加价值的功能”。

这其中也包括了如提供者与接受者之间的相互作用及共同创造、志愿者及社会活动、行政服务及WTO（世界贸易组织）等全球化的活动。

所谓附加价值，是指品质、功能、便利性、健康、效率性、效果性、一站式、成本效能、安心、安全、好感度、满意度、信赖感、幸福感、节约、环保等多个方面。而为了产生这样的附加价值，就需要人与系统的综合合作。

按照这样的思维方式，服务的范围看起来会非常庞大，但服务自身并非在与顾客的接触点层面上单独行使，而是在大量的志愿活动及多阶层的构造上形成的，这便是这种思维方式的立足点。最近作为达成共识的思维方式，“没有员工的满意就没有顾客的满意”的观点及“服务利润链”的思维方式也已经固定下来，但这些思维方式也是对服务的阶层式的看法的一种。

如图4－7①②所示，是引用了《哈佛商业评论》的内容。“服务利润链的流程”通过“提高员工能力的5大手段”而实现的过程，通过这两张图就能明白。并且，另一个支支撑其的要素——“通过业务流程与系统对员工进行支

①

提高以与顾客接触为工作的员工能力的 5 大手段

并非所有企业都采取同一种方法来力图培养员工的积极性。据我们的调查，为了让以与顾客接触为工作的员工们提高对工作的责任感、并取得成果，大致来说，存在 5 种管理手段。对于这 5 种手段的特性，以及采用其的企业及组织，归纳如下。

	精神活力的产出	让以与顾客接触为工作的员工担负起企业的责任	实践此手段的企业・组织
1. 凭借任务、价值观及荣誉感	・相互信赖 ・集体荣誉感 ・自我管理	・组织志向 ・目标达成 ・传统荣誉感 ・价值观共享	・美国海军部队 ・3M ・纽约市立芭蕾舞团
2. 凭借流程与评价	评估成果的尺度及基准要透明，评估方法要简单易懂	需要让员工理解各自应该完成的工作及评估其成果的尺度，以及其重要性	・江森自控（楼宇设备） ・希尔斯宠物营养食品有限公司 ・丰田汽车
3. 凭借创业精神	给予个人高自由度、获得高收入的机会，最小程度的规则限制员工可以自我选择工作方式，但必须背负相应的风险	个人要自我管理目标，适应高风险・高回报的劳动环境	・汉博奎斯特创投公司（金融服务） ・BMC软件 ・Vail滑雪・滑雪板学校
4. 凭借员工个人的成功	并不看重个人的风险及奖励，但很尊重个人的成功	主要基于个人表现的质量进行评价	・美国第一银行（信用卡） ・麦肯锡公司 ・Perot Systems(数据处理)
5. 凭借奖励与称赞	对组织的成功有价值认同感，并加以赞许	总是互相支持，适应这种彼此息息相关的环境，并能感受到乐趣	・玫琳凯（化妆品） ・特百惠公司

出处：提高以与顾客接触为工作的员工积极性的5大手段《哈佛商业评论》2000年1月号

②

服务利润链的流程

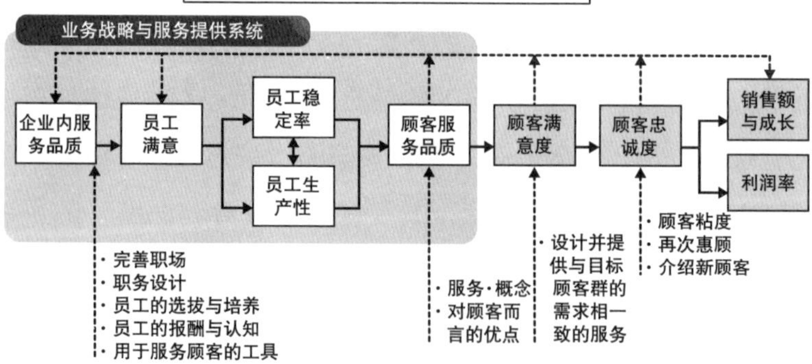

出处：服务利润链的实践方法《哈佛商业评论》1994年7月号

③

作为支撑服务利润链流程（图②）的基础，

笔者还重视下边的流程革新。

通过业务流程与系统，实现对员工的支援 省力化、简易化、自动化、简明化、效率化、可视化

图 4－7　服务・利润链与提高员工满意度

援”的完善，则提升了服务利润链的效果。就如同本书中做过说明的各种事例，可以说通过图中的支援项目，提高了服务品质。像这样，通过把服务看作更为组织性的、结构性的、综合性的活动，从而大幅扩展了服务·革新的对象与可能性。

同样，如果要重新确认作为产业的服务领域，则如图3-1（第182页）所示，占据GDP（国内生产总值）的69.2%的第3产业领域的全体。以此为基础，再考虑到30%左右的包含在制造业中的服务部分，服务的领域非常宽广。

那么首先，我想试着先从服务领域的整理入手。即便从服务的历史变迁的过程看，其也是从对人·面对面的个人服务开始，从而扩展为企业化、产业化、不同行业间合作等方式。如图4-8，把服务领域分为4部分进行整理。首先，作为个人服务、面对面服务的领域的特征，在与顾客接触点层面上进行服务的领域是可例举的典型。

像医疗及行政服务、教育等与顾客接触点较频繁的、具有较强非营利性质的服务及小规模的个体经营者等，此领域的服务占其事业的比重可谓很高。而此服务的特征可以由服务的无形性、同时性、消失性、变动性等来描述。提供其时间、其人、其时机中最适合的服务的难度及谋求标准化、可视化、经验知识的共享，推进组织的、理论的改善的难度，都是典型的难点。而人才培养及管理的要素也很重要。作为此领域的事例，便利店与顾客接触点层面的店铺业务功能图如图 4－9 所示。如圆饼图所示，“以收银机为载体的待客·服务业务”等占了直接待客服务的大约一半，而“卖场·商品管理”之类的为了提供服务而做的准备工作的比重也很大。其中如何提供使顾客满意的服务是要点所在。

个人服务 面对面服务	服务产业 营利型服务	服务产业相互间及与制造业的联动	新综合服务 新社会服务
•非营利、相互协力 •面对面·待客服务 •医疗、行政服务、餐饮业、教育等 •无形性、同时性、消失性、变动性 •小规模服务及服务的前台 •支撑顾客服务的业务流程与员工满意度	•服务的产业化 •第3产业 350兆日元 69% •服务业 222兆日元 44% （不动产、生活公用事业、通信、铁路除外） •产业模块化与价值链的形成 •以正业为中心的垂直合作	•制造业的服务化 •服务产业与制造业的合作 •横向·垂直·跨行业合作 •新服务·物与服务间的联动 •经济全球化与国际竞争力	•多样化价值与需求的充足 •以消费居民的日常生活为原点的共创·共生型服务·非营利型服务 •打破产业·行政·社会框架的综合服务 •平台合作与多渠道化 •全球服务化与国际共创力
满意度	生产性	附加价值	共创价值
提高与顾客接触的服务，并整理支撑其的业务流程	通过价值链的形成，提供价值并提高生产性	通过经营平台的形成与合作伙伴的合作创建服务平台	努力从事于以消费居民的日常生活为原点的新综合服务实现价值共创型社会的服务

图 4－8　服务拓展与 4 大领域

接下来，在第 2 个领域，服务的企业化、产业化状态，通过产业的模块化及垂直合作的嵌入等，如何实现价值链的形成与服务功能的提高，则是其中的课题。在图 2－4（第 49 页）中已经表明，零售业该如何组建包括客户在内的商品供应计划流程的一气呵成的价值链，其中的要点是如何提高生产性。

第 3 个领域，是服务产业之间以及与制造业的横向·垂

直 · 不同行业间合作所产生的平台经营的领域。 作为价值链的发展型导入各种本行之外的服务，通过各种渠道使加深与顾客的密切联系成为可能。 如图 2 – 5（第 52 页）中所说明的那样，包括广泛的合作伙伴在内，提供新的附加价值服务是重点。

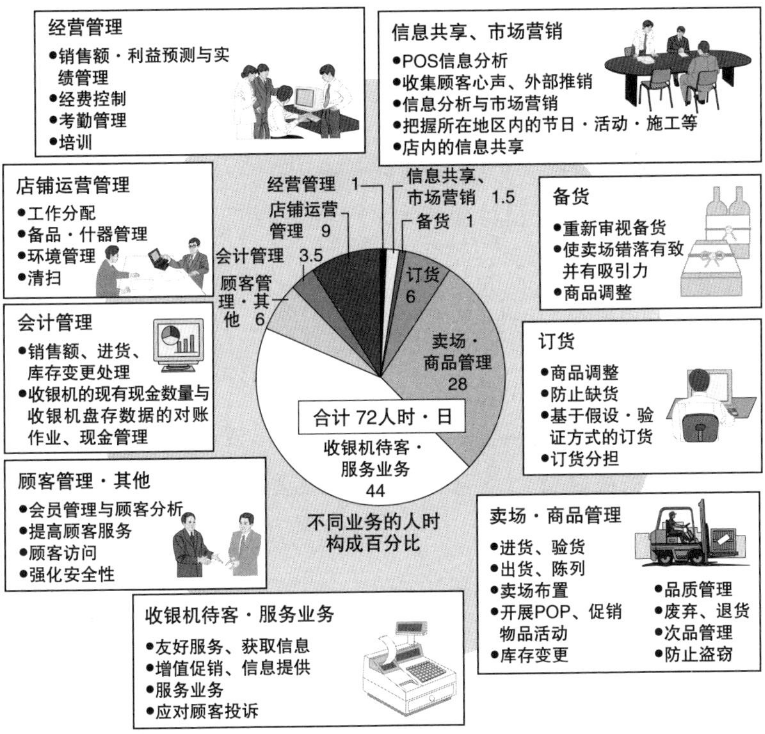

图 4 – 9　店铺业务功能与必要人时的构成(以便利店为例)

而第 4 个领域，则是作为价值共创型社会基础的新综合服务、新社会服务的形象。 超越产业 · 行政 · 社会框架的综合服务通过从消费居民日常生活出发进行组建，共生共创型的服务社会的到来值得期待。

图 4 – 10 是以保健服务为例的形象图。 上段的 1 次预防即支撑健康生活的服务与 2 次预防即健康管理及护理相关的服务，以及作为 3 次调养的医疗服务之间互相跨界联动的形象。 比如，如果公开登陆有自身所有的健康医疗数据的数据库，以此为参照，对于每个人的健康状态，就能横跨 3 个领域地提供最合适的保健医疗的一站式服务。 商品、服务的选择及入手的系统，各种手续的简化与联动，对于最适合的保健医疗服务的约谈及计划与代办各种筹备工作的服务等等，我也很期待对高龄者及社会弱势群体也能提供有效率、有效果的服务的社会保健服务的诞生。

在 4 大领域中对服务做了整理，但根据各领域的不同，商业模式的组建及企业之间的合作及分担、经营基础设施及平台的扩展也会变化。 在明确领域的基础上进行探讨，这是很重要的。

各领域都是服务发展阶段的一方面，但其互相共存，而非明确区分。 它们相互组合相互包含，使得服务在结构上得到组建。 面对面的服务自然包含在所有领域中，在组织上、结构上受到支援，从而提升功能。

服务产业与制造业的合作 · 联动也得以加深，谋求渠道与流程的标准化与共享 · 共创化，通过进一步加深前述的协同商品供应计划之类的合作，使得物与物相关联，从而使得包含创造事物与新服务的服务 · 革新得以发展。

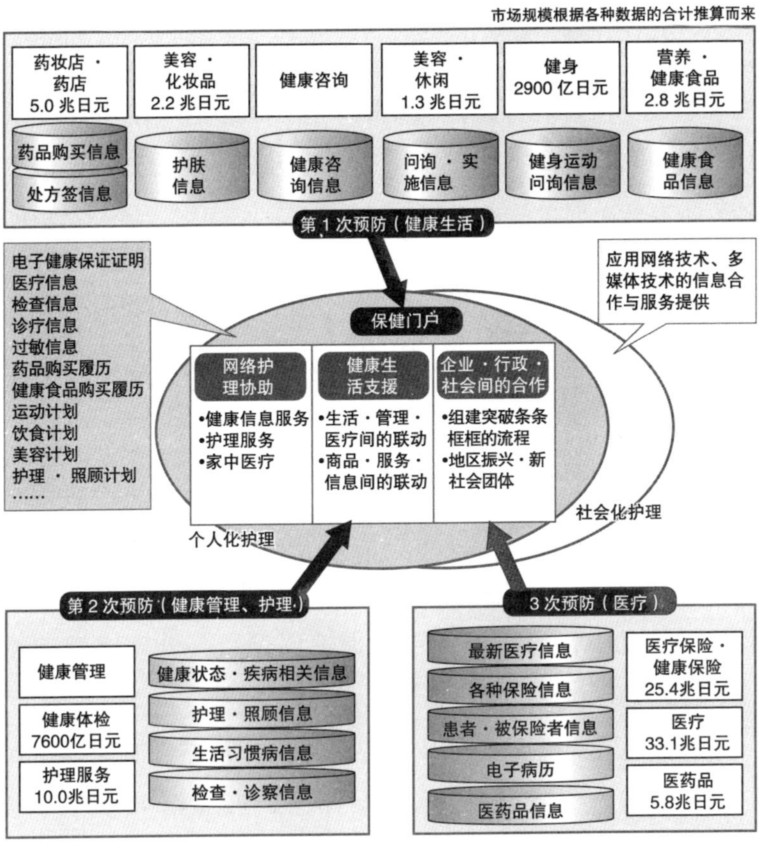

图 4－10　保健服务的合作形象

接下来让我们来研究一下作为服务对象的人 · 物 · 金钱 · 信息。 对于服务的分类方法，有各种切入点，但根据主要的处理对象的不同，追求的价值及服务的手段、技术以及适用的服务模块等的着重点则会各有不同。 为了让现在的产业分类之间的对比简单明了，也为了方便思考其组合及跨行业研究，根据服务对象进行的分类是有效的。

如图 4 - 11 所示，首先上面部分是作为服务对象的人·物·金钱·信息的分类，与此相对应，相当的产业及 GDP 规模的概算被记录在内。这里主要是基于对象的分析，但自然，也有数个对象的组合所形成的服务。同样，每个对象所对应的重要附加价值与技术、手段，以及为了实现服务效果的模块形象也被标示在内。虽然还非常不充分，但通过这样的模型整理服务，能够实现谋求对于服务的理解及研究服务·革新有效方式的效果。

但是，实际情况是，依靠对服务进行分类，或者按照领域进行整理，是无法产生服务·革新的。这样的工作流程，需要在把握顾客需求及环境变化，对自身的服务进行分析及评价的基础上，为了进行包括提炼课题及与外部比较的客观、综合的探讨活动而进行，才会有意义。

那么，实际的服务·革新的课题提炼及方向制定等是如何进行的呢？为了明确这点，参照图 2 - 2（第 45 页）中所示的“业务改革与系统构建手段”是有效果的。本书虽然无法对此流程进行充分的阐述，但如果要看清革新的方向，就要在进行方针整理的基础上，把从现状分析与这其中所得到的课题设定，以改革视点进行整理。这点至关重要。

图 4 - 9 是店铺现状分析的结果之一。提高店铺的生产性，力图提高对顾客的服务质量与店铺的主体性、应对变化

	以人为对象的服务	以物质为对象的服务	以金钱为对象的服务	以信息为对象的服务
对象	健康、安心、安全、环境、文化、舒适、活动支援 医疗、社会保障、护理、教育、文化、娱乐、公共服务、运动、美容美发、餐饮业、旅行、交通工具、志愿者 106兆5000亿日元 21.0%（占整体产业的比例）	市场原理与价值多样化 衣食住、生活公用事业、检查・完善・保养・运用・回收 零售・批发业、物流、运输、电、煤气天然气、自来水、汽油、不动产、电子商务、回收 175兆7000亿日元 34.8%（占整体产业的比例）	金融交易、信用保证、投资运用财产保全、按揭、全球市场 银行、保险、证券、按揭、信用卡、电子货币、公共服务结算服务、金融服务的网络化 26兆日元 5.1%（占整体产业的比例）	全球化・开放化的信息社会参与交流型的信息共享、虚拟网络、消费居民团体 出版、新闻、播放、通信、音乐、电影、广告、网络服务、咨询 40兆3000亿日元 8.0%（占整体产业的比例）
价值	•安心、安全 •便利性・舒适性 •满意度・好感度 •健康・幸福感 •性价比	•安心・安全 •口味・品质・功能 •正确性・迅速性・生产性提高 •效率性・环境应对 •性价比	•安心・安全 •便利性・正确性 •透明性・效率性 •信赖性・持续性 •性价比	•实时化・品质 •正确性・迅速性 •舒适性・娱乐性 •易于选择、可搜索 •性价比
技术・手段	•顾客满意与CRM •整体保健服务 •服务利润链	•一站式服务 •电话、电视直销，网络销售 •增值物流服务	•金融服务的统合、一站式 •金融零售服务 •金融门户系统服务	•门户网站 •搜索网站 •糅合式服务
服务封装包・模块	•电子行政服务 •数字化学习 •呼叫中心系统	•POS系统 •数据挖掘 •FSP（搜集分析顾客购买力 Frequent Shoppers Program）	•在线交易、网上银行 •公共设施费用代收服务 •ATM结算服务	•数据库服务 •网页服务模块 •电子票券

上述的GDP额数值通过经济产业研究所的《长期连接性产业相关数据库》计算得出

图 4-11　服务的构成

的能力的话，必须该做什么工作？ 从综合了各种分析·讨论的图4－9的按业务类别划分的人时构成图中（人时，员工人数与完成工作所需时间的乘积），可以得出4个方向。

对图4－9中的圆饼图中所示的店铺功能与其所需的人时构成比按照刚才的不同服务对象进行分类的话，其各自的特征与重点研究方向就显而易见了。 也就是说，店铺服务的第1要旨，是占业务半壁江山的“收银机的待客·服务业务”、包含一部分“市场营销”的对人服务。 在其中，以迅速而准确的处理、提供支援日常生活的商品及便利服务、提高顾客的满意度与好感度为目的的对员工的培训及支援、业务与系统运用的简易化，都是追求的目标。 因此，通过条码扫描这种任何人都能对所有业务进行操作的POS收银系统、金融服务以及电子商务等支援日常生活的服务与其本业的商品销售一起，促成了服务·革新的产生。

作为第2要旨的服务对象，以进货验货及陈列等“卖场·商品管理”、包括清扫及日常用具管理在内的“店铺运营管理”为中心的以物为对象的服务。 占业务大约3成的此领域，为了彻底实现省力化与生产性的提高，物流系统及扫描验货系统得以完善，支撑对口味及品质的管理、新商品开发的供应链的改革在大幅迈进。

作为第3要旨的服务对象，则是对信息的处理。 虽然也包括了票券及书籍的电子商务等对信息商品的处理，但在此领域重要的是在“订货”、“备货”、“市场营销”、“顾客管理”中的信息的重要性。这一部分占到了店铺业务的大约 1 成。其中，POS 信息及商品信息的分析·共享横跨了店内、总部、客户而进行联动，从而提高了应对变化的能力与竞争力。对数据库技术及多媒体系统等使用方便、简单明了的系统模块的应用行之有效。

作为第 4 要旨的服务对象，则是金钱。在 ATM 服务及代收费服务的水准与竞争力的基础上，店铺的会计业务也超越了省力化的领域，力图实现自动化。作为简单劳动的会计业务消失，重视作为管理工作的经营管理、数值管理，业务的构成比也降至 5% 以下。

基于与顾客接触点的店铺服务的革新过程，这在第 2 章已经做了详细说明，而把服务按照对象进行分类，对其相应的重要价值的提供与实现其的技术及手段，以及为了实现此目标的服务模块的开发及应用，我认为是推进服务·革新的重要途径。

服务构造与服务构架

关于服务的领域与服务的分类对象的思维方式，已经做了阐述。而各自特征与研究方法的不同，也是显而易见的。而这些要素密切合作、共享各自的范围，以与商业构造相同的方式形成服务架构。我想在试着用图示来表现服务架构的同时，整理一下服务全体的工作流程框架。

图 4－12 是对把服务的构造按照直接服务、间接服务、服

务基础设施3个层次进行整理，并把支撑服务全体的共通基础及产业整体与社会全体的服务模型作为服务平台进行展示的结果。

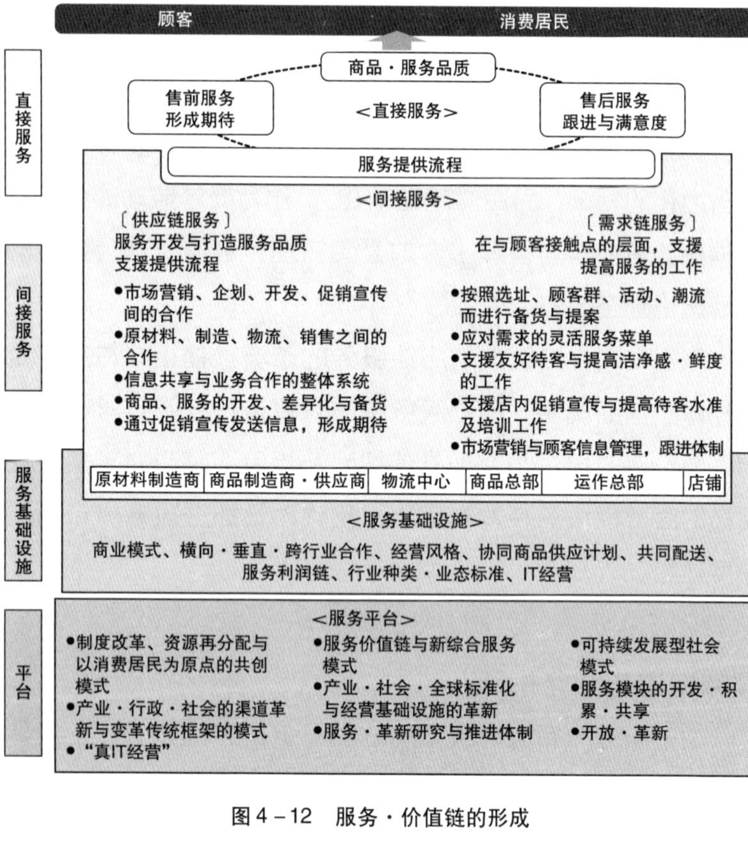

图4-12　服务・价值链的形成

服务平台的部分，在对服务进行体系化整理及推进服务・革新的基础上，促进模型的完善，形成社会与产业的事业流程及市场渠道，推进资源的再分配、IT・技术・手段的革新与应用。 这正与图 3 –7（第 188 页）所示的价值共创型社会的基础形成的路线相同。

在此，我将对上述的 3 层进行阐述。 这 3 层与图 2 –4（第 49 页）所阐述的表现事业全体的连锁的价值链相似，但这是因为其是从业务流程全体中抽出构成服务要素进行描述的结果。 因此，按照其作为以服务为中心的价值链的意义，称其为服务价值链。

首先是第 1 层，被称为直接服务，是与顾客及当地居民有直接接触点的部分。 这其中的服务，由售前服务、商品 · 服务的品质、售后服务、服务提供流程这 4 阶段构成。 所谓售前服务，一言蔽之，就是对顾客期待感的形成与把握。 可以通过广告或宣传来形成期待感，也可以通过重视口碑及评价的服务。 而市场调查及对购买数据的分析也是了解期待值的一个重要手段。 根据服务的不同，有效的售前服务的组合及着重点也会相应变化。 在电视购物及电子商务中，由于与顾客的面对面交流方面较为薄弱，因此这部分就显得尤为重要。

与售前服务联动，作为第 2 阶段的服务提供流程则开始运行。 请各位读者想象踏入店铺的一瞬间。 具有魅力的店内宣传展示与整洁的店内环境、丰富的备货与员工的招呼，进而发展为友好礼貌的待客服务。 接下来是作为第 3 阶段的服务及商品本身的品质与价格的合理性，顾客把其与自身的需求与期待进行对照，从而决定是否实施购买行为。 并且在

“谢谢惠顾”这句话背后，是让顾客得到与自身期待价值相匹配的成就感及包括协助与接触在内的、产生满意感的售后服务阶段。

与前述的服务的 4 大对象相对应，了解顾客把要点放在服务阶段的哪里，是至关重要的。对应人·物·金钱·信息等各种要素，其所追求的价值则各不相同。根据服务水准、质量水准的不同，应提供的服务价值也不同，成本自然也不同。

如果能够灵活运作此种服务阶段，就能提高服务质量与生产性，但即便在这其中，也体现了服务复杂有趣的一面。首先，如果过于拉高期待值，则就能让顾客获得满意度；如果把服务质量拉高到超越顾客期待值的水准，则成本会高升。就如同前述的 OK Store 的“诚实卡”一样，说明商品特征与条件，通过与顾客共享信息来力图控制期待值与满意度之间的差距，可谓是一个行之有效的方法。

服务及商品品质与服务提供流程之间的平衡也是重要的要点。一般来说，与服务及商品品质一样，服务提供流程，比如员工对顾客的招呼、接待态度及店内的整洁感等也是评价服务的重要要素。但是，即便不对服务提供流程进行优化，只要顾客对其服务及商品品质以及其深处的服务理念抱有价值感与共鸣，就会产生顾客自身支持服务提供流程的案例。

越前铁道在复兴地方的理念之下，其无人车站的清扫与花坛的打理工作得到了居民的协助，福冈的 Lumiere 则在“让顾客享受特价，让顾客高兴”的理念下，在绝对不能称为洁净的店铺中，出现顾客帮忙移动店内商品及帮助整理的现象。

何为服务，像这样的信息共享及共创，确实已经成为从消费居民日常生活出发的服务社会的关键词，但以结构的视角看待服务，按照不同阶段及层面嵌入最适化及此消彼长的形式进行设计，我觉得这是重点。

那么接下来，对图 4 – 12 的第 2 层的间接服务进行说明。为了让第 1 层阶段能够顺利运作，第 2 层的间接服务层是很重要的。 间接服务，从供应链服务与需求链服务中组合而来，从而支撑合作 · 联动的直接服务。 在图 4 – 12 的实例中，是构成商品供应计划流程的从原材料制造商到店铺的价值链的服务功能。 就如已经说明的那样，构成价值链的企业及组织之间的合作也形成了垂直合作及横向合作，提高了服务功能。 而且，为了实现这些服务功能，后面将会讲到的各种服务模块也组合在其中。

最后则是第 3 层的服务基础设施。 这其中包括了基于战略的商业模式，作为形成经营风格的主要服务流程的协同商品供应计划及共同配送、巧妙应用 IT 技术的经营方式等。

图 4 – 12 显示的是商品供应计划流程全体的服务价值链，而各家企业在这整体体系之中，则发挥着各自的功能，从而参与其中。 通过体系化地整理服务功能与服务价值，服务价

值链在变成更为明确的模型的同时，各服务价值链的共通项及服务·革新的共通的经验知识被积攒，可以认为是形成服务平台的过程。

对于服务的构造已经做了尝试性的整理，在此我想更进一步，提出构成服务价值链的基本单位的、应该被称为服务模块的思维概念。

考虑到价值链是把商业流程按照不同组织的功能分担进行组建的方式，那其中的服务功能自然也同样具有功能分担的性质。纵观构成商品供应计划流程的店铺的组织功能，能发现其由图 4 – 9（第 299 页）中说明的“信息共享·市场营销”、“卖场·商品管理”、“收银机待客·服务业务”等 9 大功能构成。对服务功能最为集中的“收银机待客·服务”进行剖析，可以发现所有业务都实现了系统化，由图 4 – 13 所示的 6 大服务功能所构成。说到没有标示的共通服务，能够例举出友好服务及柜台周边的优惠促销，而支持这些的功能有一部分也已经系统化。

所谓 6 大服务功能，是指“销售及基本业务”、“促销宣传·信息共享”、“决算功能”、“系统管理功能”、“服务业务”、“会计业务·管理业务”。

而且，这些功能还能进一步细分为数项子功能，店铺的“收银机的待客·服务业务”，由如图 4 – 13 所示的合计 33 项子功能所构成。其各项功能都系统化，实现了与员工的业务合为一体的服务功能。作为子功能的例子，我会对在第 2

章中也说明过的代收费服务进行进一步阐述。 这不仅限于店铺，而是把总部及代收费单位以实时在线方式进行联动的大型系统，作为实现服务功能的 1 个基本单位，我想把其称为服务模块。

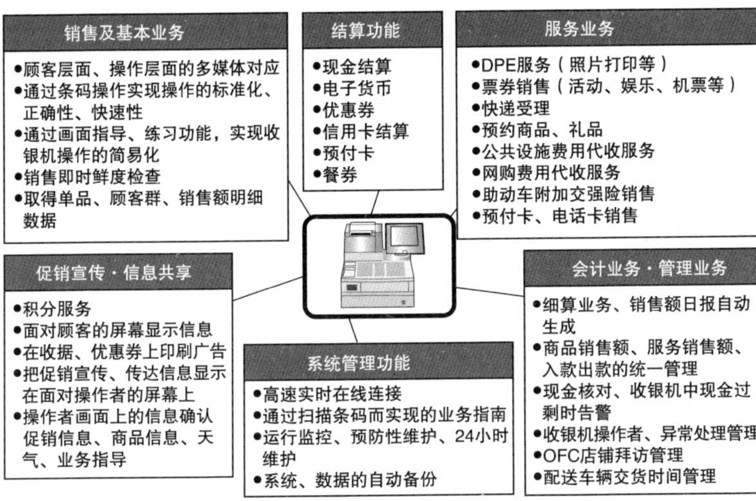

图 4－13　收银机中的待客·服务业务的功能模块

在 7-ELEVEn，许多业务都由人与系统一体化实行的服务模块来组建，其设计目的是让业务标准化、简易化，使得任何人都能够进行操作。 比如，名为 ATM 服务的服务模块，是让顾客自己操作使用的模块。 而代收费业务及各种促销宣传功能等，则以与其他企业开放共享的方式进行。

在这样推进服务模块的标准化与共享化的过程中，服务·革新被广泛开展，横向·垂直·跨行业合作持续加速。已经在电子商务等领域应用的因特网标准技术，孕育了前述的糅合方式等电子商务网站之间的密切合作模式，催生了新服务及一站式服务等大量高性价比的服务。

服务模块的开发与积累、共享加速推进了服务·革新，并依靠合作催生了加成效果。

服务模块就如同条码扫描验货系统一样，在零售业、批发业、物流业、制造商商品管理、医疗业务等领域被广泛应用，成为一种不断普及的解决方案。对于服务模块的应用，突破了产业区分及行政区分等垂直型的条条框框，发挥了横向联系服务的作用。将来凭借这样的服务模块的组合，预计新的服务能够简单地被提供的时代会到来，为此就需要更加致力于服务模块的充实。

作为对之前内容的总结，我想对服务的工作流程进行阐述。服务的定义、其领域与对象、以及服务所拥有的结构与构成其的服务模块，这些都做了简要的介绍。把这些要素进一步地深入研究，整理其中的关联性是很重要的，但目前如果把这些作为一个工作流程的话，就如同图 4 – 14 所示的那样。

在进行对服务的探讨时，如何认识工作流程的整体形象，所阐述的是哪部分，对此进行整理至关重要。

服务的范围广泛，可以采取各种视角与研究方法。本书中提及的方式如果能成为读者日后探讨与研究的参考，则不甚荣幸。

那么在最后，我对服务产业的生产性的提高与服务·革

个别服务	•充分利用共通部分及服务模块，打造个别服务与价值 •标准服务与共创 · 共鸣服务 •服务的合作 · 统合与废止 •创造新服务	个别服务群
服务对象	•与服务对象相对应的价值提案、技术、方法论、服务模块的应用 •业务流程与渠道的完善	对人服务 / 对物服务 / 对金钱服务 / 对信息服务
服务领域 服务价值链	•实现对应服务领域的服务革新 •服务模块的开发、应用及模块间的合作 •服务基础设施的完善 •服务价值链的构建	个人服务 / 服务产业 / 制造 · 服务合作 / 新综合服务
服务支援功能	•服务的研究、标准化、经验知识化、系统化与普及 · 推进体制的完善 •培训及人才培养	服务研究体制 / 服务普及 · 推进体制 / 服务人才培养
服务平台	•服务整体共通的价值观与平台功能 •技术革新与融合	产业 · 社会的新全球规则 / 可持续发展型社会模式 / 以消费居民为原点的共创模式 产业 · 行政 · 社会的框架革新 / 开放 · 革新技术 / “真 IT 经营”

图 4–14　服务 · 构架的形象

新的推进方式进行介绍。组织型活动的开端，是政府颁布的《经营成长战略大纲》（2006 年 7 月）及《殷实的方针 2007》。按照此方针，凭借以经济产业省为中心的各级政府部门的支援，服务研究及实验验证的推进、作为民间机构的财团法人社会经济生产性总部（现在的日本生产性总部）设立了服务产业生产性协议会，产业技术综合研究所设立了服务工学研究中心等等，具体的推进原动力在不断形成中。

另一方面，在人才培养方面，文部科学省在大学教育中设立的服务·革新人才育成计划，着力于文理融合型、产学协力型教育项目的开发。

不管何种研究方法，都是在合理地利用科学·工学的手段，把研究·实证在企业活动现场或者以实际运用的方式施行，以这样的思维方式力图实现方法论的整理与效果事例的经验知识系统化、共享化，虽然存在着各级政府部门直接的垂直领导关系产生的鸿沟，但也可谓是前所未有的实践。上述的一系列动向，如图 4 – 15 所归纳的那样。

然而，这其中的课题如图 4 – 15 所示，服务产业本身尚未达到自发以组织形态运作的阶段。在服务产业现场，存在于日常与消费居民的接触点，工作于其中的员工的课题也不容小觑。如前面所述，服务产业生产性的提高及服务·革新的推进，需要超越企业及行政的局限，变革为服务于社会及从消费居民日常生活出发的方式，前述的行政主导的运作方式，也需要与产业与社会全体的动向相联动。

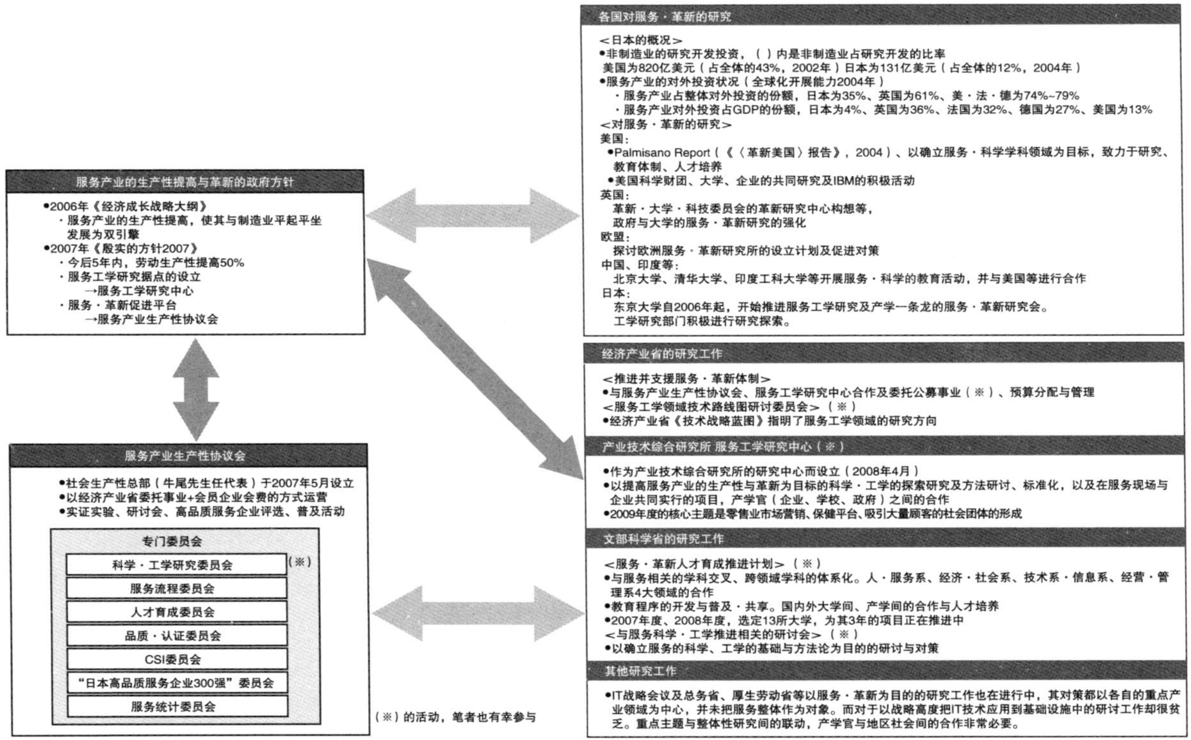

（※）的活动，笔者也有幸参与

图 4–15　对于服务革新的研究

如读者所见，在服务产业中，科学·工学·系统的事例也居多，而通过加强人才培养及提高员工满意度而取得重大经营成果的企业也为数不少。 就如同已经介绍过的服务·革新的4 大成功要因中所阐述的，通过合作扩展服务以及共享·共创加深服务，会使其成果更为显著。

为了有效推进服务·革新，该如何把成功事例推广至产业与社会呢？ 为此，需要标准化与经验知识化、人与系统的融合、方法论与为了便于简易的导入·应用而开发·共享服务模块。

政府的各种对策，在致力于完善推进这种课题的具体体制的过程中，我认为其与服务产业自身的改革之间的接触点会得到扩展。

时代需要真正新的革新。 为了让从消费居民日常生活出发的服务·革新成为应对即将到来的价值共创型社会的突破点，我想以坚强的意志与巨大的期待，推进这项事业。

“服务的细节”系列

《卖得好的陈列》：日本“卖场设计第一人”永岛幸夫

定价：26.00 元

《为何顾客会在店里生气》：家电卖场销售人员必读

定价：26.00 元

《完全餐饮店》：一本旨在长期适用的餐饮店经营实务书

定价：32.00 元

《完全商品陈列 115 例》：畅销的陈列就是将消费心理可视化

定价：30.00 元

《让顾客爱上店铺 1——东急手创馆》：零售业的非一般热销秘诀

定价：29.00 元

《如何让顾客的不满产生利润》：重印 25 次之多的服务学经典著作

定价：29.00 元

《新川服务圣经——餐饮店员工必学的 52 条待客之道》：日本“服务之神”新川义弘亲授服务论

定价：23.00 元

《让顾客爱上店铺 2——三宅一生》：日本最著名奢侈品品牌、时尚设计与商业活动完美平衡的典范

定价：28.00 元

《摸过顾客的脚才能卖对鞋》：你所不知道的服务技巧，鞋子卖场销售的第一本书

定价：22.00元

《繁荣店的问卷调查术》：成就服务业旺铺的问卷调查术

定价：26.00元

《菜鸟餐饮店30天繁荣记》：帮助无数经营不善的店铺起死回生的日本餐饮第一顾问

定价：28.00元

《最勾引顾客的招牌》：成功的招牌是最好的营销，好招牌分分钟替你召顾客！

定价：36.00元

《会切西红柿，就能做餐饮》：没有比餐饮更好做的卖卖！　饭店经营的“用户体验学”。

定价：24.00元

更多本系列精品图书，敬请期待！

畠山芳雄“管理的基本”全系列

定价：32.00 元

定价：30.00 元

定价：24.00 元

定价：24.00 元

定价：21.00 元

定价：20.00 元

定价：26.00 元

定价：19.00 元

定价：26.00 元

定价：29.00 元

定价：20.00 元

定价：20.00 元

定价：19.00 元

东方出版社更多精品图书　敬请期待！